丝路经济与文化文库

中国（西安）丝绸之路研究院后期资助项目（2018SH02）

丝绸之路经济带文化旅游与城市经济协调发展研究

刘洋 著

中国经济出版社
CHINA ECONOMIC PUBLISHING HOUSE
· 北 京 ·

图书在版编目（CIP）数据

丝绸之路经济带文化旅游与城市经济协调发展研究／刘洋著.—北京：中国经济出版社，2023.10（2025.4重印）
ISBN 978－7－5136－7248－1

Ⅰ.①丝… Ⅱ.①刘… Ⅲ.①丝绸之路－经济带－旅游文化－关系－城市经济－区域经济发展－研究－中国
Ⅳ.①F592.7 ②F299.27

中国国家版本馆CIP数据核字（2023）第039314号

责任编辑 郭国玺
责任印制 李 伟
封面设计 任燕飞工作室

出版发行 中国经济出版社
印 刷 者 北京艾普海德印刷有限公司
经 销 者 各地新华书店
开　　本 710mm×1000mm 1/16
印　　张 17
字　　数 251千字
版　　次 2023年10月第1版
印　　次 2025年4月第2次
定　　价 98.00元
广告经营许可证 京西工商广字第8179号

中国经济出版社 网址 www.economyph.com 社址 北京市东城区安定门外大街58号 邮编 100011
本版图书如存在印装质量问题，请与本社销售中心联系调换（联系电话：010－57512564）

目 录

绪 论 …… 1

第一节 选题由来与研究问题 …… 1

一、选题由来 …… 1

二、研究问题 …… 4

第二节 研究目的与研究意义 …… 5

一、研究目的 …… 5

二、研究意义 …… 6

第三节 研究思路与研究方法 …… 7

一、研究思路 …… 7

二、研究方法 …… 7

第四节 研究创新点 …… 9

第一章 理论基础与研究述评 …… 11

第一节 理论基础 …… 11

一、经济增长理论 …… 11

二、产业经济学理论 …… 12

三、可持续发展理论 …… 14

第二节 研究述评 …… 16

一、文化旅游研究综述 …… 16

二、旅游对城市经济影响的相关研究述评 …… 20

三、文化旅游与城市经济发展相关研究述评 …… 23

第三节 相关概念界定 …… 23

一、文化旅游的概念及内涵 …… 23

二、文化旅游产业的界定 …… 27
三、文化旅游活动与文化旅游产业的区别 …… 30
四、协调、协调发展与协调度的区别 …… 30
五、丝绸之路经济带 …… 31
第二章 丝绸之路经济带文化旅游与城市经济协调发展的基础分析 …… 33
第一节 丝绸之路经济带文化旅游与城市经济协调发展的可能性分析 …… 33
一、从产权视角界定文化旅游资源 …… 33
二、从外部性视角界定协调发展的目的 …… 34
三、从空间视角界定协调发展的区域 …… 35
第二节 丝绸之路经济带文化旅游与城市经济协调发展的现实基础 …… 37
一、丝绸之路经济带文化旅游的主要形式 …… 37
二、丝绸之路经济带文化旅游发展的主要特征 …… 71
三、丝绸之路经济带我国城市经济发展的现实基础 …… 74
第三节 丝绸之路经济带文化旅游与城市经济协调发展的现实困境 …… 78
一、文化旅游创新模式固定化 …… 78
二、文化旅游产业链条可持续性建设不足 …… 79
三、部分文化旅游区资源优势亟待挖掘 …… 80
四、文化旅游资源开发不当引发相关问题 …… 80
第四节 丝绸之路经济带中国段旅游空间网络结构的现状 …… 80
一、交通运输通道现状 …… 81
二、贸易通道的网络结构现状 …… 87
三、文化旅游产业发展现状 …… 89
第五节 丝绸之路经济带文化旅游与城市经济互动发展的历程 …… 91
一、忽视开发、失衡发展 …… 91
二、恶性循环、失调发展 …… 92
三、良性互动、协调发展 …… 92

第六节 本章小结 …… 92
第三章 丝绸之路经济带文化旅游与城市经济协调发展的内在机制研究 …… 94
第一节 丝绸之路经济带文化旅游对城市经济的影响机制 …… 95
一、直接增长效应 …… 95
二、间接增长效应 …… 102
三、负增长效应 …… 105
四、集聚效应 …… 105
第二节 丝绸之路经济带城市经济对文化旅游发展的影响机制 …… 107
一、正外部效应 …… 107
二、负外部效应 …… 110
第三节 丝绸之路经济带影响文化旅游与城市经济发展的共同因素 …… 111
一、国家政策 …… 111
二、城市发展战略 …… 115
三、城市历史文化基础 …… 116
四、城市区位条件 …… 117
第四节 丝绸之路经济带文化旅游与城市经济发展相互作用的模式 …… 117
一、文化旅游推动城市经济发展 …… 118
二、城市经济发展推动文化旅游发展 …… 118
三、文化旅游渗透于城市经济发展 …… 118
第五节 丝绸之路经济带文化旅游与城市经济相互作用的定量验证 …… 119
一、文化旅游与城市经济相互作用的测量视角和方法 …… 119
二、文化旅游与城市经济相互作用的格兰杰因果检验 …… 121
三、文化旅游与城市经济的面板数据检验 …… 125
四、文化旅游与城市经济相互作用的模式检验 …… 133
第六节 本章小结 …… 133

第四章 丝绸之路经济带文化旅游与城市经济协调发展测度及评价 …… 135
第一节 丝绸之路经济带文化旅游发展水平测度指标体系构建及测度 …… 135
一、文化旅游发展水平测度指标体系构建 …… 135
二、文化旅游发展水平测度指标体系的优劣性分析 …… 150
三、文化旅游发展水平测度指标体系的权重赋值 …… 150
四、城市文化旅游发展水平测度的实证分析 …… 153
第二节 丝绸之路经济带城市经济发展水平测度指标体系构建及测度 …… 157
一、城市经济发展水平测度指标体系构建 …… 157
二、城市经济发展水平测度指标体系权重分布 …… 158
三、城市经济发展水平测度的实证分析 …… 159
第三节 丝绸之路经济带文化旅游与城市经济协调发展模型构建 …… 160
一、测度方法选取 …… 161
二、耦合协调度理论及模型 …… 161
第四节 丝绸之路经济带文化旅游与城市经济协调发展水平测度 …… 166
一、数据来源 …… 166
二、文化旅游与城市经济协调发展水平的测度及统计 …… 166
第五节 丝绸之路经济带文化旅游与城市经济协调发展水平评价 …… 170
一、西安文化旅游与城市经济协调发展水平评价 …… 170
二、成都文化旅游与城市经济协调发展水平评价 …… 171
三、昆明文化旅游与城市经济协调发展水平评价 …… 172
四、总体评价 …… 172
第六节 本章小结 …… 173

第五章 丝绸之路经济带文化旅游与城市经济协调发展的实现路径 …… 174
第一节 国外文化旅游与城市经济协调发展的经验借鉴 …… 174
一、欧洲各国文化旅游与城市经济协调发展模式 …… 174
二、美英国家文化旅游与城市经济协调发展模式 …… 175
三、新加坡文化旅游与城市经济协调发展模式 …… 175
四、国外文化旅游与城市经济协调发展经验借鉴 …… 176
第二节 国内文化旅游与城市经济协调发展经验借鉴 …… 177
一、注重城市历史文化的保护和传承 …… 178
二、创新城市和文化旅游发展理念——西湖经验 …… 178
三、城市发展注重对遗产资源保护的空间布局优化 …… 179
第三节 丝绸之路经济带文化旅游与城市经济协调发展的理念更新 …… 179
一、城市发展理念的倡导——包容增长与城市更新 …… 179
二、文化旅游发展理念——保护第一与再生利用 …… 180
三、文化和城市发展理念——以人为本与可持续发展 …… 181
第四节 丝绸之路经济带协调发展路径分析——包容性增长 …… 181
一、文化旅游推动城市经济发展模式 …… 181
二、城市经济推动文化旅游发展模式 …… 185
三、文化旅游渗透于城市经济发展模式 …… 188
第五节 丝绸之路经济带文化旅游与城市经济协调发展对策研究 …… 190
一、充分发挥核心区域的领头辐射作用，实现创新发展 …… 190
二、加强相似区域性子群的合作，实现联动发展 …… 193
三、梯度开发人力资源，实施人才驱动战略 …… 196
四、加快旅游基础化和信息化建设 …… 197
五、推动城市间文化旅游合作，加强交流联通 …… 200
第六节 本章小结 …… 203
第六章 中国文化旅游包容性增长的特色内容 …… 204
一、助力脱贫攻坚 …… 204

二、助力乡村振兴 …… 209
三、助力国民经济产业结构升级 …… 211
四、大数据和互联网技术革命催生新业态、新模式 …… 212
五、旅游融合发展，开启全域旅游建设 …… 214
六、技术创新推动绿色旅游增长 …… 215
七、强化文化遗产和自然遗产保护的特色 …… 217
八、加强国际交流合作，守护人类共同财富 …… 238
第七章　研究结论与研究不足 …… 239
第一节　研究结论 …… 239
第二节　研究不足与展望 …… 244
一、研究不足 …… 244
二、研究展望 …… 245
附录一　文化旅游发展水平指标体系构建访谈提纲 …… 246
附录二　文化旅游发展水平指标体系构建调查问卷 …… 247
参考文献 …… 250

绪　论

第一节　选题由来与研究问题

一、选题由来

（一）对文化和旅游产业融合发展的关注

随着世界经济的发展，文化旅游成为地区经济发展的助推器，文化旅游产业的发展成为世界范围内的重要研究内容。党的十八大以来，习近平总书记指出，中国有坚定的道路自信、理论自信、制度自信、文化自信，其本质是建立在五千多年文明传承基础上的文化自信。文化自信，是更基础、更广泛、更深厚的自信。中华优秀传统文化是中华民族的“根”和“魂”，是我们必须世代传承的文化根脉、文化基因，也是我们坚定“四个自信”的深厚基础。文化是旅游的灵魂，旅游是文化的载体，文化旅游融合是传承中国文化根脉、传播中华文化的重要方式，文化旅游产业也成为推动区域经济发展和提升文化自信的主要抓手。

2009 年开始，国家加大了对文化和旅游政策的引导，文化部和国家旅游局联合发布的《关于促进文化与旅游结合发展的指导意见》，为两个产业融合发展提供了政策指导。2010 年开始，文化旅游研究的热潮兴起，国家推出了以“文化旅游、和谐共赢”为主题的“中国文化旅游主题年”系列活动。我国部分城市把文化产业和旅游产业的融合发展纳入城市发展规划，比如，《北京市“十一五”文化创意产业发展规划》落实了全市文化创意产业发展确定的八个中心之一的文化旅游业的建设目标。2018 年，文化和旅游部成立，文化旅游融合发展在机构和制度保障下顺利进行。

从城市实践来看，文化产业与旅游业融合发展已经成为许多城市发展的内在要求和必然选择，如北京798艺术区、上海田子坊、成都宽窄巷子等文化创意园区，以及西安的曲江文化产业园区等都是文化和旅游融合的成功典范。

（二）对文化旅游在城市经济增长中作用的关注

文化旅游对城市经济增长具有显著的促进作用，这一点在我国很多中小旅游城市的发展中表现得尤为突出。比如，桂林市2004年推出大型实景演出《印象·刘三姐》后，桂林市的GDP达到457.86亿元，比2003年增加13.1%；旅游业强劲恢复，全市旅游业实现旅游总收入50.14亿元，比2003年增长44.7%，对该市生产总值的贡献达到26%。① 在关注文化旅游对城市经济的促进作用时，不能忽视文化旅游的过度开发对城市经济的抑制作用，如丽江市文化旅游的发展对城市GDP增长贡献较大，但是从长期来看，古城居民外迁、外地商家涌入，以及古城形象破坏却在一定程度上给城市经济增长带来一定的负面影响，这是需要关注的重要问题。

（三）对我国城市文化旅游发展状况的关注

我国是世界遗产大国，在联合国教科文组织认定的世界遗产名录中，我国的世界遗产总数位居世界第二；截至2020年11月底，中国的世界遗产总数达到55项。我国的世界遗产分布于全国各地，由此，从以文化遗产为基础、以城市为中心和媒介的文化旅游发展来看，我国城市文化旅游研究的热潮始于2010年。

从发展状况来看，拥有丰富的文化旅游资源、经济较为发达的旅游城市，其文化旅游发展状况较好，其旅游产品种类、旅游收入，以及游客的满意度和重游率等方面均表现良好。从地区来说，虽然西部地区拥有丰富的世界遗产，但由于经济基础以及文化旅游开发水平等因素的影响，丝绸之路经济带沿线城市的文化旅游发展水平普遍低于东部城市。学术界对文化旅游和文化

① 该数据部分来源于《2004年桂林市国民经济和社会发展统计公报》，部分经笔者计算所得。

旅游城市的界定没有形成统一、权威的标准，对城市文化旅游发展水平也没有形成定量的测度标准。

（四）对研究课题的深入调研以及由此引发的思考

从2012年开始，作为课题组的主要成员之一，笔者参与了西部地区文化遗产保护与遗产地经济协调发展路径研究的深入调研。在对西部重点遗产地调研的过程中，笔者发现，文化遗产的开发对文化遗产地的经济发展起到了巨大的推动作用，文化遗产旅游收入提高了遗产地城市的基础设施建设水平，就业人数、公共服务、城市形象提升等方面的发展速度加快。但是，文化遗产在为城市带来巨大经济效益的同时，也带来了许多问题：①许多文化遗产地存在过度开发文化遗产资源的现象，文化遗产资源的永续利用成为难题；②文化遗产的展示方式、开发模式等均处于初级阶段，文化遗产的再利用方式有待完善和创新；③许多城市过度倚重旅游业，而忽视其他产业的发展，使得城市发展的产业基础薄弱，城市发展不均衡。针对以上问题，本书提出以下思考：假如文化遗产开发确实能够促进城市文化旅游的发展，那么，在开发的同时，如何把握开发的力度，实现遗产地经济和文化旅游的协调发展？

（五）城市文化旅游发展的理论研究亟待丰富

国外学者对文化旅游的研究始于20世纪50年代，80年代以后，文化旅游理论得到巨大发展，涌现出以Bob McKercher为代表的文化旅游研究者；我国文化旅游研究始于20世纪70年代，基础理论研究呈现“百花齐放，百家争鸣”的局面，推动着该研究向广度和深度发展。但目前，文化旅游研究水平从总体上落后于我国旅游业的发展水平，还未建立起相应的理论体系，无法为文化旅游的可持续发展提供理论指导。比如，到底什么是文化旅游？什么是文化旅游城市？城市文化旅游发展水平如何定量测度？目前，对这些问题的关注和讨论催生了一批有一定参考价值的论文，尤其是关于文化旅游的博士学位论文数量正在不断增加。本书将对城市文化旅游的相关问题进行深入系统的研究。

（六）文化旅游与城市经济发展的研究有待深入

文化旅游的发展不仅能够彰显城市的文化特色，而且可以通过对城市文化元素的挖掘，打造各类文化旅游产品，提升城市知名度和吸引力，从而促进城市经济发展。同时，城市经济发展会反哺文化旅游。城市经济发展所带动的基础设施配套完善、旅游环境改善、信息技术发展、人文素养提升等均会推动文化旅游的快速发展。但是，有许多城市在发展过程中出现了文化旅游与城市经济发展失衡的现象，城市的经济发展过度依赖文化旅游，城市经济的产业结构比较脆弱；有的城市虽然拥有丰富的文化旅游资源，却没有进行深度开发，导致旅游对经济的促进作用没有凸显。那么，如何做到文化旅游与城市经济的协调发展，使二者的发展处于良性互动的状态呢？在这个问题上，国外文献的研究方法比较成熟，研究内容比较全面，而国内关于两个系统互相影响的实证研究多集中于旅游对城市的多元影响，比如，旅游对于城市经济、生态环境、社会文化的影响；协调度方面的研究集中于旅游经济和城市环境协调发展（翁钢民，2010；虞虎，2012；张广海，2013；张玉萍，2014）；研究区域集中于发达地区城市，对西部地区的研究较为缺乏。

对文化旅游与城市经济发展进行研究，能够为城市管理者提供政策建议和决策依据，为了解城市文化旅游的发展程度提供依据，为文化遗产的保护和城市的适度发展提供途径，所以，对协调度的测度和把握比较重要。鉴于丝绸之路经济带国内段典型地区在文化旅游发展方面的典型性，且研究内容具有一定的稀缺性，本书将这些城市作为研究对象。

二、研究问题

基于选题由来，本书提出四个亟待解决的问题：

问题一：文化旅游与城市经济发展的可能性和必要性如何解释？现实基础如何？当前二者面临的现实困境是什么？

问题二：文化旅游与城市经济发展的内在机制是什么？文化旅游对城市经济发展有何影响？城市经济发展对文化旅游有何影响？两者的相互作用模式是什么？

问题三：文化旅游与城市经济发展的水平如何？二者协调发展的程度如何？如何对其进行定量测度？

问题四：如何实现文化旅游与城市经济发展？二者协调发展的路径有哪些？

对以上问题的回答构成了本书的主要研究内容，本书各章节的内容正是围绕这些问题展开的。

第二节 研究目的与研究意义

一、研究目的

针对以上研究问题，本书的研究目的如下：

（一）分析文化旅游与城市经济发展的理论基础及现实基础

本书运用相关产权理论、核心—边缘理论以及增长极理论、外部性理论，对文化旅游与城市经济发展的可能性与必要性进行剖析；从资源概况、发展特征、现实困境等方面，对我国文化旅游的发展现状及城市经济发展现状进行研究。以上两个方面的发展现状构成丝绸之路经济带文化旅游与城市经济发展的理论基础和现实基础。这些内容回答了问题一。

（二）探究文化旅游与城市经济发展的内在机制

一方面，本书分析了文化旅游对城市主要经济指标、经济发展质量、城市居民、城市环境、城市知名度等方面的影响；另一方面，研究城市经济发展在基础设施建设、公共服务、从业人员数量和质量提升等方面对文化旅游的影响。在此基础上，本书探究文化旅游与城市经济发展相互作用的模式。这些内容回答了问题二。

（三）测度文化旅游与城市经济发展的水平

本书基于文化旅游与城市经济发展的理论基础、现实基础及相互作用的内在机制，在构建文化旅游发展水平及城市经济发展水平测度指标体系的基础上，构建文化旅游与城市经济发展模型，并对丝绸之路经济带文化旅游与城市经济发展的水平进行测定。这些内容回答了问题三。

（四）探索文化旅游与城市经济发展的实现路径

本书在总结西欧国家、美英国家、新加坡，以及中国杭州文化旅游与城市经济发展经验的基础上，根据文化旅游与城市经济发展的现状和水平，对文化旅游与城市经济发展的路径进行探索。这些内容回答了问题四。

二、研究意义

（一）理论意义

第一，厘清了文化旅游与城市经济发展之间的作用机制。在深入分析文化旅游与城市经济发展在不同方面互相影响的基础上，构建了文化旅游与城市经济发展相互作用的模式，从而在理论上厘清了文化旅游与城市经济发展之间的作用机制。

第二，构建了文化旅游与城市经济发展水平定量测度的指标体系。基于文化旅游与城市经济发展的理论基础和内在机制，本书构建了文化旅游与城市经济发展水平定量测度的指标体系，为评价、追踪和比较丝绸之路经济带文化旅游与城市经济发展水平提供了理论工具。

第三，完善了文化旅游与城市经济发展的研究体系。本书从现实基础、内在机制、协调发展水平和实现路径等方面尝试构建了文化旅游与城市经济发展的系统理论，虽然研究地域仅限于西部地区城市，但对其他地区文化旅游与城市经济发展研究也具有一定的理论借鉴意义。

（二）实践意义

第一，有利于对丝绸之路经济带文化旅游与城市经济发展水平进行科学的评价。本书利用开发的文化旅游与城市经济发展水平指标体系，可以实现对文化旅游与城市经济发展水平的定量测度，为文化旅游与城市经济发展路径的研究奠定理论基础。

第二，为我国文化旅游与城市经济发展提供实践指导。基于对我国文化旅游与城市经济发展的理论基础和现实基础的分析，本书所提出的协调发展路径对于我国的诸多城市均具有一定的适用性。

第三节 研究思路与研究方法

一、研究思路

首先，本书对文化旅游与城市经济发展的相关概念和理论进行了梳理和归纳，对相关研究进行了述评。其次，本书分别运用产权理论、核心—边缘理论以及外部性理论，对文化旅游与城市经济发展的基础进行分析，从资源概况、发展特征、现实困境等方面对我国文化旅游及城市经济的发展现状进行研究；在此基础上，通过对文化旅游发展和城市经济发展之间的相互影响关系进行分析，构建了文化旅游与城市经济发展的相互作用模式，从而在理论上厘清了文化旅游与城市经济发展之间的作用机制。再次，本书构建了文化旅游发展水平定量测度指标体系，并以此为基础，构建了文化旅游与城市经济发展水平指标体系。最后，基于世界城市和我国文化旅游与城市经济发展的经验，本书提出了丝绸之路经济带文化旅游与城市经济发展的路径。本书的研究框架和技术路线如图 0－1 所示。

二、研究方法

（一）实地调研法

为了研究需要，笔者对西安、成都、昆明等丝绸之路经济带沿线代表性城市进行了实地调研，体验了典型文化旅游城市的文化旅游发展和城市经济发展之间的相互影响，并认真研究这一过程中出现的诸多问题，因此，本书是建立在实地调研基础上的研究。

（二）文献分析法

大多数研究的起点都是建立在大量文献阅读的基础上，笔者通过阅读大量文化旅游与城市经济方面的文献，发现了目前研究的不足，结合本书的研究背景，形成了本书的主要研究内容。

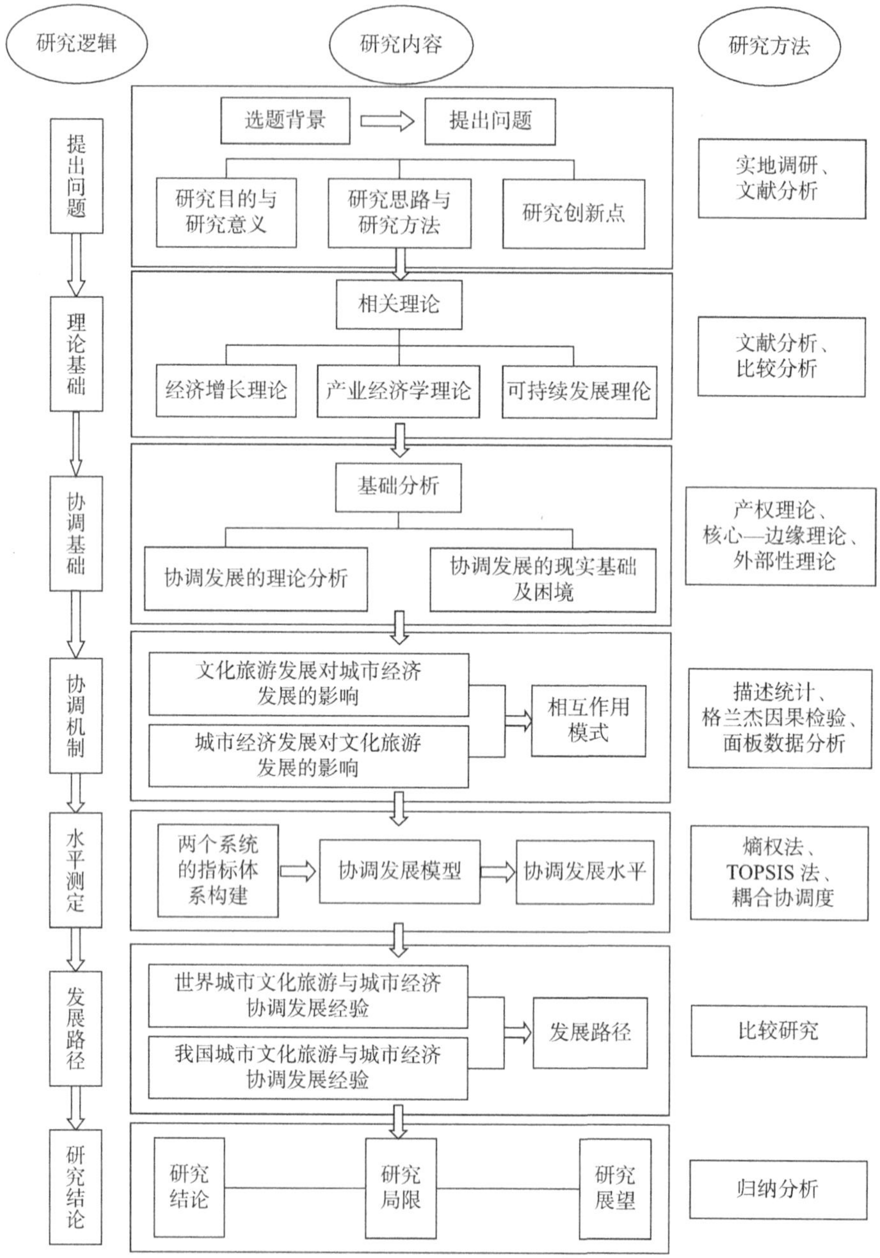

图0-1　本书的研究框架和技术路线

（三）比较分析法

在测度文化旅游发展水平及文化旅游与城市经济发展水平上，本书对西安、成都、重庆、昆明进行了比较分析；通过对欧美国家、新加坡以及我国文化旅游与城市经济发展的经验梳理，比较和总结了丝绸之路经济带文化旅游与城市经济发展的路径选择。

（四）专家意见法和问卷调查法相结合

对文化旅游发展水平的定量分析属于探索性研究，在听取了旅游学术界专家的意见后，本书初步构建文化旅游发展水平的指标体系，并向旅游学术界的专家、学者以及旅游企业发放电子调查问卷，利用 SPSS 分析工具测度指标的合理性和有效性。

（五）实证研究方法

首先，本书以西安、成都、昆明为例，运用熵值分析法对这 3 个城市的文化旅游发展水平进行赋权，并采用 TOPSIS 法对其文化旅游发展水平进行测量和排序；其次，运用计量经济学中的格兰杰因果检验、面板数据分析方法及分析处理工具 EViews 8.0，对 2010—2020 年东部、中部、西部 12 个文化旅游城市的相关数据进行验证，对文化旅游与城市经济相互影响的内在机理进行测度；最后，运用耦合协调度的分析方法，对西部典型文化旅游城市的文化旅游和城市经济发展的耦合协调度进行测度。

第四节　研究创新点

在已有研究的基础上，本书结合我国文化旅游发展的实际，以文化旅游的主要发生地——城市为主要研究区域，以协调发展为主要研究视角，形成了以下几个创新点：

（一）研究概念的重新审视

由于学术界对文化旅游的概念没有形成比较统一的定义，与文化旅游相关的研究很难深入开展，而本书的研究对象是文化旅游城市和文化旅游产业，因此本书尝试重新定义文化旅游，并对文化旅游产业进行诠释。

（二）构建文化旅游与城市经济发展水平的指标体系

基于文献分析法、专家意见法及问卷调查方法，本书构建了文化旅游发展水平的测度指标体系，并根据前人的研究成果，选取了城市经济发展水平的指标；在此基础上，对文化旅游与城市经济发展水平进行测度。在理论上，本书克服了以往文化旅游与城市经济发展定量测度研究的不足，使文化旅游与城市经济发展水平的评价、追踪和比较研究成为可能。

（三）厘清了文化旅游与城市经济发展的内在机制

文化旅游与城市经济发展是互相影响、相辅相成的。本书从增长效应、集聚效应以及外部效应角度，论证了文化旅游与城市经济相互影响的机制；基于对两者互相影响关系的深入分析，构建了文化旅游与城市经济发展相互作用的模式，从而在理论上厘清了文化旅游与城市经济发展的内在机制。本书第三章以协调度为研究重心，对文化旅游与城市经济互相影响的关系及程度进行了论证与测度，从而拓宽了相关研究视野。

（四）完善了文化旅游与城市经济发展的研究理论体系

以往对文化旅游与城市经济发展的研究多集中于两者协调发展的一个或几个方面，系统研究较为少见。本书从现实基础、内在机制、协调发展水平和实现路径等方面尝试构建关于丝绸之路经济带文化旅游与城市经济发展的系统理论，在一定程度上完善了文化旅游与城市经济发展的研究理论体系。

第一章　理论基础与研究述评

第一节　理论基础

一、经济增长理论

经济增长理论以研究经济系统增长的相关规律及其影响因素为主要内容，随着西方经济学的不断发展和丰富，经济增长理论经历了复杂的发展历程，该理论的应用范围越来越广泛。1928 年以前是经济增长理论的奠基阶段，这一阶段的增长理论被称为古典增长理论；之后是成熟阶段，这一阶段的增长理论包括新古典增长理论与内生增长理论。

经济增长理论在第一个阶段初步建立理论框架，代表理论是马克思内生增长理论和熊彼特经济增长理论，其研究大多建立在经济学家不同的研究方法和视角的基础上。第二个发展阶段称为新古典增长理论阶段，包括被视为经济增长理论"第一次革命"的哈罗德—多马经济增长模型，以及被视为"第二次革命"的新古典经济增长理论。哈罗德—多马经济增长模型着重分析了资本积累在经济增长中的作用，尝试在凯恩斯的思想中加入经济增长的长期因素。第三个阶段是内生经济增长理论阶段，Robert 和 Setterfield（2005）认为，增长率由增长模型本身决定，并把技术进步构建为增长模型，把时间作为唯一的外生变量，$Y = AK$ 模型是内生经济变量中极其重要的模型。但是，占据经济增长理论模式主导地位的应属柯布—道格拉斯（Cobb-Douglas）生产函数 $Y = AK^{\alpha}L^{\beta}$，其适用性较强，是比较经典的生产函数。该模型认为，经济增长变量应该由资本、技术和劳动力决定。

本研究将聚焦于经济增长影响因素的变化。古典经济学派认为，经济增长的动因是资本、技术、土地及分工；新古典经济理论认为，人口增长、财富资本的增加、劳动者智力水平的提高、工业组织的引入，都会促进经济增长。熊彼特（Joseph Alois Schumpeter）认为，创新是促进经济增长的主要动力。20 世纪 80 年代中期以来，以罗默（Paul M. Romer）和卢卡斯（Robert Lucas）为代表的新经济增长理论出现。新经济增长理论认为，经济增长的源泉来自资本、非技术劳动、人力资本以及新思想，而新思想是经济增长的主要动力。卢卡斯的内生增长理论模型认为，人力资本积累是经济长期增长的决定性因素。

综上所述，本书认为，经济增长理论中的经济增长因素包括资本、技术、分工、思想、创新、人力资本积累等；本书在构建文化旅游和城市经济相互作用的关系模型基础上，以柯布—道格拉斯生产函数为基础，构建了两者之间的生产函数，认为文化旅游是城市经济增长的影响变量，城市经济也是文化旅游的影响变量，即两者互为影响变量。文化旅游是文化和旅游融合发展的结果，代表着一种新业态，是旅游产业创新发展的结果。文化旅游的发展既可以提升城市旅游发展的文化内涵并促进其高质量发展，也是大众了解和学习相关文化的平台，因此，文化旅游的发展是城市经济发展的内生推动力。城市经济的发展可以为文化旅游的发展提供基础设施条件和游客消费、住宿等接待设施，为文化旅游的发展提供基础动力。

二、产业经济学理论

产业经济学是研究产业内部各子系统之间相互关系及发展和分布规律的学科，是应用经济学的分支，研究内容包括产业组织、产业结构、产业发展、产业布局以及产业政策等。

产业组织理论公认的先驱者是马歇尔，他在《经济学原理》中提出了生产的第四种要素——组织，并阐述了著名的“马歇尔冲突”，即规模经济和竞争实力之间存在不可避免的内在矛盾。之后，产业组织分析理论成为传统产业组织理论的主流。以梅森、贝恩为代表的结构主义学派学者认为，市场结构、市场行为、市场绩效是产业组织理论的基础。到 20 世纪 70 年代，交易费用等理论兴起。

产业结构理论研究产业间的相互关系及其发展规律，有广义理论和狭义理论之分。广义的产业结构理论包括狭义的产业结构理论和产业关联理论，即三产之间的关系；狭义的产业结构理论从质的角度动态地揭示产业间技术经济联系与联系方式不断发生变化的趋势，揭示经济发展过程的国民经济各产业部门中，占主导或支柱地位的产业部门不断替代的规律及其相应的“结构”效益，即工业内部各产业之间的关系。经典理论包括英国古典政治经济学家威廉·配第（W. Petty）对三产关系的研究，澳大利亚经济学家费歇尔（A. G. B. Fisher）对第一产业、第二产业、第三产业的定义，以及英国经济学家克拉克（G. G. Clark）提出的配第—克拉克定理，德国经济学家霍夫曼（W. G. Hoffmann）提出的霍夫曼定理。此外，产业结构理论还包括产业关联理论，以美国经济学家列昂惕夫（W. Leontief）提出的投入产出法理论为代表。

产业布局理论包括产业布局的主要因素、基本原理、一般规律，以及其与经济发展的关系及产业布局政策等内容。以杜能的农业区位论和韦伯的工业区位论为代表的古典区位论，以及之后费特的贸易区边界区位理论、克里斯泰勒的中心地理论及廖什的市场区位理论，以及现代区位理论，包括计量学派、社会学派、行为学派等都是产业布局理论的重要发展。

产业政策理论以产业政策对经济发展的影响为主要研究内容，源于日本在二战后快速恢复经济的国家产业政策，在此期间涌现了一批具有代表性的产业政策理论和学者，如小宫隆太郎所著的《日本的产业政策》、筱原三代平所著的《产业结构论》，以及宫泽健一所著的《产业经济学》等。

二战后，一些国家意识到第三产业对国民经济增长的影响越来越大，逐步加大国民经济中第三产业的比重，发达国家第三产业占比为70%～80%。在工业超级强国德国，第三产业的占比超过68%；在综合国力最强、各行业均衡性极强的美国，第三产业占比高达78%。与西方发达国家相比，我国现阶段的产业结构存在第一产业、第二产业偏重，第三产业占比偏低的特点。2018年，我国第三产业增加值占GDP的比重为52.2%，旅游产业占第三产业的比重为11%。在推动国民经济实现绿色包容性增长的道路上，我国需要持续化解过剩产能，加快产业绿色低碳转型，大力发展服务业和绿色旅游产业。

产业结构优化升级是深化供给侧结构性改革的重要内容，旅游业是第三产业即服务业，近年来，服务业在经济发展中的地位日益突出，被称为国家经济发展的“稳定器”和“助推器”。因此，国家要顺应经济发展大趋势，推动服务业融合发展，加快旅游业创新发展和新动能培育，不断满足人民日益增长的美好生活需要。

本书在研究文化旅游对城市经济影响时，研究了文化旅游对城市布局的影响及其对城市产业结构的优化，以及它与城市经济发展的关系。

三、可持续发展理论

可持续发展（Sustainable Development）最早于1972年在斯德哥尔摩举行的联合国人类环境会议上出现；1987年世界环境与发展委员会在《我们共同的未来》报告中第一次阐述了“可持续发展”的概念，达成了国际社会的广泛共识。

旅游可持续发展思想理念形成于20世纪90年代初，是以旅游资源为基础的综合旅游系统的持续良性运行和发展，以及旅游资源经济效益的持续产出。旅游的可持续发展包括旅游生态环境可持续发展、旅游经济可持续发展、旅游地社会可持续发展三个方面协调统一。在1990年召开的全球持续发展国际大会上，旅游组行动策划委员会发表了《旅游持续发展行动战略》，明确提出了“可持续旅游”，并指明其目标以及主要框架。1997年6月，由世界旅游组织、世界旅游理事会与地球理事会联合制定发布的《关于旅游业的21世纪议程》是全球旅游业正式实施可持续发展战略的开端。

（一）马克思主义生态观

马克思主义生态观具有丰富的内涵，为人类走出生态危机提供了根本方法，是我国生态文明建设的理论基础。马克思主义认为，人与自然是对立统一的辩证关系，实践是连接人与自然关系的现实基础，人类在实践中要尊重自然、顺应自然、改善自然并把它传给子孙后代，努力实现人与自然界的和谐永续发展（马克思，2018）。人类实践要以遵循自然规律为前提，否则就会受到大自然的惩罚。①

马克思主义生态观从哲学的高度，为推进绿色发展提供了科学的实践思路与方法，启示人们关注生态哲学、遵循客观规律，指导人们树立正确的世界观，理性认识人与自然之间的关系。马克思强调："不以伟大的自然规律为依据的人类计划，只会带来灾难。"人与自然、社会是有机统一的整体，这是马克思主义生态观要素整合论的主要观点。

马克思和恩格斯发表了许多关于绿色发展的论断。恩格斯有一段著名的"告诫"：人类虽然可以通过劳动"使自然界为自己的目的服务"，但是，"我们不要过分陶醉于我们人类对自然界的胜利"（恩格斯，2018）。实现人与自然、社会的和谐，需要对这三者进行有机整合，而追求人全面、自由的发展，就需要实现人的自然属性和社会属性的协调发展。

（二）新时代中国特色社会主义生态经济理论

党的十九大报告明确提出，"我们要建设的现代化是人与自然和谐共生的现代化，既要创造更多物质财富和精神财富以满足人民日益增长的美好生活需要，也要提供更多优质生态产品以满足人民日益增长的优美生态环境需要"。

2005 年 8 月 15 日，时任浙江省委书记的习近平在浙江安吉余村考察时首次提出，"绿水青山就是金山银山"。此后，安吉放弃开山采矿，发展休闲旅游，被拆水泥厂复垦变身五彩田园，村里流转土地成为油菜花田，每年慕名而来的游客络绎不绝。如今，安吉生态美、产业兴、百姓富，"一片叶子富了一方百姓"的故事被传为佳话。"绿水青山就是金山银山"这一"两山理论"，在反复实践中展现持久的生命力和巨大的凝聚力。特别是党的十八大以来，一系列的环保举措付诸实施，人们居住的环境得到有效改善。

2015 年 10 月，党的十八届五中全会提出了创新、协调、绿色、开放、共享的新发展理念。绿色发展理念立足平衡发展需求和资源环境有限供给之间的矛盾，着力解决当前生态环境保护的突出问题，把绿色发展作为"十三五"

① 白暴力，程艳敏，白瑞雪．新时代中国特色社会主义生态经济理论及其实践指引——绿色低碳发展助力我国"碳达峰、碳中和"战略实施［J］．河北经贸大学学报，2021，42（4）：26－36.

乃至今后更长时期必须坚持的重要发展理念。

党的十八大以来，以习近平同志为核心的党中央围绕生态环境保护和经济发展，提出了一系列新理念新思想新战略，形成了习近平生态文明思想，包括良好的生态环境就是最公平的公共产品，是最普惠的民生福祉；努力实现人与自然和谐共生；绿水青山就是金山银山；坚持绿色发展；坚持用最严格制度、最严密法治保护生态环境；为建设清洁美丽世界贡献中国智慧和中国方案等。这些新理念新思想新战略构成了内涵丰富的新时代中国特色社会主义和习近平生态文明思想。

习近平总书记指出："人与自然是生命共同体，人类必须尊重自然、顺应自然、保护自然。""十四五"发展时期，我国生态文明建设进入以降碳为重点战略方向、推动减污降碳协同增效、促进经济社会发展全面绿色转型、实现生态环境质量改善由量变到质变的关键时期。我国要完整、准确、全面贯彻新发展理念，保持战略定力，站在人与自然和谐共生的高度来谋划经济社会发展，努力建设人与自然和谐共生的社会主义现代化。

第二节　研究述评

一、文化旅游研究综述

（一）国外文化旅游的主要研究内容

1976 年 Evans 发表的 *Tourism and Cross Cultural Communication* 被认为是最早研究文化旅游的学术论文。之后，相关论文研究成果日益增多，研究角度不断细化，研究范围越发广泛，国外关于文化旅游的研究越发系统和深入，越来越侧重案例研究和实地调查研究，注重运用定量方法和模型。总体而言，这些研究的内容大致集中在以下几个方面：

1. 关于文化旅游概念及类型的研究

McKercher 和 du Cros（2006）以文化旅游概念研究为基础，论证了文化遗产及文化旅游产品的开发、营销及管理等文化旅游可持续发展问题。

McKercher（2003）将文化在出行决策中的重要性和文化体验深度两个变量作为细节指标，将文化旅游地市场划分为五个细节市场，并指出文化游客的五种类型代表了五种基于效益的个体；采用各种旅行、人口统计、动机、首选活动、意识、文化距离和活动的变量对这些个体进行测试，并在各组之间发现了重大区别。此外，尽管预计划分过程基于两个变量，但是这些变量反映了文化游客的不同类型中隐含的旅游动机、活动首选以及文化距离因素。

2. 关于文化旅游目的地的研究

关于文化旅游目的地的研究集中在欧洲、非洲和中国香港地区。Sdrali（2007）在对希腊安德罗斯岛的案例分析中调查了该岛居民对文化旅游的认知并发现，大多数受访者意识到了文化旅游的重要性并认为其能惠及当地的发展。这些发现也表明，受访者的特征和他们对此问题的看法之间有很大关系。Salazar（2012）利用坦桑尼亚人类学田野调查的实例，分析了西方游客与被称为"第三世界"的脆弱社区之间的关系，侧重于当地导游如何看待自身作为社区文化遗产大使的身份以及社区成员对他们的评价，重点关注导游在游客旅行中扮演的角色，以及对有效退出策略、质量控制、导游培训和长期导游保留的需求。McKercher 等（2005）对中国香港城市旅游业与文化遗产管理之间关系的本质进行审视，认为冲突范式可能不是最佳范式。Cuccia 和 Rizzo（2011）基于西西里岛的经验论证了文化旅游目的地的季节性，采用基于回归分析的方法对季节性进行测量，对不同旅行目的地的游客数量做了季节性分析，并让游客对不同程度的文化吸引力进行选择。Yan 和 Bramwell（2008）深入研究中国共产党领导下的中央政府对文化遗产旅游和儒家思想态度的转变，以及这一转变对旅游业和曲阜祭孔大典的影响。Zhao 和 Timothy（2015）探讨了中央政府和地方政府在红色旅游发展中扮演的角色，就公众合理参与红色旅游管理和未来研究方向提出一些建议。

3. 关于文化旅游发展影响因素的研究

Jansen-Verbeke 和 Priestley（2010）探讨了欧洲文化遗产保护的特点，介绍了欧洲各国在文化遗产保护方面的法律制度、经营理念以及鼓励公众参与，利用信息技术对文化遗产进行保护、规划、管理方面的探索和经验。

Loulanski 和 Loulanski（2011）运用混合研究方法归纳并检验了 15 个被认为是文化遗产和旅游业可持续整合的关键因素，提出遗产地发展旅游可以促进遗产资源的保护和遗产地的可持续发展。Richards（2011）认为，创意旅游活动是建立在传统文化旅游基础之上的高级旅游方式，是指游客在游览过程中学习旅行目的地文化或技巧的一种旅游产品。“创意旅游”的出现反映了旅游业与不同地点策略之间的融合，包括创意产业、创意城市以及“创意阶层”。Hughes（2005）认为，文化旅游是有积极作用的，相比政治，文化旅游对市场的作用更为重要。

（二）国内研究综述

国内最早研究文化旅游的论文发表于 1986 年（孙金楼，1986）。后续研究迅速升温，随着入境游客人数的不断增加及文化旅游的不断发展，文化旅游的研究百花齐放，从地理学、经济学、人类学及生态环境学等角度研究的论文大量涌现，研究的重点和观点也不尽相同，但它们共同促进了文化旅游的研究，也促进了中国文化旅游产业发展质量的提升。尤其是在 2009 年国家颁布促进文化旅游行业发展的政策，2010 年“中华文化旅游年”启动以后，文化旅游的研究热潮更胜从前。

1. 文化旅游相关专著综述

相关专著主要研究文化旅游的概念及内涵，比如，张国洪（2001）梳理了文化旅游相关理论，从文化旅游产品的开发、营销以及品牌建设，阐述了我国文化旅游业开发的相关战略；刘焕庆（2012）在深入剖析旅游与旅行活动的本质区别的基础上，阐述了困扰文化旅游可持续发展的诸多问题；宋振春、李秋（2012）探讨了城市文化资本和文化旅游相互转换及文化资本的传承等问题；王明星（2008）通过案例详细阐述了旅游文化和文化旅游的概念与意义。

关于地方文化旅游发展等问题的研究，比如，平文艺（2007）研究了四川文化旅游资源开发和保护中面临的诸多问题，为四川文化旅游发展提供了应用性理论指导；窦开龙（2010）以甘肃为例，在文化和旅游融合发展的基础上，分析了文化旅游开发的地区效应；刘为民（2011）阐述了文化和旅游的融合对经济发展的重要性；杨国清（2011）分析了丽江文化旅游崛起的原因、经验和做法，提出了以文化旅游助推城市经济发展的建议。定性与定量研究中，孙丽坤（2011）运用定性与定量相结合的方法探讨了延边朝鲜族自治州民族文化旅游开发的状况（见表1－1）。

表1－1　2001—2019年国内文化旅游方面的专著

序号	作者	书名	出版年份
1	张国洪	《中国文化旅游——理论·战略·实践》	2001
2	平文艺	《四川文化旅游发展理论与实证研究》	2007
3	王明星	《文化旅游——经营体验方式》	2008
4	窦开龙	《甘肃文化旅游开发论》	2010
5	杨国清	《丽江文化旅游崛起解读》	2011
6	刘为民	《文化与旅游融合发展报告》	2011
7	孙丽坤	《民族地区文化旅游产业可持续发展》	2011
8	刘焕庆	《文化与民俗旅游资源开发理论与实践》	2012
9	宋振春、李秋	《文化旅游产业与城市发展研究》	2012
10	匡翼云等	《民族文化旅游开发及其案例研究》	2016
11	冯玉珠	《饮食文化旅游开发与设计》	2017
12	颜丙金	《文化旅游地特色文化景观的游客多维感知研究》	2019

资料来源：根据相关专著整理。

2. 文化旅游研究综述

国内关于文化旅游的研究尤其是理论性研究比较丰富。比如，宋振春等（2012）对文化和旅游融合的研究认为，文化旅游创新体系在结构和运行机制上均体现为二元复合体系及双重核心模式。侯兵等（2011）从物质维度、时间维度和区域维度三重视角构建了文化旅游空间形态的分析框架。宋振春、李秋（2011）认为，城市文化与旅游发展的关系需要从文化资本，即文化因素不断积累和文化价值增值的角度进行考察，文化资本质量高的城市，其文化旅游无疑会有更好的发展。刘朝晖（2012）认为，在文化旅游开发过程中，作为文化研究角色“在场”的人类学者的参与，可以起到文化挖掘的前置作用，而且能够确保文化旅游内涵的本真性。

在文化旅游的实证性研究上，许志晖等（2006）基于文化旅游的基本属性及国内外主要开发模式，探讨了南京市文化旅游开发的深度模式及整合方向；俞万源等（2012）以文化生态为着眼点，对客家文化旅游开发理念进行分析，以此构建客家文化旅游“大景区”；韦传慧等（2007）研究了南京市游客对文化遗产的选择偏好及其行为特征；刘昱（2012）提出，遗产型旅游景点的保护是城市文化建设的组成内容；徐菊凤（2003）实证分析了北京文化旅游发展的现状、难点及路径；复旦大学的李萌（2011）论述了上海旅游、文化旅游、文化创意和文化旅游之间的深度关系。

在文化旅游吸引力和竞争力的研究上，郑四渭、贝勇斌（2009）基于国外城市文化旅游相关文献，提出城市文化旅游吸引力是城市文化旅游发展的关键；张海燕、王忠云（2010）构建了包括文化旅游业基础竞争力、竞争潜力和环境竞争力在内的文化旅游业竞争力评价指标体系；杨勇（2006）构建了旅游目的地层面的二元竞争力框架，对“文化”在旅游目的地竞争力中的地位和作用机制进行阐述；王延彬（2009）认为，政府主导社区参与的发展模式集合了以往开发模式的优点，能够满足遗产型旅游目的地可持续发展的要求。

在文化旅游的研究方法上，南京师范大学侯兵（2011）在其博士学位论文中，以文化地理学为理论基础，从文化区和文脉的视角提炼出区域旅游文化因子，通过社会调查和数理统计的方法进行效果检验和影响区分。王超、郑向敏（2012）以系统工程思想为分析视角，对中印文化旅游软实力的差异进行研究。

综上所述，国内关于文化旅游的研究比较深入和全面，且对影响因素的阐述比较全面，但是缺乏系统深入的整体研究和对丝绸之路经济带沿线城市的适用性研究，尤其是在文化旅游定量指标体系构建方面缺乏创新性。在研究方法的选取上，已有研究多为定性研究，缺乏定量研究和比较研究。

二、旅游对城市经济影响的相关研究述评

国内目前关于旅游对于城市经济影响的研究文献较为丰富，研究对象大

多为较为发达的城市与地区（见表 1 – 2）。张广海、冯英梅（2013）构建了旅游产业结构水平及城市发展水平指标体系，并以此为基础测算了山东省 17 个地级市旅游产业结构水平与城市发展水平的综合指数。杜傲等（2014）以北京市为例，构建了旅游业与城市发展评价指标体系，研究了 1995—2011 年北京市旅游业与城市发展之间的协调关系。翁钢民等（2010）定量测度了秦皇岛市旅游经济与城市环境的协调发展状况。熊鹰等（2014）定量评价了张家界市 1996—2010 年旅游经济与生态环境协调发展状况和发展态势。部分学者对我国城市和旅游整体发展状况展开研究，舒小林等（2014）运用 1988—2012 年我国城市化率和旅游收入数据，基于计量经济学理论定量验证了城市化与旅游收入之间存在长期的互动关系。

对西部地区旅游与城市经济之间关系的研究较为少见，如张玉萍等（2014）根据 2001—2011 年的相关数据，对吐鲁番市旅游经济与生态环境的耦合关系，以及耦合协调程度进行测量和评价。张春晖等（2013）在入境旅游流和省域目的地耦合系统指标的基础上，研究了我国西部 12 个省（区、市）两系统耦合协调度及其时空分异特征。

另外，博士学位论文有关旅游和城市经济协调发展的研究比较多，如胡小海（2012）以江苏省为例，探讨了区域文化资源和旅游经济耦合研究；李振亭（2011）以中国西部典型区域为例，研究了入境旅游流关联度和经济协调度；王新越（2014）集中研究了旅游化和城镇化的互动协调发展。

已有研究对协调性的测度研究大多采用熵权 TOPSIS 法以及主成分分析法，得到各个指标的相关权重，以此构建相关的综合评价函数，将其引入耦合度及耦合协调度模型；也有研究采用线性加权法，得到各个指标的相关权重，将其引入耦合度及耦合协调度模型；还有学者采用 R/S 分析模型、SPSS 软件以及组间平均连接法（Between-Group Linkage）对各年度 *D* 值进行层次聚类研究。

综上所述，国内关于旅游与城市关系的研究集中在旅游与城市经济、旅游经济与城市环境以及旅游与城市发展等方面，研究方法比较丰富，采用了熵值赋权法、耦合度计算以及主成分分析等方法，但是旅游与城市互动影响的研究较为缺乏，针对我国西部地区旅游与城市经济之间关系的研究尤为少见。

表 1－2　国内部分旅游和城市协调发展的研究成果

作者	研究内容	指标体系	研究方法	研究区域
杜傲等	以北京市为例，构建了旅游业与城市发展评价指标体系，研究 1995—2011 年北京市旅游业与城市发展之间的协调关系	旅游业系统、城市发展系统	熵值赋权法、耦合度计算	北京
翁钢民等	定量评价秦皇岛市旅游经济与城市环境的协调发展状况	旅游经济指标、城市环境指标	熵值赋权法、协调度计算模型：$T = \alpha f(x)$、$D = \sqrt{C \times T}$	秦皇岛
张玉萍等	根据吐鲁番市 2001—2011 年旅游—经济—生态环境系统各指标的相关数据，对吐鲁番市的旅游—经济—生态环境的耦合度及耦合协调度进行了实证研究	旅游子系统、经济子系统	主成分分析法、协调度计算模型	吐鲁番
徐洁等	基于我国改革开放 30 年的时间序列动态计量分析，探讨我国城市化水平与旅游发展的关系	将城市人口比重和国际旅游收入比重作为解释性指标	Eviews、Co-integratio 检验	中国
高楠等	以西安为例，构建了旅游产业系统、城市化系统的耦合评价模型	旅游产业系统、城市化系统	熵值赋权法、耦合度计算	西安
生延超等	以湖南省为例，研究了旅游产业和区域经济的耦合协调度	旅游业系统、区域经济系统	德尔菲法确定权重、耦合度计算	湖南
王璐璐等	以中国 25 个主要旅游城市为例，进行了旅游业与城市发展的协调度评价	城市经济基础、城市规模水平、城市公共交通、城市环境保护、城市旅游形象、旅游就业、旅游产业规模	改进 TOPSIS 法和熵权赋值法	中国
罗文斌等	以杭州为例，进行了城市旅游和城市发展协调关系的定量评价	城市发展指标、旅游发展指标	熵值赋权法、TOPSIS 法计算协调系数	杭州

资料来源：根据中国知网相关资料整理。

三、文化旅游与城市经济发展相关研究述评

通过文献梳理发现，已有研究多以创意产业和城市经济发展、旅游和城市经济发展为主要内容，原因可能与文化旅游与城市经济发展的协调度指标选取难度较大有关，因为文化旅游尚未形成一个统一而权威的定义，因此，文化旅游评价指标体系的选取和构建具有较大的挑战。相关研究以旅游经济和城市空间的指标体系构建为主，博士学位论文对这一问题的研究比较缺乏，硕士学位论文对这一问题的研究较多，具有代表性的有贝勇斌（2008）、赵本谦（2012）等。也有学者从城市文化资本的角度论述文化旅游的发展（宋振春、李秋，2011），但将定量研究方法引入城市文化旅游分析的做法比较鲜见，仅有胡浩等（2012）基于全国范围内 34 个中小文化旅游城市，构建了可达性评价指标体系。

第三节 相关概念界定

一、文化旅游的概念及内涵

（一）概念辨析

美国学者 Macintosh（1977）最早提出“文化旅游”的概念，他认为，从广义上看，只要是游客可以从旅游中学习到新的历史、传统以及当代的生活和思想的旅游活动，都可以看作文化旅游。McKercher 和 Cros（2006）在《文化旅游与文化遗产管理》中梳理了文化旅游的定义，认为文化旅游已成为一个伞形词语，它涵盖范围广大的活动，包括历史旅游、民族旅游、艺术旅游、博物馆旅游等。Reisinger（1994）认为，文化旅游包括文化遗产旅游，艺术、信仰、习俗和自然历史、动植物生态旅游，体育旅游，乡村旅游等内容。

1. 文化旅游是一种包容性较大的旅游类型

杨时进等（1996）把中国文化旅游分为四个层面：历史文化层、现代文化层、民俗文化层以及道德伦理文化层。马波（1998）认为，文化旅游是旅游的一种类型，属于运动的范畴，与旅游在内涵上存在着有机的联系。

2. 文化旅游是一种新旅游形式

蒙吉军、崔凤军（2000）认为，文化旅游是一种旅游产品，以学习、研究、调查国家或地区文化为主要目的，包括历史古迹旅游、博物馆旅游、民俗风情旅游等多种类型。朱桃杏、陆林（2005）认为，文化旅游是一种全新的、知识含量高的旅游形式，主要包括遗迹遗址、建筑设施、人文风俗节庆及特色商品旅游四种类型。朱梅、魏向东（2014）将国内外文化旅游的研究类型界定为以遗产、民族文化旅游为重点，以事件、艺术、城市文化旅游为次重点，以其他多种文化旅游形式为补充的系统化研究类型体系。

3. 文化旅游是一种不同的旅游体验

郭丽华（1999）认为，文化是旅游开发者的一种创意思维，也是旅游活动的一种方法。吴光玲（2006）认为，广义的文化旅游与一般旅游活动区别不大，是寻求和参加全新或更深文化体验基础上的一种特别兴趣旅游，因为任何一次旅游经历都是一次对新文化的体验。文化旅游是一种以愉悦为目的的异地性休闲体验，是地位最重要、涵盖最广的旅游类型之一（谢彦君，2012）。

4. 文化旅游是文化和旅游融合的必然结果

宋振春（2012）认为，文化旅游作为文化资源和旅游融合发展的结果，可以成为城市发展的文化资本，但是由于系统比较复杂，容易受文化、经济、政治等因素的影响。

文化旅游的基本属性与特征表现见表 1－3。

表 1-3　文化旅游的基本属性与特征表现

基本属性	特征表现
时间维度	历史的、现代的、未来的生活积淀
潜在资源	A 级文化型旅游景区、各级文保单位、非物质文化遗产、民俗文化、产业文化、传统节日及现代节庆等
产品形态	古迹旅游、民俗体验、宗教文化、建筑、饮食文化、艺术欣赏、休闲娱乐
旅游动机	求知、求奇以及真实性问题体验
需求市场	消费群体以具有一定消费能力、受过良好教育的中产阶级为主

资料来源：侯兵，黄震方，徐海云．文化旅游的空间形态研究：基于文化空间的综述与启示［J］．旅游学刊，2011（3）：70-77。

（二）文化旅游的概念界定

综上所述，国内外学术界对文化旅游的定义大多围绕旅游产品或旅游形式等文化旅游内涵进行。笔者认为，要对文化旅游概念进行定义，就必须先弄清楚文化旅游的本质，即文化旅游到底是一种文化活动，还是一种旅游活动？

本研究的出发点是文化旅游本质上是一种旅游活动。从发展历程来看，文化旅游是旅游活动发展到一定阶段的产物，或者说是旅游活动的高级形式。从旅游活动的目的来看，文化旅游的目的在于追求精神上的满足，实现旅游者精神素养的提升。文化旅游不仅能够满足旅游者求新求异的精神需求，而且能在客观上提升旅游者文化素养。从文化旅游者的目的地选择来看，旅游者更偏向于文化底蕴深厚的旅游目的地或者旅游产品，但是观光型旅游者不应被排除在文化旅游者之外，只要是以旅游体验及文化素养提升为目的的游客都可以视为文化旅游者。文化旅游的基础和核心是文化旅游资源，是文化旅游业得以发展的基础，也是文化旅游保持吸引力的源泉。人们对文化旅游资源的理解是一个循序渐进的过程。最早被人们重视的是具有历史文化价值的文物、遗产遗迹等，后来人们逐步认识到，文化旅游资源还包括很多活动性资源（戴代新，2010）。

综上所述，文化旅游本质上是一种旅游活动。文化旅游的目的在于追求精神上的满足和旅游者精神素养的提升，凡是给游客带来不同体验以及满足游客精神需求的旅游活动都属于文化旅游的范畴。文化旅游资源是文化旅游的基础和核心，从时间发展上看，其包括历史的和现代的文化旅游资源；从空间维度来看，文化旅游的内涵丰富、形式多样，包括文化遗产旅游、民族民俗文化旅游、博物馆旅游、红色旅游、宗教文化旅游、茶文化旅游等多种形式（见图1－1）。

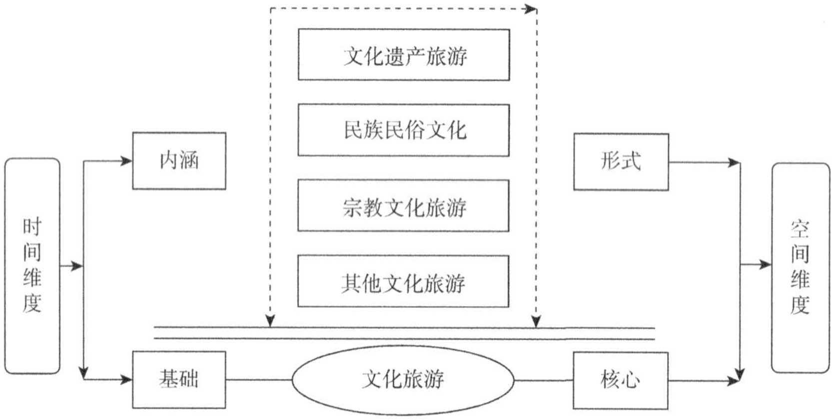

图1－1　文化旅游的概念模型

（三）文化旅游和旅游文化的区别

文化旅游和旅游文化是容易混淆的两个概念，需要对二者进行辨析才能开展后续的研究。我国国内对旅游文化的研究关注早于文化旅游，20世纪80—90年代，旅游文化是学术界研究的热点，而对文化旅游的研究近年来才火热起来。

旅游文化成为20世纪旅游研究中的热点问题，喻学才、魏小安、马勇等诸多代表性的学者都曾对旅游文化这一概念给出过不同的定义，大体都将旅游文化定义为由旅游者和旅游行为引起的一系列文化现象，旅游文化属于文化范畴。赵红梅（2014）指出，旅游文化是与旅游三要素（主体、客体、媒体）相关的内容，由三要素“碰撞”所产生的“文化质”来确定。徐菊凤（2005）从限定词、核心词、侧重点等方面对旅游文化和文化旅游的定义进行比较，认为旅游文化属于文化范畴，文化旅游属于旅游范畴。

根据上述研究结果，笔者认为，文化旅游和旅游文化的区别在于：①从结果导向来看，文化旅游属于旅游的范畴，旅游文化属于文化的范畴；②从词语属性来看，文化旅游是动词，旅游文化是名词；③从定义来看，文化旅游是旅游发展的高级形式，而旅游文化是指贯穿于旅游过程的文化积淀和文化表现。

二、文化旅游产业的界定

关于文化旅游产业的提法，在国内外的研究文献中较为鲜见，Khalid（2005）首先提及“文化旅游产业”，但是没有对其进行明确的界定。郭素婷（2008）认为，文化旅游产业系统的运作由 8 个子模块构成，核心模块为文化旅游资源与产品模块、文化旅游景区企业模块；配套模块为产业要素供应商模块与相关服务企业模块；需求状况模块受经济环境模块与教育培训水平模块的制约；政府与行业管理模块严重影响文化旅游景区企业模块的发展。由此可见，有关文化旅游产业的分析可以从产业分析的理论角度入手。本书认为，国内外关于文化旅游产业的概念及内涵的研究集中在以下三点：

（一）文化旅游产业“等同说”

该观点把文化旅游产业的范畴大致等同于旅游产业。邵金萍（2011）认为，文化旅游产业是以文化内容、旅游为依托的综合产业，其基本特点是全面、延续、载体、经验、创造性及国际性。在北京大学文化产业研究院发布的《中国文化产业年度发展报告》（2003—2011）中，文化旅游业的行业运行状况均被旅游业整体行业发展状况代替，报告中没有对文化旅游业行业范围进行清晰界定。

（二）文化旅游产业“部分说”

该观点认为，文化旅游产业是旅游产业或者文化产业的组成部分。刘改芳等（2013）认为文化遗产景区是文化旅游的主要吸引物，也构成了地区文化旅游业的核心动力源；郭素婷（2008）认为，文化旅游景区企业包括历史文化类旅游企业和社会文化类旅游企业。历史文化类旅游企业包括物质性历史文化资源开发主体、非物质性文化遗产资源开发主体，以及民俗文化类旅游资源开发企业；社会文化类旅游企业包括休闲娱乐类企业、文化旅游商品类企业、社会文化设施类企业。这种研究方法有助于确定文化旅游产业的核心层。龚邵方（2008）认为，真正的文化旅游产业应该包括历史文化类旅游产业和社会文化类旅游产业。

（三）文化旅游产业“融合说”

有学者认为，文化旅游产业是文化产业和旅游产业相融合的产物（马勇，2011），而文化旅游产业园区是两大产业融合发展的重要载体和平台（梁学成等，2015）。兰苑等（2014）认为，文化旅游业既不是单一的文化产业，也不是单一的旅游业，是一种具有两种产业特征的新产业。唐柳等（2012）认为，文化旅游产业是民族文化与旅游产业融合发展形成的新兴综合性产业。

在综合以上三种观点的基础上，本书认为，文化旅游产业是文化产业与旅游产业融合的结果，是两大产业融合部分的体现。而文化旅游资源是区域内文化资源和旅游资源的整合。文化旅游产业的定义应该是以文化旅游资源为基础，以旅游批发商、旅游经营商和旅游零售商为媒介，为文化旅游者提供吃、住、行、游、购、娱等服务的产业服务链（见图1－2）。

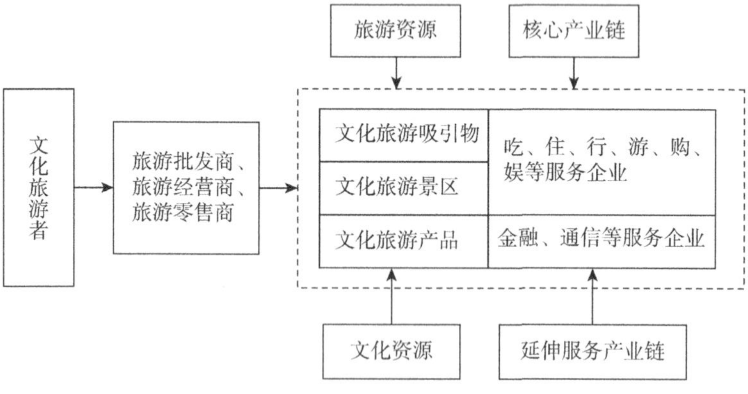

图1－2　文化旅游产业链运作模式

《文化及相关产业统计分类（2018）》将文化及相关产业划分为三层，分别用阿拉伯数字编码表示。第一层为大类，用2位阿拉伯数字表示，共有9个大类；第二层为中类，用3位阿拉伯数字表示，共有43个中类；第三层为小类，用4位阿拉伯数字表示，共有146个小类。

《国家旅游及相关产业统计分类（2018）》中，共有9个大类、27个中类、65个小类被列入旅游及相关产业统计分类。其中，旅游业包括7个大类、21个中类和46个小类；旅游相关产业包括2个大类、6个中类和19个小类。

文化产业与旅游产业融合形成文化旅游产业业态，包括文化遗产旅游、宗教信仰旅游、节庆活动旅游、研学旅游、影视文化旅游、工业文化旅游、乡村文化旅游、民族民俗文化旅游、红色文化旅游、旅游演艺、主题文化园、博物馆等多种产品体系（见图1－3）。

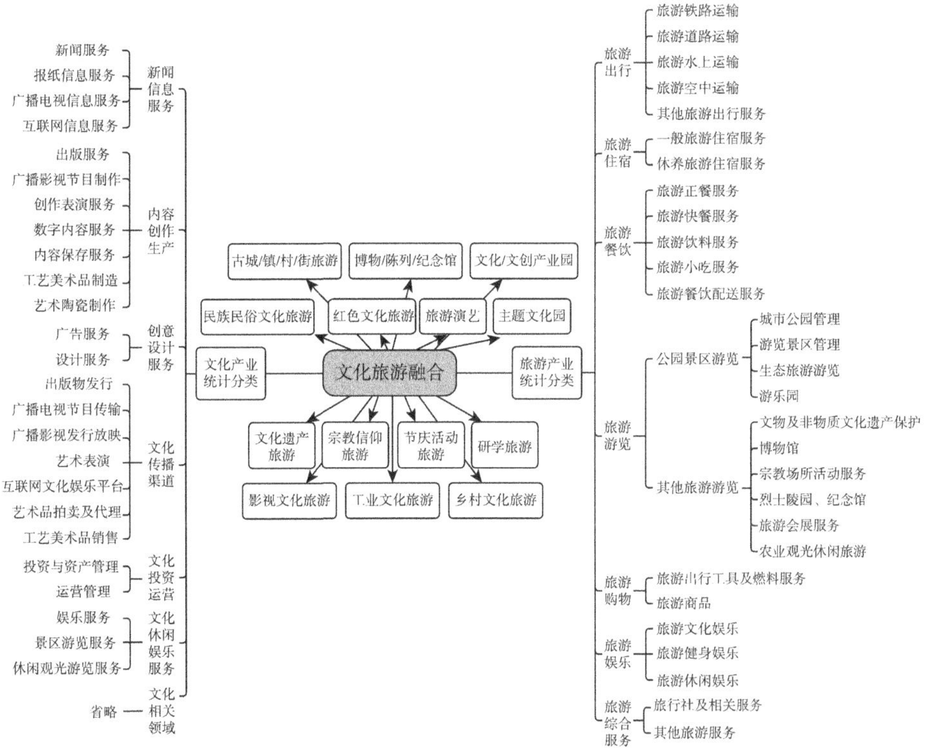

图1－3　文化旅游融合统计体系架构

三、文化旅游活动与文化旅游产业的区别

文化旅游产业不同于文化旅游活动。广义的文化旅游活动，实质上是一种文化现象，任何一次旅游活动都是一次文化体验。而文化旅游产业是一个全新的产业，它是在文化和旅游两大产业基础上的革命性变化，具有独特的产业特征（兰苑等，2014）。大部分学者将文化旅游看作一种旅游方式，或者一种旅游活动，其实施主体是旅游者；而文化旅游产业是从产业角度研究文化旅游产业的发展规律，产业链是一个复杂的系统，包括吃、住、行、游、购、娱等各个环节，其实施主体包括城市、地区、旅游目的地等。

对文化旅游的理解，可以从学术界对“旅游”的定义着手，也可以从需求和供给角度的不同来理解。有学者从操作性定义和学术性定义来区分，也有诸多学者对旅游的界定从广义和狭义来区分，认为狭义的定义是旅游者的活动（UNWTO，1993），以及前往异地以寻求愉悦为主要目的的一种具有社会、休闲和消费属性的短暂经历（谢彦君，2004）；广义的旅游是旅游者的行为所引起的现象的总和（Couper，1993；李天元，2006）。

同理，笔者认为，文化旅游有广义和狭义之分。从广义来看，文化旅游是一个涵盖内容较广的概念，主要包括文化旅游资源、文化旅游活动、文化旅游者及文化旅游产业等，文化旅游与文化旅游产业是整体与部分的关系。从狭义来看，文化旅游是一种旅游活动，是旅游者为了满足文化体验而进行的旅游活动。

四、协调、协调发展与协调度的区别

（一）协调（Coordination）

《现代汉语词典》将“协调”解释为“和谐一致、配合得当”，古人哲学里的“天人合一”“中庸之道”“和谐”等词均可视为“协调”的近义词。在学术研究中，协调大部分是与组织或者经济系统相提并论的。亨利·法约尔（Henri Fayol）提出了以“计划、组织、指挥、协调、控制”为中心理论的管理五大职能，而协调处于管理的核心环节，即合理处理组织内外部各种关系，

为组织运行创造良好的运行环境，从而使组织处于良性循环的过程中。由此可知，协调是恰当处理各种关系的近义词。

（二）协调发展（Coordinated Development）

从经济学的视角来看，协调发展是“协调”和“发展”综合作用的结果，协调是均衡发展的结果，协调发展是经济系统发展的目标；有学者认为，协调发展是经济系统良性循环态势及其控制过程（熊德平，2003）。区域经济协调发展是指在区域开放条件下，区域之间经济联系日益密切、经济相互依赖日益加深、经济发展上关联互动和正向促进，各区域的经济可持续发展且区域经济差异趋于缩小的过程（覃成林，2011）。

综合上述研究，本书认为，协调发展是指相关各系统不断向均衡的状态发展，呈现一种良性互动的关系运行过程。

（三）协调度（Coordination Degree）

协调度是测度协调发展水平的定量指标，与协调度意义相近的概念有集成度、协同度以及和谐度（常宏建，2014）。学术界和政府研究与探索如何保持经济和社会的协调发展，不可避免的一个重要问题就是协调发展水平（范柏乃等，2013）。因此，协调度是指内部每个子系统或要素之间相互和谐的程度，可以有效地测量系统协调度，反映系统从无序到有序的变化发展趋势和程度。可见，协调度是判断协调发展水平高低的一种定量测定方法。

协调度的测度模型有隶属函数协调度模型（陈长杰等，2004）、数据包络分析工具（DEA）（柯健等，2005）、资源环境基尼系数（王金南等，2006）、生态足迹模型（张瑜英、李占斌，2007）、耦合协调度模型（吴玉鸣等，2008）、灰色系统理论模型（GM）（李崇明等，2009）、协调发展度模型（洪开荣等，2013）。

五、丝绸之路经济带

丝绸之路经济带是在古丝绸之路概念基础上形成的一个新的经济发展区域，包括西北五省区，即陕西、甘肃、青海、宁夏、新疆；西南四省（区、市)，即重庆、四川、云南、广西。2013 年，该概念由中国国家主席习近平在哈萨克斯坦纳扎尔巴耶夫大学演讲时提出。

丝绸之路经济带地域辽阔，有丰富的自然资源、矿产资源、能源资源、土地资源和宝贵的旅游资源，被称为 21 世纪的战略能源和资源基地，被认为是“世界上最长、最具有发展潜力的经济大走廊”(李建军等，2018)。

丝绸之路经济带的中心区域包括中国及哈萨克斯坦、吉尔吉斯斯坦、塔吉克斯坦、土库曼斯坦、乌兹别克斯坦（中亚五国）和俄罗斯；扩展区包括中亚，西亚，南亚，中东欧的马尔代夫、捷克、乌克兰、白俄罗斯等国家；辐射区包含德国、法国、意大利等国家。联合国教科文组织（United Nations Educational, Scientific and Cultural Organization, UNESCO）公布的数据显示，中国、哈萨克斯坦、吉尔吉斯斯坦、塔吉克斯坦、土库曼斯坦、乌兹别克斯坦、俄罗斯、德国、法国、意大利共有 262 处世界遗产（截至 2020 年年底）。

第二章　丝绸之路经济带文化旅游与城市经济协调发展的基础分析

文化旅游资源具有特殊性，即文化旅游产业发展的基础，也是文化旅游事业发展的基础。文化旅游产业发展应该遵循市场规律，加快创新创意开发力度。文化旅游事业的发展不能完全按照市场规律进行，要以人民对美好生活的向往为目标。

要实现文化旅游产业的发展与城市经济协调推进，二者协调发展的理论基础是什么？丝绸之路经济带文化旅游与城市经济发展的现实基础是什么？其发展存在什么问题？本章的研究内容将回答上述问题。

第一节　丝绸之路经济带文化旅游与城市经济协调发展的可能性分析

一、从产权视角界定文化旅游资源

在西方经济学中，产权一般是指对私有财产的所有权和支配权，从经济学和法学角度界定产权的研究较为常见。马克思为产权概念的界定奠定了基础，他认为，财产权是属于自己的一种权利，[①] 即产权具有排他性的本质；科斯作为产权理论的奠基人，并没有明确界定产权关系，但他认为产权是人们拥有的一种权利。

旅游资源的产权问题一直是业界讨论的焦点，要厘清旅游资源的产权问题，必须先从旅游资源的分类入手。旅游资源是指“能够造就对旅游者具有

---

① 马克思．马克思恩格斯全集（第46卷上）［M］．北京：人民出版社，1979.

吸引力环境的自然事物、文化事物、社会事物或其他任何客观事物”（李天元，2000）。保继刚（1993）认为，旅游资源是指对旅游者具有吸引力的自然存在和历史文化遗产以及直接用于旅游目的的人工创造物。旅游资源的定义为文化旅游资源的产权界定提供了思路，文化旅游资源可以分为不可再生性资源和可再生性资源，如风景名胜区、世界遗产等文化旅游资源无法再生；文化创意园区、文化演艺业等则可以通过创新不断再生。

以上分析明确了文化旅游资源分类及产权归属关系，为文化旅游和城市经济的协调发展指明了方向，不同的文化旅游资源与城市经济协调发展的方式和路径不同。针对可再生性资源，可以利用其可创造性以及再生性特征，交由市场运作，由企业或者企业集团采取市场化运作模式，并不断创新，为城市经济发展提供动力；针对不可再生性资源，可以利用其资源的独特性和不可再生性，基于其准公共物品的属性，不能采取市场化运作模式（见图2－1）。

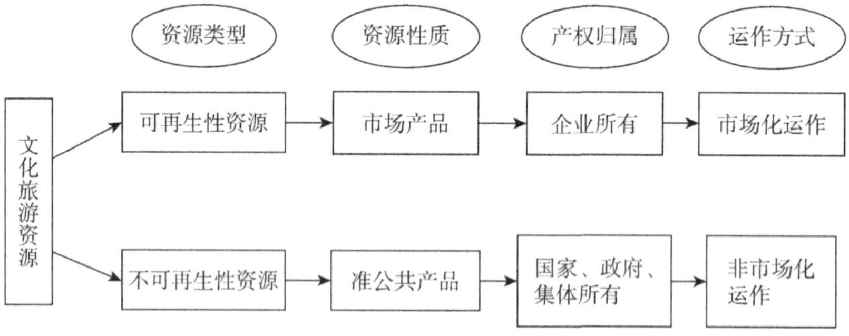

图2－1　文化旅游资源分类运作方式

二、从外部性视角界定协调发展的目的

外部性不仅是新古典经济学的重要范畴，也是新制度经济学的重点研究对象，是指一种向他人施加不被感知的成本或效益的行为，或者说是一种影响无法完全体现在其市场价格上的行为，分为正外部性和负外部性（Samuelson，2012）。Marshall（1920）将外部经济（External Economies）定义为“某些类型的产业发展和扩张是由于外部经济降低了产业内厂商的成本曲线”。外

部性的分类较丰富，此处仅借鉴外部性关于影响效果的两种分类：正外部性和负外部性。正外部性是指某个经济行为主体的活动使他人或社会受益，而受益者又无须付出代价；负外部性是指某个经济行为主体的活动使他人或社会受损，而造成这种后果的经济行为主体却没有为此承担成本（朱善利，2001）。在解释部分公共物品方面，外部性理论具有较强的说服力。外部性的存在使得市场失灵，导致无法使用市场机制和市场规律进行调控，所以必须由政府干预，政府通过立法、税收、补贴等手段来纠正外部性的影响，以实现社会效益最大化。

丝绸之路经济带文化旅游和城市经济的关系可以用外部性理论来描述。文化旅游对于城市经济正外部性的作用体现在，文化旅游资源开发有助于提高丝绸之路沿线城市的知名度、提升城市形象，如世界文化遗产兵马俑景区的开放促进了西安世界知名度和影响力的进一步提升；华清池《长恨歌》等文化旅游资源的挖掘和开发，间接提升了西安的城市形象和整体影响力，从而促进西安对外招商引资，助力城市经济的发展。同时，丝绸之路沿线城市经济的发展为城市基础设施建设、人才引进、科学技术发展等提供资金支持。

丝绸之路经济带文化旅游资源的开发与沿线城市经济之间也存在负外部性。大量游客涌入会对城市环境造成破坏，导致交通拥堵与过度依赖旅游业，由此带来城市经济发展不平衡等问题。文化旅游资源的过度开发，会破坏旅游资源的代际公平，出现代际外部性，即前人旅游开发对于后代子孙的影响，对旅游资源过度开发会使后代子孙失去公平利用旅游资源的权利和机会。判断遗产资源的旅游开发所产生的外部性到底是经济的还是非经济的，要取决于该遗产资源开发的空间位置及开发程度，在一定范围内是经济的，但超过了一定限度就会表现为非经济（余洁，2012）。

三、从空间视角界定协调发展的区域

空间经济活动是经济地理学研究的主要对象，新经济地理理论强调区域的长期扩大与空间聚集的关系，认为当资本外部性及劳动力的迁移通过区域整合增加时，将会出现大规模的空间聚集，富裕中心与较差的边缘区之间的差距会逐渐加大（Krugman，1991）。Friedmann（1966）提出的核心—边缘理论及空间规划相关的理论体系，已成为指导发展中国家空间发展规划的重要依据；该理论认为，空间系统包括核心区域和外围区域，核心区域是创新能力强、变革较快的地域子系统，外围区域通过其对核心区域依附关系的强弱决定。在整个系统中，核心区域处于绝对支配地位。

Perroux（1950）提出的增长极理论认为，主导部门和具有创新能力的企业，在某些地区或大城市的聚集发展能够带动区域经济增长，且这些企业能够产生较强的吸纳辐射作用，而增长极具有支配和创新的特点，对周围区域产生“支配”的作用。核心—边缘理论和增长极理论均为丝绸之路经济带文化旅游和城市经济的协调发展提供了思路，为区别研究城市文化旅游区域奠定了基础。从经济运行规律来讲，文化旅游资源具有特殊性，再生性文化旅游资源可以进入城市经济的发展系统，不可再生性文化旅游资源是准公共物品，不能由市场规律决定。余洁（2012）将遗产保护区的空间区域划分为可发展区与受限制区，这也提供了一种区别对待文化旅游资源的思路。

通过以上理论分析，本书认为，可以按照丝绸之路经济带文化旅游发展的空间区域的特点，把文化旅游区域分为不可再生性资源区域和可再生性资源区域。不可再生性资源区域具有资源的稀缺性和不可再生性，因而应设置为限制发展区。在不可再生性资源区域内，应着重进行资源保护，减少经济活动，控制游客流量，使之成为城市经济发展的边缘区域。

对于可再生性资源来说，由于其资源具有可再生性和创新性，因而可以推动产业化发展，通过产业集聚，使之成为城市的增长极，为城市生产总值增长、产业结构优化提供动力，从而助力沿线城市经济发展，为丝绸之路经济带文化旅游和城市经济协调发展提供可能性（见图2-2）。在许多丝绸之路沿线城市的发展实践中，文化旅游的产业化发展已经取得成功，如在丝绸之路经济带中国段的沿线城市西安，西安曲江新区借助区域内的文化旅游资源，主打文化品牌，打造出曲江新区的文化形象，从而成为西安经济发展的一大增长区域，为西安城市经济的发展做出了巨大贡献，也使丝绸之路经济带文化旅游与城市经济发展形成了良好的开端。

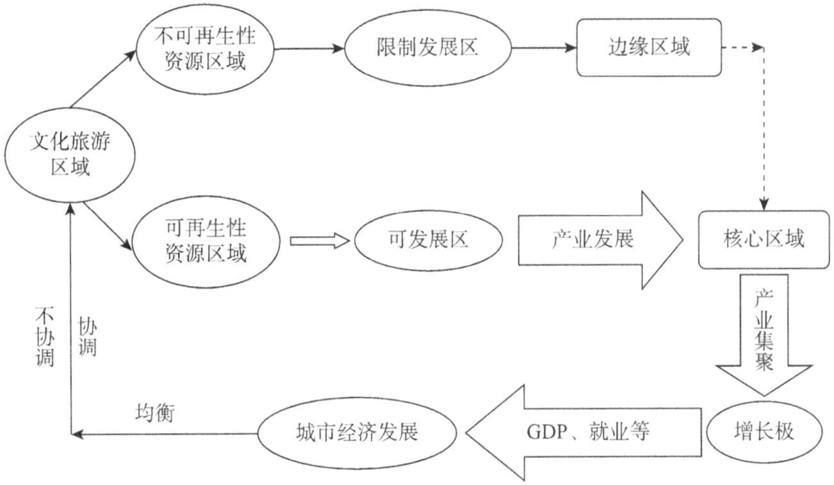

图 2－2　文化旅游的空间布局与城市经济发展

第二节　丝绸之路经济带文化旅游与城市经济协调发展的现实基础

一、丝绸之路经济带文化旅游的主要形式

2000 多年前，亚欧大陆上勤劳勇敢的人民，探索出多条连接亚欧非几大文明的贸易和人文交流通路，后人将其统称为丝绸之路。千百年来，“和平合作、开放包容、互学互鉴、互利共赢”的丝绸之路精神薪火相传，推进了人类文明进步，是东西方交流合作的象征，是世界各国共有的历史文化遗产。①

在“一带一路”倡议的实施过程中，以文化旅游为先行优势，沿线各国通过密切联系，开展文化、艺术、宗教、旅游等方面的友好交往，扩大各国在教育、科技等领域的友好合作，巩固各国人民的友好关系，从而夯实国家

① 《推动共建丝绸之路经济带和21世纪海上丝绸之路的愿景与行动》，2015 年 3 月。

间深度合作、共同发展的社会基础。美国好莱坞环球影视城是世界上最大的影视主题公园；法国格拉斯小镇是“世界香水之都”；奥地利首都维也纳是“世界音乐之都”；意大利威尼斯享有“因水而生，因水而美，因水而兴”的美誉，且其建筑、绘画、雕塑、歌剧等在世界上有着极其重要的地位和影响。这些地方都是以文化旅游为标志的旅游胜地，吸引着国内外众多游客的参观旅游。北京是世界上世界遗产最多的城市之一，杭州被称为“天堂城市”，济南被誉为“世界泉水之都”，西安是世界四大古都之一，成都被称为“休闲之都”，丽江是纳西族东巴文化发源地和世界遗产城市，曲阜被誉为“孔子故里、东方圣城”。

Reizinger（1994）认为，文化旅游除了一般的遗产旅游外，还有将艺术、信仰等融入自然的体验旅游，与农业、农村相关的乡村旅游、生态旅游，参加体育活动和观看体育赛事的体育旅游。《中国文化旅游业投资分析及行业前景报告》全面评述了国内文化旅游发展趋势，将庞杂的文化旅游行业归纳为民族、红色、影视、民俗、宗教、茶、非物质七个类别，丰富了文化旅游的研究内容。国外学者对文化旅游的研究主要集中在文化遗产、文化旅游资源的开发、文化旅游发展影响因素及文化旅游体验者的感受等方面。

本书根据国内外学者对文化旅游的研究现状，结合国内外文化旅游的发展现状，将丝绸之路经济带城市文化旅游形式分为以下几种：文化遗产旅游、文化旅游创意园区、民族民俗文化旅游、红色文化旅游、影视旅游、旅游演艺业、宗教文化旅游、非物质文化遗产旅游。

（一）文化遗产旅游

文化遗产是具有较高历史文化和科学价值的文物、建筑和遗址，按照联合国教科文组织对文化遗产的分类，将文化遗产划分为物质文化遗产和非物质文化遗产两类。物质文化遗产是以实物形式呈现出来的文物，如古遗址、古建筑、寺庙、壁画、艺术品、图书资料等；非物质文化遗产是无法用实物呈现的文物，如方言、口技、艺术表演、礼仪节庆以及文化空间等。

丝绸之路见证了世界许多国家的著名历史事件、优秀传统文化和繁盛的经济贸易。从公元前2世纪开始，丝绸之路就成为沟通亚欧大陆经济、文化、宗教的桥梁，为促进世界人类进步和世界文化交流做出了巨大贡献。自2013年丝绸之路经济带构想提出及2014年“丝绸之路：长安—天山廊道的路网”被成功列入世界文化遗产，丝绸之路经济带沿线国家的经济文化不断融合发展，旅游事业也随之大有进展。2022年丝绸之路经济带沿线部分国家世界遗产名录见表2－1。

表2－1 2022年丝绸之路经济带沿线部分国家世界遗产名录

国家	序号	中文名称	英文名称	入选年份	遗产类别
中国	1	周口店北京人遗址	Peking Man Site at Zhoukoudian	1987	文化遗产
	2	明清皇宫（北京故宫、沈阳故宫）	Imperial Palaces of the Ming and the Qing Dynasties in Beijing and Shenyang	1987、2004	文化遗产
	3	泰山	Mount Taishan	1987	文化与自然双重遗产
	4	秦始皇陵	Mausoleum of the First Qin Emperor	1987	文化遗产
	5	莫高窟	Mogao Caves	1987	文化遗产
	6	长城	The Great Wall	1987	文化遗产
	7	黄山	Mount Huangshan	1990、2012	文化与自然双重遗产
	8	九寨沟风景名胜区	Jiuzhaigou Valley Scenic and Historic Interest Area	1992	自然遗产
	9	武陵源风景名胜区	Wulingyuan Scenic and Historic Interest Area	1992	自然遗产
	10	黄龙风景名胜区	Huanglong Scenic and Historic Interest Area	1992	自然遗产
	11	承德避暑山庄及其周围寺庙	Mountain Resort and Its Outlying Temples, Chengde	1994	文化遗产
	12	拉萨布达拉宫历史建筑群	Historic Ensemble of the Potala Palace, Lhasa	1994、2000、2001	文化遗产

续表

国家	序号	中文名称	英文名称	入选年份	遗产类别
中国	13	曲阜孔庙、孔林和孔府	Temple and Cemetery of Confucius and the Kong Family Mansion in Qufu	1994	文化遗产
	14	武当山古建筑群	Ancient Building Complex in the Wudang Mountains	1994	文化遗产
	15	峨眉山风景区，包括乐山大佛风景区	Mount Emei Scenic Area, including Leshan Giant Buddha Scenic Area	1996	文化与自然双重遗产
	16	庐山国家公园	Lushan National Park	1996	文化遗产
	17	丽江古镇	Old Town of Lijiang	1997、2012	文化遗产
	18	平遥古城	Ancient City of Ping Yao	1997	文化遗产
	19	苏州古典园林	Classical Gardens of Suzhou	1997、2000	文化遗产
	20	北京皇家园林——颐和园	Summer Palace: An Imperial Garden in Beijing	1998	文化遗产
	21	北京皇家祭坛——天坛	Temple of Heaven: An Imperial Sacrificial Altar in Beijing	1998	文化遗产
	22	大足石刻	Dazu Rock Carvings	1999	文化遗产
	23	武夷山	Mount Wuyi	1999	文化与自然双重遗产
	24	明清皇家陵寝	Imperial Tombs of the Ming and Qing Dynasties	2000、2003、2004	文化遗产
	25	皖南古村落——西递、宏村	Ancient Villages in Southern Anhui—Xidi and Hongcun	2000	文化遗产
	26	青城山—都江堰	Mount Qingcheng and the Dujiangyan Irrigation System	2000	文化遗产
	27	龙门石窟	Longmen Grottoes	2000	文化遗产
	28	云冈石窟	Yungang Grottoes	2001	文化遗产
	29	云南三江并流保护区	Three Parallel Rivers of Yunnan Protected Areas	2003、2010	自然遗产
	30	高句丽王城、王陵及贵族墓葬	Capital Cities and Tombs of the Ancient Koguryo Kingdom	2004	文化遗产

续表

国家	序号	中文名称	英文名称	入选年份	遗产类别
中国	31	澳门历史中心	Historic Centre of Macao	2005	文化遗产
	32	四川大熊猫栖息地——卧龙、四姑娘山和夹金山	Sichuan Giant Panda Sanctuaries—Wolong, Mt Siguniang and Jiajin Mountains	2006	自然遗产
	33	殷墟	Yin Xu	2006	文化遗产
	34	中国南方喀斯特	South China Karst	2007、2014	自然遗产
	35	开平碉楼与村落	Kaiping Diaolou and Villages	2007	文化遗产
	36	三清山国家公园	Mount Sanqingshan National Park	2008	自然遗产
	37	福建土楼	Fujian Tulou	2008	文化遗产
	38	五台山	Mount Wutai	2009	文化遗产
	39	中国丹霞	China Danxia	2010	自然遗产
	40	登封“天地之中”历史古迹	Historic Monuments of Dengfeng in “the Centre of Heaven and Earth”	2010	文化遗产
	41	杭州西湖文化景观	West Lake Cultural Landscape of Hangzhou	2011	文化遗产
	42	元上都遗址	Site of Xanadu	2012	文化遗产
	43	澄江化石遗址	Chengjiang Fossil Site	2012	自然遗产
	44	红河哈尼梯田文化景观	Cultural Landscape of Honghe Hani Rice Terraces	2013	文化遗产
	45	新疆天山	Xinjiang Tianshan	2013	自然遗产
	46	丝绸之路：长安—天山廊道的路网（哈萨克斯坦、吉尔吉斯斯坦）	Silk Roads：the Routes Network of Chang'an-Tianshan Corridor	2014	文化遗产
	47	大运河	The Grand Chanal	2014	文化遗产
	48	土司遗址	Tusi Sites	2015	文化遗产
	49	广西左江花山岩画	Zuojiang Huashan Rock Art Cultural Landscape	2016	文化遗产
	50	湖北神农架	Hubei Shennongjia	2016	自然遗产

续表

国家	序号	中文名称	英文名称	入选年份	遗产类别
哈萨克斯坦	1	霍贾·艾哈迈德·亚萨维陵墓	The Mausoleum of Khoja Ahmed Yasawi	2003	文化遗产
	2	泰姆格里考古景观岩刻	Petroglyphs within the Archaeological Landscape of Tamgaly	2004	自然遗产
	3	萨尔亚尔卡—哈萨克斯坦北部的草原和湖区	Saryarka-Steppe and Lakes of Northern Kazakhstan	2008	自然遗产
	4	丝绸之路：长安—天山廊道的路网（中国、吉尔吉斯斯坦）	Silk Roads：the Routes Network of Chang'an-Tianshan Corridor	2014	文化遗产
	5	西部天山（吉尔吉斯斯坦、乌兹别克斯坦）	Western Tien-Shan	2016	自然遗产
吉尔吉斯斯坦	1	苏莱曼—图圣山	Sulaiman-Too Sacred Mountain	2008	文化遗产
	2	丝绸之路：长安—天山廊道的路网（中国、哈萨克斯坦）	Silk Roads：the Routes Network of Chang'an-Tianshan Corridor	2014	文化遗产
	3	西部天山（哈萨克斯坦、乌兹别克斯坦）	Western Tien-Shan	2016	文化遗产
塔吉克斯坦	1	萨拉子目古城的原型城市遗址	Proto-urban Site of Sarazm	2010	自然遗产
	2	塔吉克国家公园（帕米尔山）	Tajik National Park（Mountains of the Pamirs）	2013	文化遗产
土库曼斯坦	1	梅尔夫历史与文化公园	State Historical and Cultural Park "Ancient Merv"	1999	自然遗产
	2	库尼亚—乌尔根奇	Kunya-Urgenc	2005	文化遗产
	3	尼莎帕提亚要塞	Parthian Fortresses of Nisa	2007	文化遗产
乌兹别克斯坦	1	伊钦内城	Itchan Kala	1990	自然遗产
	2	布哈拉历史中心	Historic Center of Bukhara	1993	文化遗产
	3	沙赫利苏伯兹历史中心	Historic Center of Shakhrisyabz	2000	自然遗产
	4	处在文化十字路口的撒马尔罕城	Samarkand-Crossroads of Cultures	2001	文化遗产
	5	西部天山（哈萨克斯坦、吉尔吉斯斯坦）	Western Tien-Shan	2016	文化遗产

续表

国家	序号	中文名称	英文名称	入选年份	遗产类别
俄罗斯	1	圣彼得堡历史中心及相关建筑群	Historic Centre of Saint Petersburg and Related Groups of Monuments	1990	文化遗产
	2	基日岛的教堂	Kizhi Pogost	1990	文化遗产
	3	莫斯科的克里姆林宫和红场	Kremlin and Red Square, Moscow	1990	文化遗产
	4	索洛韦茨基群岛的文化历史建筑群	Cultural and Historic Ensemble of the Solovetsky Islands	1992	文化遗产
	5	诺夫哥罗德和周边地区的历史古迹	Historic Monuments of Novgorod and Surroundings	1992	文化遗产
	6	弗拉基米尔和苏兹达尔的白色建筑群	White Monuments of Vladimir and Suzdal	1992	自然遗产
	7	谢尔吉耶夫镇的三位一体修道院建筑群	Architectural Ensemble of the TrinitySergius Lavra in Sergiev Posad	1993	文化遗产
	8	科罗缅斯克的耶稣升天教堂	Church of the Ascension, Kolomenskoye	1994	文化遗产
	9	科米原始森林	Virgin Komi Forests	1995	文化遗产
	10	贝加尔湖	Lake Baikal	1996	文化遗产
	11	堪察加火山群	Volcanoes of Kamchatka	1996	文化遗产
	12	阿尔泰“金山”	Golden Mountains of Altai	1998	文化遗产
	13	西高加索山	Western Caucasus	1999	文化遗产
	14	库尔斯沙嘴（与立陶宛共有）	Curonian Spit	2000	文化遗产
	15	喀山城堡历史建筑群	Historic and Architectural Complex of the Kazan Kremlin	2000	自然遗产
	16	费拉蓬特修道院建筑群	The Ensemble of the Ferapontov Monastery	2000	自然遗产
	17	中锡霍特山脉	Central Sikhote-Alin	2001	自然遗产
	18	杰尔宾特的古城和城堡建筑	Citadel, Ancient City and Fortress Buildings of Derbent	2003	自然遗产

续表

国家	序号	中文名称	英文名称	入选年份	遗产类别
俄罗斯	19	乌布苏盆地（与蒙古国共有）	Uvs Nuur Basin	2003	自然遗产
	20	新圣母修道院建筑群	Ensemble of the Novodevichy Convent	2004	文化遗产
	21	弗兰格尔岛自然保护区	Natural System of Wrangel Island Reserve	2004	文化遗产
	22	雅罗斯拉夫尔城历史中心	Historical Centre of the City of Yaroslavl	2005	文化遗产
	23	斯特鲁维地质测量地点（与白俄罗斯、爱沙尼亚、芬兰、拉脱维亚、立陶宛、挪威、摩尔多瓦、瑞典、乌克兰共有）	Struve Geodetic Arc	2005	自然遗产
德国	1	亚琛大教堂	Aachen Cathedral	1978	文化遗产
	2	施派尔大教堂	Speyer Cathedral	1981	自然遗产
	3	维尔茨堡宫的宫殿、花园和广场	Würzburg Residence with the Court Gardensand Residence Square	1981	文化遗产
	4	维斯圣地教堂	Wallfahrtskirche zum Gegeißelten Heiland auf der W	1983	自然遗产
	5	布吕尔的奥古斯都堡与猎趣园	Schlsser Augustusburg und Falkenlust in Brühl	1984	文化遗产
	6	希尔德斯海姆的圣玛丽亚大教堂和圣米夏埃尔教堂	St. Mary's Cathedral and St. Michael's Church at Hildesheim	1985	文化遗产
	7	特里尔的古罗马建筑、圣彼得大教堂和圣母教堂	Roman Monuments, Cathedral of St. Peter and Church of Our Lady in Trier	1986	自然遗产
	8	汉萨同盟城市吕贝克	the Hanseatic League	1987	自然遗产
	9	罗马帝国的边界	Frontiers of the Roman Empire	1987	文化遗产

续表

国家	序号	中文名称	英文名称	入选年份	遗产类别
德国	10	波茨坦（无忧宫）和柏林的宫殿和公园	Palaces and Parks of Potsdam and Berlin	1990	文化遗产
德国	11	洛尔施修道院和教堂	Abbey and Altenmster of Lorsch	1991	自然遗产
德国	12	拉默尔斯贝格矿和戈斯拉尔古城	Mines of Rammelsberg, Historic Town of Goslar and Upper Harz Water Management System	1992	文化遗产
德国	13	毛尔布龙修道院建筑群	Maulbronn Monastery	1993	文化遗产
德国	14	班堡城	Bamberg	1993	文化遗产
德国	15	奎德林堡的牧师会教堂、城堡和古城	Collegiate Church, Castle, and Old Town of Quedlinburg	1994	文化遗产
德国	16	弗尔克林根钢铁厂	Vlklingen Iron Works	1994	文化遗产
德国	17	梅塞尔坑化石遗址	Grube Messel	1995	文化遗产
德国	18	科隆大教堂	Cologne Cathedral	1996	文化遗产
德国	19	魏玛和德绍的包豪斯遗址	The Bauhaus and Its Sites in Weimar, Dessau and Bernau	1990	文化遗产
德国	20	艾斯莱本和维滕贝格的马丁·路德纪念地	Luther Memorials in Eisleben and Wittenberg	1991	文化遗产
德国	21	古典魏玛	Classical Weimar	1998	文化遗产
德国	22	柏林的博物馆岛	Museumsinsel (Museum Island), Berlin	1999	文化遗产
德国	23	瓦尔特城堡	Wartburg Castle	1999	文化遗产
德国	24	德绍-沃利茨园林王国	The Garden Kingdom of Dessau-Worlitz	2000	文化遗产
德国	25	修道院之岛赖兴瑙岛	Reichenau	2000	文化遗产
德国	26	埃森的关税同盟煤矿工业区	Zollverein Coal Mine Industrial Complex in Essen	2001	文化遗产
德国	27	莱茵河中上游流域	Upper Middle Rhine Valley	2002	文化遗产
德国	28	施特拉尔松德历史中心和维斯马历史中心	Historic Centres of Stralsund and Wismar	2002	文化遗产
德国	29	不来梅的市政厅和罗兰像	Town Hall and Roland on the Marketplace of Bremen	2004	文化遗产

续表

国家	序号	中文名称	英文名称	入选年份	遗产类别
德国	30	马斯科夫公园/马扎科夫斯基公园（与波兰共有）	Muskauer Park	2004	自然遗产
	31	德累斯顿易北河谷	Dresdner Elbtal	2004	文化遗产
	32	雷根斯堡古城	Regensburg	2006	文化遗产
	33	柏林的柏林现代聚落群	Berlin Modernism Housing Estates	2008	文化遗产
法国	1	圣米歇尔山及其海湾	St. Michael Hill and the Gulf	1979	文化遗产
	2	沙特尔大教堂	La Cathédrale Notre-Dame de Chartres	1979	文化遗产
	3	凡尔赛的宫殿和园林	Palace and Park of Versailles	1979	文化遗产
	4	韦兹莱的教堂和山丘	Vézelay, Church and Hill	1979	文化遗产
	5	韦泽尔峡谷的岩洞群	Decorated Grottoes of the Vezere Valley	1979	文化遗产
	6	枫丹白露的宫殿（枫丹白露宫）和园林	Palace and Park of Fontainebleau	1981	文化遗产
	7	亚眠大教堂	Amiens Cathedral	1981	文化遗产
	8	奥朗日的古罗马剧院和凯旋门	Roman Theatre and Its Surroundings and the "Triumphal Arch" of Orange	1981	文化遗产
	9	阿尔勒的古罗马建筑和罗马式建筑	Arles, Roman and Romanesque Monuments	1981	文化遗产
	10	丰特奈的熙笃会修道院	Cistercian Abbey of Fontenay	1981	文化遗产
	11	阿尔克－塞南的皇家盐场	The Royal Saltworks of Arc-et-Senans	1982	文化遗产
	12	南锡的斯坦尼斯拉斯广场、卡里耶尔广场和阿利扬斯广场	Place Stanislas, Place de la Carrière and Place d'Alliance in Nancy	1983	文化遗产
	13	加尔唐普河畔圣萨万的教堂	Abbey Church of Saint-Savin sur Gartempe	1983	文化遗产
	14	科西嘉的吉罗拉塔湾、波尔托湾、斯康多拉，自然保护区和皮亚纳卡兰切斯	Girolata Bay, Porto Bay, Scondola, Nature Reserve and Piana karanches in Corsica	1983	自然遗产

续表

<table>
<tr><th>国家</th><th>序号</th><th colspan="2">中文名称</th><th>英文名称</th><th>入选年份</th><th>遗产类别</th></tr>
<tr><td rowspan="17">法国</td><td>15</td><td colspan="2">加尔桥（古罗马水槽）</td><td>Pont du Gard（Roman Aqueduct）</td><td>1985</td><td>文化遗产</td></tr>
<tr><td>16</td><td colspan="2">斯特拉斯堡与大岛</td><td>Strasbourg-Grande île</td><td>1988</td><td>文化遗产</td></tr>
<tr><td>17</td><td colspan="2">巴黎的塞纳河畔</td><td>Paris, Banks of the Seine</td><td>1991</td><td>文化遗产</td></tr>
<tr><td>18</td><td colspan="2">兰斯的圣母大教堂、圣雷米修道院和塔乌宫</td><td>Cathedral of Notre-Dame, Reims</td><td>1991</td><td>文化遗产</td></tr>
<tr><td>19</td><td colspan="2">布尔日大教堂</td><td>Cathedrale Saint-tiennede Bourges</td><td>1992</td><td>文化遗产</td></tr>
<tr><td>20</td><td colspan="2">阿维尼翁历史中心</td><td>Historic Centre of Avignon: Papal Palace, Episcopal Ensembleand Avignon Bridge</td><td>1995</td><td>文化遗产</td></tr>
<tr><td>21</td><td colspan="2">米迪运河</td><td>Canal du Midi</td><td>1996</td><td>文化遗产</td></tr>
<tr><td>22</td><td colspan="2">卡尔卡森设防城</td><td>Carcarson Fortified City</td><td>1997</td><td>文化遗产</td></tr>
<tr><td>23</td><td colspan="2">比利牛斯—珀杜山（与西班牙共有）</td><td>Pyrenees-Mount Perdu</td><td>1997</td><td>文化遗产</td></tr>
<tr><td>24</td><td colspan="2">法国境内的通往圣地亚哥—德孔波斯特拉之路</td><td>Routes of Santiago de Compostela in France</td><td>1998</td><td>文化遗产</td></tr>
<tr><td>25</td><td colspan="2">里昂的历史古迹</td><td>Historic Site of Lyons</td><td>1998</td><td>文化遗产</td></tr>
<tr><td>26</td><td colspan="2">圣艾米伦区</td><td>The Jurisdiction of Saint-Emilion</td><td>1999</td><td>文化遗产</td></tr>
<tr><td rowspan="3">27</td><td rowspan="3">比利时和法国的钟楼（与比利时共有）</td><td>比利时佛兰德地区和瓦隆地区的钟楼（共30处）</td><td>Belfries of Belgium and France (30 in total)</td><td>1999</td><td>文化遗产</td></tr>
<tr><td>法国北部的钟楼（共23处）</td><td>Bell Tower in Northern France (23 in total)</td><td>2005</td><td>文化遗产</td></tr>
<tr><td>比利时让布卢的钟楼</td><td>The Bell Tower in Jeanbulu, Belgium</td><td>2005</td><td>文化遗产</td></tr>
<tr><td>28</td><td colspan="2">叙利到沙洛讷间的卢瓦尔河流域</td><td>The Loire Valley between Sully-sur-Loire and Chalonnes</td><td>2000</td><td>文化遗产</td></tr>
<tr><td>29</td><td colspan="2">普罗万中世纪集镇</td><td>Provins, Town of Medieval Fairs</td><td>2001</td><td>文化遗产</td></tr>
</table>

续表

<table>
<tr><th>国家</th><th>序号</th><th colspan="2">中文名称</th><th>英文名称</th><th>入选年份</th><th>遗产类别</th></tr>
<tr><td rowspan="2">法国</td><td>30</td><td colspan="2">奥古斯特·佩雷重建的勒阿弗尔城</td><td>Le Havre, the City Rebuilt by Auguste Perret</td><td>2005</td><td>文化遗产</td></tr>
<tr><td>31</td><td colspan="2">波尔多月亮港</td><td>Bordeaux, Port of the Moon</td><td>2007</td><td>文化遗产</td></tr>
<tr><td rowspan="16">意大利</td><td>1</td><td colspan="2">瓦尔卡莫尼卡岩画</td><td>Rock Drawings in Valcamonica</td><td>1979</td><td>文化遗产</td></tr>
<tr><td>2</td><td colspan="2">圣玛丽亚感恩教堂和多明我会修道院以及列奥纳多·达·芬奇的《最后的晚餐》</td><td>Church and Dominican Convent of Santa Maria delle Grazie with The Last Supper by Leonardo da Vinci</td><td>1980</td><td>文化遗产</td></tr>
<tr><td rowspan="2">3</td><td rowspan="2">罗马历史中心、罗马城中享有治外法权的梵蒂冈管辖建筑和圣保罗教堂（与梵蒂冈共有）</td><td>意大利的罗马历史中心</td><td>Historic Centre of Rome</td><td>1980</td><td>文化遗产</td></tr>
<tr><td>梵蒂冈管辖的罗马城中享有治外法权的建筑和圣保罗教堂（墙外）</td><td>The Properties of the Holy See in that City Enjoying Extraterritorial Rights and San Paolo Fuori le Mura</td><td>1990</td><td>文化遗产</td></tr>
<tr><td>4</td><td colspan="2">佛罗伦萨历史中心</td><td>Historic Centre of Florence</td><td>1982</td><td>文化遗产</td></tr>
<tr><td>5</td><td colspan="2">比萨大教堂广场</td><td>Piazza delDuomo, Pisa</td><td>1987</td><td>文化遗产</td></tr>
<tr><td>6</td><td colspan="2">威尼斯及其潟湖</td><td>Venice and Its Lagoon</td><td>1987</td><td>文化遗产</td></tr>
<tr><td>7</td><td colspan="2">圣吉米尼亚诺历史中心</td><td>Historic Centre of San Ginignan</td><td>1990</td><td>文化遗产</td></tr>
<tr><td>8</td><td colspan="2">马泰拉的岩洞民居</td><td>The Sassi and the Park of the Rupestrian Churches of Matera</td><td>1993</td><td>文化遗产</td></tr>
<tr><td>9</td><td colspan="2">维琴察城和威尼托地区的帕拉第奥风格别墅</td><td>City of Vicenza and the Palladian Villas of the Veneto</td><td>1994、1996</td><td>文化遗产</td></tr>
<tr><td>10</td><td colspan="2">阿达的克雷斯皮</td><td>Crespi D'Adda</td><td>1995</td><td>文化遗产</td></tr>
<tr><td>11</td><td colspan="2">文艺复兴城市费拉拉及其波河三角洲</td><td>Ferrara City of the Renaissance, and Its Po Delta</td><td>1995、1999</td><td>文化遗产</td></tr>
<tr><td>12</td><td colspan="2">锡耶纳历史中心</td><td>Historic Centre of Siena</td><td>1995</td><td>文化遗产</td></tr>
<tr><td>13</td><td colspan="2">蒙特堡</td><td>Castel del Monte</td><td>1996</td><td>文化遗产</td></tr>
<tr><td>14</td><td colspan="2">拉韦纳的早期基督教建筑</td><td>Early Christian Monuments of Ravenna</td><td>1996</td><td>文化遗产</td></tr>
</table>

续表

国家	序号	中文名称	英文名称	入选年份	遗产类别
意大利	15	皮恩扎城历史中心	Historic Centre of the City of Pienza	1996	文化遗产
	16	阿尔贝罗贝洛的楚利建筑	The Trulli of Alberobello	1996	文化遗产
	17	卡塞塔的18世纪皇宫以及园林、万维泰利水道和圣莱乌乔建筑群	18th-Century Royal Palace at Caserta with the Park, the Aqueduct of Vanvitelli, and the San Leucio Complex	1997	文化遗产
	18	阿格里真托考古区	Archaeological Area of Agrigento	1997	文化遗产
	19	庞贝考古区、赫库兰尼姆考古区和托雷安农齐亚塔考古区	Archaeological Areas of Pompei, Herculaneum and Torre Annunziata	1997	文化遗产
	20	帕多瓦植物园	Botanical Garden (Orto Botanico), Padua	1997	文化遗产
	21	摩德纳的大教堂、市民塔和大广场	Cathedral, Torre Civica and Piazza Grande, Modena	1997	文化遗产
	22	阿马尔菲海岸景观	The Costiera Amalfitana	1997	文化遗产
	23	韦内雷港、五村镇和群岛	Portovenere, Cinque Terre, and the Islands (Palmaria, Tino and Tinetto)	1997	文化遗产
	24	萨伏依皇家建筑	Savoy Royal Architecture	1997	文化遗产
	25	巴鲁米尼的苏努拉西石头建筑	Su Nuraxi di Barumini	1997	文化遗产
	26	卡萨尔的古罗马别墅	Villa Romana del Casale	1997	文化遗产
	27	阿奎莱亚的考古区和主教教堂	Archaeological Area and the Patriarchal Basilica of Aquileia	1998	文化遗产
	28	奇伦托和迪亚诺河谷国家公园及帕埃斯图姆考古遗址和韦利亚考古遗址以及切尔托萨—迪帕杜拉	Cilento and Vallo di Diano National Park with the Archeological Sites of Paestum and Velia, and the Certosa di Padula	1998	文化遗产

续表

国家	序号	中文名称	英文名称	入选年份	遗产类别
意大利	29	乌尔比诺历史中心	Historic Centre of Urbino	1998	文化遗产
	30	蒂沃利的哈德良别庄	Villa Adriana (Tivoli)	1999	文化遗产
	31	阿西西的圣方济各教堂和其他方济各会建筑	Assisi, the Basilicaof San Francesco and Other Franciscan Sites	2000	文化遗产
	32	维罗纳城	City of Verona	2000	文化遗产
	33	伊奥利亚群岛	Isole Eolie (AeolianIslands)	2000	文化遗产
	34	蒂沃利的伊斯特别墅	Villa d'Este, Tivoli	2001	自然遗产
	35	东南西西里诺托谷地的晚期巴洛克风格城镇	Late Baroque Towns of the Val di Noto (South-Eastern Sicily)	2002	文化遗产
	36	皮埃蒙特和伦巴第的圣山	Sacri Monti of Piedmont and Lombardy	2003	文化遗产
	37	塞尔维托里和塔尔奎尼亚的伊特鲁里亚人公墓	Etruscan Necropolises of Cerveteri and Tarquinia	2004	文化遗产
	38	瓦尔迪奥西亚	Val d'Orcia	2004	文化遗产
	39	锡拉库扎城和潘塔立克石墓群	Syracuse and the Rocky Necropolis of Pantalica	2005	文化遗产
	40	热那亚的新街和罗利宫殿体系	Genoa: Le StradeNuove and the System of the Palazzi dei Rolli	2006	文化遗产
	41	那不勒斯历史中心	Historic Center of Naples	1995	文化遗产

资料来源：根据相关网站数据整理。

截至2022年3月底，中国共有56处世界遗产被纳入世界遗产名录，其中文化遗产名录增至34处，世界自然与文化双重遗产有4处，世界文化景观遗产有4处，世界遗产数量位居世界第一。中国作为世界四大文明古国之一，历史悠久、文化遗产丰富，拥有众多世界遗产和文化旅游资源。2014年，丝绸之路中长安—天山廊道的路网段共有33处被列为世界文化遗产，国内段有22处，其中陕西7处、甘肃5处、新疆6处、河南4处。国外段有11处，其中哈萨克斯坦8处、吉尔吉斯斯坦3处。陕西是丝绸之路经济带的起点，与甘肃、青海、宁夏、新疆、广西、云南、重庆、四川8个省份将中国文化经济与世界的文化、经济联系起来，对促进世界文化交流起到重要作用。西部地区部分国家级历史文化名城见表2-2。

表2-2　西部地区部分国家级历史文化名城

省份	国家级历史文化名城	世界级文化遗产数量/处
陕西	西安、延安、咸阳、韩城、榆林、汉中	3
甘肃	敦煌、天水、武威、张掖	3
青海	同仁	1
宁夏	银川	1
新疆	喀什、吐鲁番、特克斯、库车市	2
重庆	—	1
四川	成都、自贡、宜宾、阆中、乐山、都江堰、泸州、会理市	1
广西	桂林、柳州、北海	1
云南	昆明、大理、丽江、建水县、巍山县、会泽县	2

资料来源：中华人民共和国文化和旅游部网站。

文化遗产资源是文化旅游发展的基础，也是部分城市发展的产业基础。事实上，我国的旅游业发展之初，均是围绕世界遗产所在的城市而发展的，而文化旅游发展大多也是建立在文化遗产城市基础上的，西安、成都、昆明、北京等城市的文化旅游发展均源于该城市的文化遗产资源。当然，也不能把深圳等虽不拥有文化遗产但由城市的现代文明和创意产业产生的文化旅游排除在外。

（二）文化旅游创意园区

英国是世界上首个提出“创意产业”的国家，伦敦会聚了全球顶尖的文化创意人员，是英国文化创意产业发展最好的城市之一，被称为“全球创意之都”。伦敦西区是著名的世界两大戏剧中心之一，与美国百老汇齐名；伦敦苏豪（SOHO）区从20世纪30年代就开始发展文化创意产业，目前已经发展为世界上最成熟、最典型的文化创意产业集聚区之一。美国洛杉矶好莱坞电影城是世界上著名的影视制作基地，好莱坞电影城文化创意产业的集聚，带动其他上下游产业发展，并形成文化创意产业集聚区。

在文化旅游迅速发展的今天，如何挖掘可再生性文化旅游资源的内涵和潜力，创造新的文化旅游产品形式，是亟待解决的问题。文化创意旅游摆脱了旅游对环境的过度依赖和对物质的过度投入，实现了旅游产业的升级。文化旅游创意园区就是创意产业与旅游业融合发展的文化旅游形式，是文化产业中最具活力且经济增长最快的一部分。虽然“文化旅游创意园区”这个名词未得到权威认定，但这种园区（基地）模式发展迅速（郑斌等，2008）。城市在发展文化旅游的同时，为了避免城市旅游资源的同质化，需要加注创意的元素，才能凸显城市之间的文化差异性。创意产业带动文化旅游产业的发展，文化是创意的灵魂。文化旅游创意园区包括主题公园、影视基地、艺术园区以及新兴园区（丁新军、田菲，2011）。郑斌等（2008）认为，文化旅游创意产业开发的主要模式有主题公园、影视（动漫）基地、艺术园（社）区、节庆演出基地、新兴街区。

综合各类研究文献，笔者认为，文化旅游创意园区是包括主题公园、影视基地、文化艺术园区、节庆演出基地、时尚新兴街区等在内的多功能园区。艾玛数据库的相关数据显示，截至2018年年底，中国主题公园数量达到2500多家，其中投资规模在5000万元以上的有300家左右，华侨城、华强方特、长隆集团、宋城演艺、海昌控股是国内主题公园的龙头企业，涉及旅游、酒店、影视、地产等多个产业。世界上最知名的主题公园主要是迪士尼乐园。迪士尼是全球最大的娱乐及媒体公司之一，也是全球最受尊敬的娱乐媒体公司，涉及迪士尼影视娱乐、迪士尼主题乐园度假区、迪士尼消费品和迪士尼媒体网络等业务。截至2019年年底，迪士尼在全球共建有6个迪士尼乐园，分别为加利福尼亚州迪士尼乐园、佛罗里达迪士尼世界乐园、巴黎迪士尼乐园、东京迪士尼乐园、香港迪士尼乐园和上海迪士尼乐园。

文化旅游创意园区在我国发展较快，产业园数量持续增长，中心城市建设加速。其发展可借鉴诸如美国的迪士尼乐园、百老汇戏剧产业园区、好莱坞等文化创意产业园区的经验。

从创意产业整体发展态势来看，我国创意产业集群化发展趋势越来越明显。从区域发展格局来看，我国已初步形成了六大区域板块：东部地区主要是以北京、天津、青岛为代表城市形成的环渤海创意产业聚集群，以上海、苏州为代表城市形成的长三角创意产业聚集区，以广州、深圳为代表城市形成的珠三角创意产业聚集群；中部地区以长沙、武汉、南昌为代表城市形成的中三角创意产业聚集群；西部地区以重庆、成都、西安为代表城市形成的西三角创意产业聚集群，以海口、昆明、丽江、三亚为代表城市形成的滇海创意产业聚集群，汇总结果如表2－3所示。

表2－3 我国六大创意产业板块

区域	代表城市	发展状况
环渤海创意产业聚集群	北京	形成以30个市级集聚区为载体、带动区县聚集区发展的文化创意产业空间发展模式，如北京怀柔影视基地、朝阳大山子艺术中心等
	天津	天津意库创意产业园区成为区域知名品牌
	青岛	山东半岛创意产业的龙头，青岛的酒吧文化带及动漫艺术节享誉世界
长三角创意产业聚集区	上海	建成50个创意产业园区、128个创意产业集聚区，如上海8号桥艺术区，目标是成为“国际创意产业园区”
	苏州	是上海创意产业链条的延伸
珠三角创意产业聚集群	广州	有24个创意产业园区，并打造六个产业创意中心，建设创意越秀、创意广州
	深圳	建筑、工业设计等产业发展迅速，目标是打造创意设计之都
西三角创意产业聚集群	重庆	数字传媒、动漫、网络等产业发展迅速，原创动画居西部第一
	成都	全国三大数字娱乐城市之一，全国首家网络动漫游戏产业基地正式投入营运
	西安	以“政府推动、投资拉动、资源开发、旅游导向、板块推动”为基本模式，形成七大创意产业聚集地，如西安高新区、曲江文化产业园区聚集国内外知名创意企业，是西安文化创意产业发展的重点地区
滇海创意产业聚集群	海口	着力打造会展、体育健身、文化旅游、民族表演等产业，形成文化旅游中心和生态旅游中心
	昆明	以绘画、音乐、雕塑、民族舞蹈等传统艺术形式为基础，打造都市复合型创意产业聚集区

续表

区域	代表城市	发展状况
滇海创意产业聚集群	丽江	拥有世界文化、自然、非物质文化三大遗产，已成为影视、表演等活动的中国历史文化名城和中国优秀文化旅游城市
	三亚	世界知名旅游城市，自然景观享誉世界，是“美丽经济”的主角之一
中三角创意产业聚集群	长沙	形成“动漫湘军、出版湘军、影视湘军”等品牌，其创意城市特色有着特殊地位
	武汉	打造“中国数字创业之都”
	南昌	工艺美术、数字传媒优势显著突出

资料来源：前瞻产业研究院数据。

《2018 年文化和旅游发展统计公报》的数据显示，截至 2018 年 12 月 31 日，国家文化创业创新试验区、国家动漫产业园、国家级文化示范园、国家级文化产业试验园区和国家文化产业示范基地的数量分别为 1 个、1 个、10 个、10 个和 335 个。

在丝绸之路经济带国内段，文化创意产业园区数量众多，整体发展势头良好，但是整体上存在着同质化、地产化和泡沫化“三化”现象，有的园区对地方文化的挖掘还远远不够，有的园区产品有待优化。比较成功的案例有西安的曲江临潼文化产业园区、甘肃的兰州国家高新技术产业开发区创意文化产业园区、西藏文化旅游创意园区等。西藏文化旅游创意园区于 2013 年成立，经历了从无到有、从小到大、从弱到强的发展历程。截至 2017 年年底，西藏文化旅游创意园区的文化贸易从业人员有 1125 人，文化贸易的总收入达到 3. 1 亿元，文化贸易出口额为 642 万元，相较 2016 年增长了 19. 7%。2018 年 6 月，西藏文化旅游创意园区被授予“国家文化出口基地”称号，成为首批 13 个国家文化出口基地之一。截至 2018 年 12 月 31 日，该园区共推进协议 36 个，有 36 家企业入驻，有 3 家运营企业，个体经营户达 60 多家；大型史诗剧《文成公主》演出 1000 余场，接待游客 210 万余人次，票房收入突破 7. 51 亿元，打造了西藏高端文化旅游产品展示平台，助力了西藏文化产业转型升级，加快了拉萨国际旅游城市建设进程。

丝绸之路经济带沿线国家/地区在文化创意旅游项目上的合作有许多，表 2－4 列举了比较成功的项目。

表 2－4　丝绸之路经济带沿线国家部分文化创意旅游项目

合作时间	项目名称	涉及城市和国家/地区
2015 年 8 月	《天水麦积山文化创意园暨游客服务中心项目建设投资协议书》	甘肃—阿拉伯
2018 年 6 月	“意起美丽”	泉州—意大利
2018 年 7 月	中柬文化创意园	云南—柬埔寨

资料来源：根据相关网站整理。

2015 年 8 月，来自阿拉伯的企业代表同中国甘肃省天水市签订了包括《天水麦积山文化创意园暨游客服务中心项目建设投资协议书》在内的 9 个项目合同，这不仅促进了天水与阿拉伯的合作，也为甘肃省与阿拉伯国家深化交流与合作探索积累经验，为丝绸之路经济带国际文化旅游创意发展注入新的活力。2018 年 6 月，中国泉州与意大利知名艺术家共同举办的“意起美丽”艺术交流展正式开幕。意大利是丝绸之路经济带和海上丝绸之路的交会点，中国泉州是海上丝绸之路的起点，两地有着密不可分的联系。中意双方通过艺术文化交流、学术访问，加大了城市国际文化互通交流、融合和发展，中国和意大利的海上丝绸之路文化得到更广泛的传播。2018 年 7 月，华侨城云南文投集团依托云南省与东南亚国家接壤的地理优势及文化优势，借助云南省在“一带一路”倡议中的中心地位，积极推进面向东南亚、南亚辐射中心建设。中柬文化创意园是在原“吴哥的微笑”项目的基础上，升级打造的一个集演艺、绘画、雕刻、博物馆展示、餐饮文化、艺术衍生品设计销售等于一体的大型文化主题公园。该主题公园在提升柬埔寨和中国云南省文化创意能力的同时，展现出中柬两国优秀的文化旅游产品，为促进中柬两国文化艺术交流、增进两国人民传统友谊发挥积极作用，为丝绸之路经济带的文化交流奠定了基础。

（三）民族民俗文化旅游

一直以来，文化在社会发展中都发挥着重要的作用，文化旅游是 21 世纪旅游业中发展最快的旅游产品之一，在弘扬民族文化方面发挥着重要作用。马聊讳、陈庆德（2004）认为，民族的发展总是与民族的文化紧密相关，任何脱离民族文化的所谓的纯经济思考都是不现实的。因此，将民族文化作为民族地区的旅游资源进行开发，不仅可以促进当地的经济发展，而且可以促进不同民族之间的文化交流，充分展现博大精深的民族文化。

丝绸之路经济带横跨亚欧大陆，沿线各个国家民族众多，表现出不同的民族文化。我国有56个民族，各省份都有众多民族居住，在丝绸之路经济带国内段，陕西、四川、青海、甘肃居住着56个民族，西藏、宁夏、广西、新疆和云南等省份的少数民族占各省份总人口的比重相当大。根据国家民族事务委员会公布的数据，本书将西部地区部分省份少数民族的情况整理如表2－5所示。

表2－5　西部地区少数民族代表

省份	少数民族数量/个	少数民族人数占比/%	少数民族代表
云南	25	56.45	白族、哈尼族、傣族、藏族、瑶族等
宁夏	35	37.16	回族、满族、蒙古族、东乡族等
青海	55	75.27	藏族、回族、撒拉族、土族等
新疆	53	67.68	维吾尔族、哈萨克族、回族、蒙古族、柯尔克孜族、俄罗斯族等
广西	11	44.62	壮族、瑶族、苗族、侗族、仫佬族等
西藏	10	91.83	藏族、珞巴族、门巴族、回族、纳西族等
甘肃	54	10.62	回族、藏族、东乡族、土族、裕固族、保安族、蒙古族、撒拉族、哈萨克族等

资料来源：中华人民共和国国家民族事务委员会相关数据。

我国是多民族国家，拥有56个民族。比如甘肃省的东乡族占全国东乡族总人口的88%，撒拉族占全国撒拉族总人口的82%，土族占全国土族总人口的71%；新疆有全国99%的维吾尔族人口、97%的哈萨克族和柯尔克孜族人口、96%的乌孜别克族人口、93%的塔吉克族人口和91%的塔塔尔族人口；广西有全国85%的壮族人口、83%的京族人口、80%的仫佬族人口、65%的毛南族人口和53%的瑶族人口；全国彝族、哈尼族、白族、傣族、纳西族等15个少数民族的90%人口都居住在云南。

我国的旅游业大致兴起和繁盛于民族文化、历史和遗产文化，可以说，民族文化旅游是我国城市文化旅游发展的重要基础。民族文化是最具价值的民族旅游资源之一，民风习俗是民族文化最直接的体现，我国少数民族地区的一些重大的节日在世界上享有很高的声誉。开斋节是回族最大、最隆重的节日，充分地展示了回族文化，“万人会礼”“万个油香大传送活动”吸引世界各国游客前来参与。彝族的火把节于2006年被列入国家级非物质文化遗产名录，享有“中国民族风情第一节”“东方狂欢夜”的美誉。维吾尔族的“麦西热甫”融合多元文化特色，集音乐、舞蹈、戏曲、杂技、口头文学、饮食文化于一体，被列入世界非物质文化遗产名录。

我国民族文化旅游的发展经历了景区建设、产品开发、资源保护和创意开发等阶段。以云南丽江为例，丽江是中国首个拥有世界文化遗产、世界自然遗产和世界记忆遗产“三项世界遗产”桂冠的城市，基于东巴文化，充分汲取茶马古道文化、纳西民俗风情和纳西古乐的精华，形成了一个多民族文化产业集群区——丽江民族文化产业集群区，对丝绸之路经济带民族文化旅游的传播和弘扬起到了至关重要的作用。

在丝绸之路经济带国外段，沿线各个国家同样民族众多，联合国经济和社会事务部统计司的数据显示，在中亚地区，哈萨克斯坦有131个民族，乌兹别克斯坦有130个民族，土库曼斯坦有105个民族，吉尔吉斯斯坦有80多个民族，塔吉克斯坦有86个民族；在东南亚地区，印度尼西亚有300多个民族，菲律宾有90多个民族，老挝有50个民族。每个民族都拥有独特的历史文化，庞大的民族文化借助丝绸之路经济带平台传播得更加广泛。丝绸之路经济带沿线国家间的少数民族，如佤族、阿昌族、傣族、苗族、塔吉克族、哈萨克族、蒙古族等跨边境居住，与国外的民族长期生活在一起，民族文化相互交织融合，丰富了边境民族文化。

（四）红色文化旅游

红色文化是红色旅游的基础，是红色旅游景区的灵魂。红色文化旅游将红色文化与旅游观光结合起来，是以“旅游”为载体，展示“红色精神”的旅游模式。吴书锋（2006）将红色文化旅游经历的两种变迁总结为“从政治接待性事业向新兴经济产业发展，由国家扶持向旅游业新的增长点转变，红色文化旅游资源的表现形式以革命历史、革命事迹和革命精神为主题”。红色文化是具有中国特色的先进文化，国家“十四五”规划纲要明确提出大力支持红色文化旅游发展，红色文化旅游突出展示了中国共产党波澜壮阔的革命史和光辉伟业。红色旅游传播了社会主义精神和革命历史精神，具有极大的教育意义。张河清、陈宁英（2008）认为，红色旅游城市是指红色旅游资源丰富、基础设施建设良好，具有优越的红色旅游基础背景和广阔的红色旅游发展前景，红色旅游在区域内的旅游市场或国内的红色旅游市场中占据重要地位的城市。延安、遵义、广安、瑞金、韶山、井冈山是中国红色旅游发展时间较早、发展成绩较显著的几个红色旅游目的地。刘红梅（2012）认为，红色文化旅游在我国发展大致经历了如下几个阶段：革命旅游纪念地（纪念物）开始修缮和管理阶段（1949—1978 年）；革命旅游纪念地向革命传统教育基地转变阶段（1978—1995 年）；爱国主义教育基地设立并向红色旅游景点、景区过渡阶段（1995—2004 年）；红色旅游发展由自发向自觉转变阶段（2004—2010 年）；红色旅游发展质量提升阶段（2011 年至今）。

红色旅游是以传播社会主义精神和革命历史精神为主的旅游形式。例如，革命战争年代形成的井冈山精神、长征精神、延安精神等，社会主义建设时期涌现的焦裕禄精神、“两弹一星”精神等，具有极大的教育意义。在物质层面，红色旅游是借助革命遗迹、革命遗物、革命旧址、革命博物馆、烈士陵园、革命纪念碑、革命纪念馆等形式来反映革命精神的旅游形式。位于陕西、甘肃、宁夏交界处的红色革命根据地——陕甘宁革命老区是中国红色文化旅游的“圣地”。这块革命的热土孕育了伟大的延安精神、长征精神、毛泽东思想；保留下来的革命遗址、红色纪念馆、红色教育基地、博物馆、名人故居和纪念碑等红色文化旅游资源呈现“大分散、小集聚”的格局。

目前，城市红色文化旅游发展更加趋向于区域合作和产品形式的多样化。如多个城市推出的红色旅游线路，重庆市旅游部门推出的红岩连线—长江三峡—大足石刻—乌江画廊。2019 年 6 月，在中华人民共和国成立 70 周年之际，新疆维吾尔自治区文化和旅游厅推出了“昌吉红色旅游线”“吐鲁番—哈密红色旅游线”“西路军进疆红色旅游线路”等 10 条红色文化旅游线路，让游客充分感受中华人民共和国成立 70 年以来新疆发生的翻天覆地的变化。2019 年 8 月，四川省文化和旅游厅推出了以“成都—德阳—遂宁—自贡—宜宾”为代表的 16 条红色文化旅游线路。甘肃省全省分布了 720 余处红色文化遗址，其立足于红色资源，推出“两点一存 · 红色励志”红色旅游线路。

（五）影视旅游

影视旅游萌芽于 1955 年第一座迪士尼乐园在加利福尼亚州的建成。而影视旅游真正开端于 1963 年第一个环球影城主题公园——好莱坞环球影城的建成，经过 60 年的发展，好莱坞环球影城已经成为全球规模最大的影视主题公园。Urry（1994）认为，电影、电视剧等影视作品中的自然风光、历史遗迹、民族文化可以增加当地旅游资源的吸引力，吸引游客前来参观，这样的旅游活动即可称为影视旅游。《飞屋环游记》中老爷爷和小男孩要寻找的那个“仙境瀑布”，是位于南美洲委内瑞拉玻利瓦尔州圭亚那高原的安琪尔瀑布，是世界上落差最大的瀑布，影片的热播让安琪尔瀑布成为世界知名旅游景点，吸引了大批游客。《冰雪奇缘》中的艾莎公主一边唱着 *Let It Go*，一边随手创造出的冰宫是位于瑞典最北部基律纳的 Ice Church，童话般的宫殿吸引众多游客前去参观，更有不少新人选择在这里举办婚礼。

中国影视旅游始于 1987 年中央电视台无锡影视基地的建成。中央电视台无锡影视基地是我国首家影视文化与旅游相结合的影视旅游观光主题园，是首批国家 5A 级旅游景区，也是中国首个全沉浸式影视拍摄和旅游基地，依托影视制作，打造旅游景点，发展观光性旅游。《三国演义》《水浒传》《武则天》等电视剧的热播，使无锡成为华东地区的旅游热点，旅游客源迅速增加，并使得影视旅游成为行业关注的热点。吴必虎（2001）认为，影视旅游是由于在荧屏和银幕上播出与某个旅游目的地有关的影视作品，而使得旅游目的地的吸引力和知名度提升而导致的旅游活动。刘滨谊等（2004）给出了影视旅游的定义，即影视旅游是以影视拍摄、制作以及相关的事物为吸引物的旅游活动。随着影视旅游的升温发酵，以影视剧带动旅游效应已成为推动文旅发展的新引擎。广东中山、无锡太湖、宁夏镇北堡、浙江横店纷纷建立影视城，大大小小的影视城在全国遍地开花。目前，我国的影视旅游产业已经发展成为以影视基地为载体、以影视文化为内涵的运营模式。徐铭（2013）根据影视基地独特的影视文化，依托首都城市圈、长三角城市群和珠三角城市群的影视产业机构，大致将我国的影视基地分为三大影视产业基地群。

北部影视基地群依托北京怀柔影视基地，聚集了宁夏镇北堡影视城、河北涿州影视基地、北普陀影视基地等影视产业机构的品牌和技术，创作了大量优秀的文化作品。南部影视基地群由 8 个云南影视基地、广东中山影视基地、广东南海影视城以及香港和台湾影视基地构成。在国内众多的影视及基地中，最著名的莫过于东部影视基地群。东部影视基地群以浙江横店影视产业实验区为首，借助浙江象山影视基地、江苏无锡影视基地、海宁影视基地、同里影视城、临港影视基地、上海车墩等，形成了一条独特的影视旅游线路。其中，横店影视基地作为中国最大、最著名的影视拍摄基地，是我国 5A 级旅游景区，被国外媒体称为“中国好莱坞”。随着旅游产业的快速发展，截至 2017 年年末，横店影视城拥有高级宾馆 26 家，房间总数超过 8000 个，横店影视城累计接待中外游客 1.2 亿人次，不断做大文旅消费产业。

影视旅游按照发展模式可以分为影视传播旅游与影视提供旅游内容。影视传播旅游的形式包括影视外景地旅游、影视故事发生地旅游、影视文化旅游；影视提供旅游内容的形式包括影视拍摄制作基地旅游、影视主题乐园旅游、影视节庆旅游三大类（吴金梅等，2011）。笔者认为，适合发展影视旅游的有两种城市：一种是城市的影视业发达，能够带动城市的知名度提高，随之带来游客并促进旅游业的发展，如好莱坞；另一种是城市作为某部影视剧或者电影讲述的故事发生地而名声大噪，吸引了大量游客，如《大明宫》《大唐芙蓉园》等影视剧的播出使得西安名声大噪，吸引了国内外众多游客。

随着经济、文化的全球化，提高城市乃至国家的核心竞争力是各国关注的重点，其中影视与旅游相互促进、相互影响，对促进城市的文化发展有巨大的推进作用。由韩国导演许秦豪拍摄的电影《好雨时节》在中国“天府之国”成都完成，该影片将成都的城市特点、饮食文化和知名景点毫无保留地展示给观众，提高了成都的知名度，大大提升了成都的经济、文化、旅游等影响力。

从2014年10月开始，丝绸之路国际电影节先后举办了6届，每一届都会有来自世界各地的优秀影视作品和“一带一路”沿线国家的知名影人及学者参加。除了影视作品和影视演员的颁奖之外，电影节还组织了“丝路影像城市论坛”“动画电影论坛”“丝路电影专业论坛”等论坛，与电影交织融合。各国在发展各自优秀影视作品的同时将当地的文化和自然风光通过影视作品传达给世界各地的人们。表2－6是部分与丝绸之路经济带相关的影视作品。

表2－6　2013年至今关于丝绸之路经济带的影视作品

片名	制作方	篇幅/集	涉及地区
《丝路·重新开始的旅程》	CCTV	8	中国及中亚地区
《从父辈的土地到祖国：丝绸之路》	土耳其伊斯坦布尔七彩电影制片公司	13	中国至伊朗沿线的17个国家
《“一带一路”》	央视科教频道	6	丝绸之路沿线国家
《丝绸之路经济带》	国家新闻出版广播电影电视总局、中央电视台财经频道	8	丝绸之路沿线国家
《天路》	青岛城市传媒影视文化公司、陕西广电影视文化产业发展有限公司、巴基斯坦汉内卡达电影公司	1	中国和巴基斯坦

资料来源：根据相关网站整理。

《丝路·重新开始的旅程》涉及十多个国家，以丝绸之路作为地理空间线索，全面展现丝绸之路在政治、经济、文化、军事方面取得的丰硕成果。《“一带一路”》以丝绸之路经济带和21世纪海上丝绸之路为线索，反映“一带一路”倡议给沿线国家和地区带来的变化，加深了丝绸之路经济带沿线国家和地区间的文化交流。《丝绸之路经济带》是一部8集的纪录片，分别为丝路·命运、丝路·贸易、丝路·交通、丝路·货币、丝路·商道、丝路·战争、丝路·文明和丝路·复兴，详细地介绍了丝绸之路在不同时代、不同地区的变化及影响，帮助世界各地的人们深入了解丝绸之路经济带对文化、经济、文明的影响。《天路》是一部以真人真事为原型创作的电影，真实地反映了中巴共同建设中巴经济走廊、互利共赢、促进地区繁荣发展的历史进程，反映中国企业积极响应“一带一路”倡议所做出的努力，展现中国与巴基斯坦人民之间互帮互助、密切友爱的互利合作关系。

2017年12月3日，中国与法国、印度尼西亚、塞拉利昂、希腊、新加坡等9个国家的19位电影产业代表签署了《丝绸之路及沿线国家电影产业交易平台联盟声明》，签约的影片将近20部，涉及故事片、公益片、动画片、魔幻片等多个类型的影视作品，为中国电影“走出去”、丝绸之路优秀影视作品的诞生提供了平台。随后，丝绸之路沿线国家出品一系列与丝绸之路相关的影视作品，例如，《丝绸之路上的阿尔巴尼亚》是阿尔巴尼亚独立完成的一部纪录片，详细介绍了中资企业通过投资基础设施等对阿尔巴尼亚经济社会做出贡献的情况。《丝绸之路中国·魅力甘肃》是由甘肃省委宣传部和法国影视机构合作完成的一部影片，该片集中展示了甘肃省各市（州）的自然风光和人文风情，在法国播出后受到一致好评，加深了法国人民对中国丝绸之路的了解。

（六）旅游演艺业

我国对旅游演艺的探索是从“主题公园文娱表演”“景区景点文艺演出”“舞台表演”开始的，后续又发展出“旅游表演”“旅游演出”“旅游演艺”等多种形式。旅游演艺业有如下特点：旅游演艺的活动范围在旅游景区内；旅游演艺的目的在于吸引游客，尤其是外地旅游者；山水实景、剧院、酒店、大型广场等旅游演艺有专业演职人员以及特定的演出场地；旅游演艺的演出内容应与本地区的主流历史文化相结合（黄炜，2012）。旅游演艺业是文化旅游最重要的表现形式之一，也是景区摆脱门票依赖的主要途径，是挖掘和展示景区文化的主要方式。因其较高的回报率和较快的回收率，旅游演艺成为近年来各大型旅游目的地争相推出的代表性文化旅游项目。经过短短数年的发展，旅游演艺已经成为旅游业可持续发展的强劲助力，丰富了旅游的文化内涵，提升了旅游的品质和附加值。在我国，旅游演艺业经历了几个发展阶段：

1. 初级发展阶段

中国的旅游演艺形式最早出现在20世纪80年代，为了拓展旅游产品的外延，消除国外游客对中国旅游“白天看庙，晚上睡觉”的刻板印象，20世纪80年代末开始演出的西安唐乐宫《仿唐乐舞》开创了中国旅游演艺的先河。1988年，丽江的《纳西古乐》演出大获成功，之后吸引了大量的游客，极大地促进了丽江古城旅游业的发展。

2. 快速发展阶段

随着华侨城旗下的中国民俗文化村于1995年7月推出“中国百艺晚会”、世界之窗于1995年12月推出“欧洲之夜”，以及宋城景区于1997年3月推出《宋城千古情》等旅游文化演艺节目，我国旅游文化演艺行业逐渐步入快速发展阶段。

3. 百家争鸣阶段

近几年，旅游实景演出和主题公园特色演出掀起旅游演艺的热潮。在主题景区中，宋城演艺集团在1997年打造了《宋城千古情》，是进入旅游演艺领域较早的企业，也是文化产业成功运作的典范。其年均演出1300余场，在旅游旺季每天演出可达10场，已累计演出1.6万余场，接待观众4800余万人次，是目前世界上年演出场次和观众接待量最多的剧场演出，成为与美国拉斯维加斯《O秀》、法国巴黎《红磨坊》齐名的“世界三大名秀”。《泰山千古情》作为宋城集团品牌拓展的最新项目，延续《宋城千古情》《丽江千古情》及《九寨沟千古情》等的“主题公园+旅游演艺”开发模式，突出展现泰安地域特色文化，为游客呈现别样的演艺精彩。2004年，由著名导演张艺谋执导的大型山水实景演出《印象·刘三姐》在桂林阳朔推出，目前已经成为国内影视文化旅游的范本，仅在2009年就演出了497场，观众达130万人次，演出收入逾2.6亿元。此外，2004—2011年，“印象”系列共推出了6部文化影视作品，包括《印象·刘三姐》《印象·丽江》《印象·西湖》《印象·海南岛》《印象·大红袍》和《印象·普陀》，都深受广大游客的欢迎。《宋城千古情》和“印象”系列的成功案例，激发了众多企业涌入旅游演艺市场，旅游演艺业呈现百花齐放的局面。也有其他优秀的文化影视作品深受广大观众的喜爱，比如，华夏文化旅游集团投资的《闽南传奇》是厦门老院子景区的灵魂之作，是全球优秀的室内实景演艺秀，充分体现了闽南文化的精髓，2015年7月一经推出，就成为旅游者关注的热点。此后，国内旅游景区掀起了推出演艺实业的热潮。到目前为止，很多旅游地都推出各种形式的旅游演艺节目。

2014 年，我国旅游演出剧目共计 228 台，旅游演出票房收入约 27.0 亿元；2018 年旅游演出剧目增加到 306 台，相比 2017 年增加了 12.1%；旅游演出票房收入约为 59.1 亿元，相比 2017 年增加了 13.44%（见表 2－7）。

表 2－7　2014—2018 年中国旅游演出剧目情况

	2014 年	2015 年	2016 年	2017 年	2018 年
台数/台	228	225	260	273	306
票房收入/亿元	27.0	36.5	55.0	52.1	59.1

资料来源：中国旅游演艺年报。

我国部分文化旅游城市代表性旅游演出见表 2－8。

表 2－8　我国部分文化旅游城市代表性旅游演出

序号	旅游城市	代表性旅游演出	开发者
1	杭州、丽江、三亚	杭州宋城集团打造《宋城千古情》《丽江千古情》《三亚千古情》	宋城集团
2	桂林	《印象·刘三姐》	桂林广维文华旅游文化产业有限公司
3	昆明	《云南映象》	云南省政府
4	西安	《长恨歌》	西安华清池景区
5	韶山	《中国出了个毛泽东》	韶山润泽东方文化产业基地
6	丽江	《丽水金沙》	丽水金沙演艺公司
7	张家界	《魅力湘西》	张家界魅力湘西旅游开发有限责任公司
8	深圳	“中国百艺盛会”和“欧洲之夜”	深圳华侨城集团
9	北京	《金面王朝》	深圳华侨城集团
10	西安	《梦回大唐》	大唐芙蓉园
11	青岛	《梦归琴岛》	港中旅集团
12	黄山	《宏村·阿菊》	中坤集团
13	周庄	《四季周庄》	四季周庄文化演出有限公司

资料来源：根据相关数据整理得出。

现场演艺给旅游带来的文化体验最直接也最深刻，根据相关数据，我国旅游演艺的数量逐年增加。2018 年，文化产业案例研究课题组提出将旅游演艺分为主题公园演艺、实景旅游演艺和剧场旅游演艺（见表 2－9）。

表 2－9　2014—2018 年中国旅游演艺细分市场票房占比情况　　单位：%

旅游演艺类型	2014 年	2015 年	2016 年	2017 年	2018 年
主题公园演艺	31.0	42.6	45.9	44.1	46.8
实景旅游演艺	43.9	34.0	28.6	28.7	26.4
剧场旅游演艺	25.1	23.4	25.5	27.2	26.8

资料来源：前瞻产业研究院。

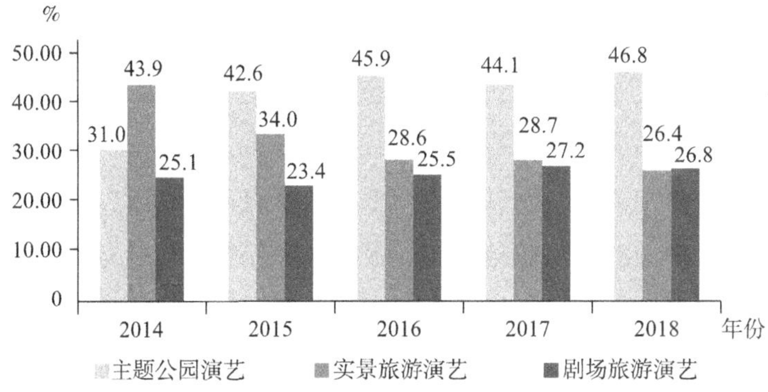

图 2－3　2014—2018 年中国旅游演艺细分市场票房占比情况

从图 2－3 中可以看出，主题公园演艺占比呈增加趋势，剧场旅游演艺占比基本趋于稳定，实景旅游演艺占比呈减小趋势。2018 年，主题公园演艺在旅游演艺中占比达 46.8%，是旅游演艺的主要形式。

（七）宗教文化旅游

Rinschede（1992）认为，宗教旅游通常以团队为单位，是与休闲旅游、观光旅游、文化旅游等其他形式的旅游相兼容的多功能旅游活动。保继刚和陈云梅（1996）认为，宗教旅游是一种客源市场稳定、吸引游客人数众多、重游率高的旅游模式。宗教文化可以创造出优秀的宗教精神和物质文明，还可以吸引游客，增强民众的资源保护意识。宗教文化的内容非常丰富，包括宗教教义、宗教绘画、雕塑、音乐、建筑、宗教语言、价值观等。按民族地域划分，世界上共有一万多种宗教。亚洲地区信仰的宗教主要有佛教、道教、基督教、伊斯兰教、印度教、犹太教、神道教。部分国家是一种宗教占主导地位，如缅甸、越南、老挝、柬埔寨等国家主要信奉小乘佛教；马来西亚、印度尼西亚人民主要信奉伊斯兰教；新加坡主要信奉佛教和道教。而东南亚大多数国家信奉多种宗教。

我国具有五千多年的文明历史，在中国有佛教、道教、伊斯兰教、天主教和基督教等1亿多信徒，宗教已成为一种不可忽视的社会力量，宗教文化丰富多彩。灿烂的中华文化与宗教文化互相融合发展，在我国的文化旅游资源中，宗教文化旅游资源是重要组成部分。据考证，佛教在东汉时期经由丝绸之路传到中国，经过与中华文化的不断融合，被中国部分地区民众接受、信仰。伊斯兰教在公元7世纪传入我国，经过唐、宋、元、明、清几个时期与我国民族文化不断融合并发展。据统计，在丝绸之路经济带国内段，民族种类众多、宗教信仰丰富，佛教、伊斯兰教、基督教、道教、天主教五大宗教并存。丝绸之路经济带跨越地区广，沿线国家宗教众多，宗教信仰也呈现多样化的特点，宗教文化多彩灿烂。丝绸之路经济带沿线国家涉及的宗教主要有佛教、道教、伊斯兰教、基督教、东正教等，具体情况如表2－10所示。

表2－10　丝绸之路经济带沿线部分国家宗教信仰情况①

国家	国教	主要宗教人口占比
巴基斯坦	伊斯兰教	伊斯兰教占比97%，基督教、印度教和其他占比3%
俄罗斯	东正教	东正教占比53%、伊斯兰教占比10%、天主教占比1%、犹太教占比1%、佛教占比约0.8%
吉尔吉斯斯坦	伊斯兰教	伊斯兰教占比75%、东正教占比20%、其他占比5%
缅甸	佛教	佛教占比89%、基督教占比3%、天主教占比1%、伊斯兰教占比4%、其他占比3%
塔吉克斯坦	伊斯兰教	伊斯兰教占比90%、其他占比10%

① The CIA World Facebook，http：/ /geography. about. com/library/cia/blcindex. Htm；中华人民共和国外交部网站：http：//www. fmprc. gov. cn.

续表

国家	国教	主要宗教人口占比
土库曼斯坦	伊斯兰教	伊斯兰教占比 89%、东正教占比 9%
乌兹别克斯坦	伊斯兰教	伊斯兰教占比 88%、东正教占比 9%、其他占比 3%
土耳其	伊斯兰教	伊斯兰教占比 99.8%、其他占比 0.2%
哈萨克斯坦	伊斯兰教	伊斯兰教占比 50%、东正教占比 44%、天主教占比 2%、其他占比 4%
蒙古国	佛教	佛教占比 50%、萨满教和基督教占比 6%、伊斯兰教占比 4%

资料来源：The CIA World Facebook，中华人民共和国外交部网站。

伊斯兰教是丝绸之路经济带沿线国家和地区中信仰人数最多、分布区域最广、影响力最大的宗教；佛教在东南亚的影响力比较强；天主教、东正教与基督教在中东欧地区的影响较强。不同的宗教、不同的流派会表现出不同的文化、不同的价值取向。处理好宗教、民族、文化之间的关系，对民族团结、经济发展、政治稳定、社会和谐和文化繁荣，及丝绸之路经济带国家战略的顺利实施有着重要意义。2015 年 10 月，来自世界 52 个国家和地区的 1000 多位佛教代表出席了第四届世界佛教论坛，围绕“同愿同行，交流互鉴”的主题，交流思想，分享经验，表达关切，凝聚共识。① 2016 年 7 月，来自俄罗斯和中亚五国的伊斯兰教界人士、知名学者和政府官员出席了首届伊斯兰教中道思想国际研讨会，研讨会以“倡导中道思想，反对极端主义”为主题，深入探讨伊斯兰教的中道精神，分享各国反对极端主义的成功经验，矢志维护伊斯兰教的良好形象，形成重要共识。② 2016 年 8 月，宁夏银川举办了伊斯兰教中国化论坛，③ 同月，安徽和广州分别举办“基督教中国化”

---

① 中国佛教协会．第四届世界佛教论坛［EB/OL］．（2015 - 10 - 24）［2022 - 06 - 22］．中国佛教协会，https：//www.chinabuddhism.com.cn/special/2015wbf4th/.

② 张雷．伊斯兰教中道思想国际研讨会发表《倡导中道思想，反对极端主义》倡议书［EB/OL］．（2016 - 07 - 21）［2022 - 06 - 22］．央广网，http：//news.cnr.cn/native/city/20160721/t20160721_522750595.shtml.

③ 陈凤林．伊斯兰教中国化论坛在宁夏银川召开［EB/OL］．（2016 - 09 - 06）［2022 - 06 - 22］．中国社会科学网，http：//m.cssn.cn/zjx/zjx_tpxw/201609/t20160906_3191792.htm.

论坛。[①] 2016 年 9 月，来自中国、韩国、加拿大、缅甸等国家的近 40 位宗教领袖参加首届“以色列—亚洲”宗教领袖会议，旨在促进亚洲乃至世界宗教和平。[②]

事实上，城市尤其是大型城市，具有适合宗教传播的社会基础和思想根源，宗教对城市文明的发展起着推动作用。将城市作为宗教资源的载体，顺利融入城市的精神文明建设，是城市治理与发展的重要组成部分（陈明丽，2021）。随着宗教的传播，丝绸之路经济带沿线各地区的雕刻艺术、绘画艺术、民族民俗和建筑风格不断融合发展，大量佛寺、佛塔、佛窟、清真寺宗教建筑成为宗教文化在中国文化中的直接体现。宗教建筑本身是本土文化与外来文化的结合，更是丝绸之路宗教文化交流的直接见证。马耀峰等（2005）结合中国宗教文化的发展历程，将宗教建筑分为五类，分别为佛教建筑遗产、伊斯兰教建筑遗产、基督教建筑遗产、道教建筑遗产和其他宗教建筑遗产。

《中国宗教建筑遗产空间分布特征及影响因素研究》提出，中国宗教建筑遗产以佛教建筑遗产为主，有 926 处，约占全国宗教建筑遗产总数的 77.55%；其次为道教建筑遗产，有 168 处，约占全国宗教建筑遗产总数的 14.07%；而伊斯兰教建筑遗产、基督教建筑遗产相对较少（见图 2-4）。中国的西安、天水、敦煌、兰州等地有大量宗教文化资源。2014 年 6 月，中国与哈萨克斯坦、吉尔吉斯斯坦联合申报的世界文化遗产“丝绸之路：起始段与天山廊道的路网”中，有兴教寺塔、大雁塔、小雁塔、彬县大佛寺石窟、麦积山石窟、炳灵寺石窟、苏巴什佛寺遗址、高昌故城、克孜尔石窟共 9 处宗教遗迹。这次世界文化遗产申报的成功为丝绸之路经济带沿线国家的宗教文化交流奠定了坚实的基础。

---

① 霍群英．安徽、广州等地教会团体相继举办研讨会——基督教中国化之路“就在脚下”［EB/OL］．（2016-08-16）［2022-06-22］．中国宗教学术网，http：//iwr.cass.cn/xw/201608/t20160816_3417138.shtml.

② 水青．学诚大和尚出席“以色列—亚洲”宗教领袖会议 弘扬中华汉传佛教［EB/OL］．（2016-09-13）［2022-06-22］．国际在线，http：//news.cri.cn/uc-eco/20160913/7f7e14d9-9417-c5e0-7d8f-3dc6c582baf6.html.

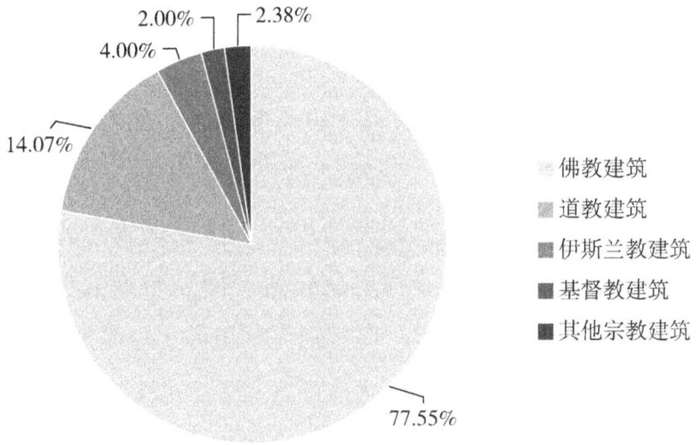

图 2-4　中国宗教建筑遗产类型

资料来源：陈君子，周勇，刘大钧，等．中国宗教建筑遗产空间分布特征及影响因素研究［J］．干旱区资源与环境，2018，32（5）：84-89。

（八）非物质文化遗产旅游

非物质文化遗产是指各族人民世代相承、与群众生活密切相关的各种传统文化表现形式和文化空间。传统文化表现形式有民俗活动、表演艺术、传统知识和技能，以及与之相关的器具、实物、手工制品等；传统文化空间是指定期举行传统文化活动或集中展现传统文化表现形式的场所，兼具空间性和时间性。非物质文化遗产包括：①口头传统和表现形式，包括作为非物质文化遗产媒介的语言。②表演艺术。③社会实践、礼仪、节庆活动。④有关自然界和宇宙的民间传统知识和实践。⑤传统手工艺技能。[①] 非物质文化遗产的表现形式有民间文学、民间音乐、民间舞蹈、传统戏剧、曲艺、杂技与竞技、民间美术、民俗、传统医药、传统手工技艺等。非物质文化遗产是某个民族或区域的文化沉淀，饱含着人们的无限情感与生命感动，是传统而真实的文化再现与历史华彩（孙梦阳等，2012）。

丝绸之路经济带沿线国家和地区保留了大量的非物质文化遗产，这些世

① 中华人民共和国商务部．保护非物质文化遗产公约［EB/OL］．（2003-10-17）［2022-06-22］．中国保护知识产权网，http：//ipr. mofcom. gov. cn/zhuanti/law/conventions/other/ICH. html.

界级的非物质文化遗产是丝绸之路经济带沿线国际文明和智慧的结晶，是人类世界文化遗产的重要组成部分。

截至2019年12月底，联合国教科文组织非物质文化遗产名册中共有549项遗产，涉及127个国家和地区。丝绸之路经济带核心区域的哈萨克斯坦、吉尔吉斯斯坦、塔吉克斯坦、乌兹别克斯坦和土库曼斯坦与我国相邻，各国文化互联互通、互相影响。中国非物质文化遗产网公布的数据显示，哈萨克斯坦、吉尔吉斯斯坦、塔吉克斯坦、乌兹别克斯坦和土库曼斯坦分别有10项、9项、4项、8项、4项世界级非物质文化遗产（见表2－11）。“一带一路”倡议的提出为中亚各国与沿线国家的非物质文化交流提供了契机，充分体现了在文化遗产领域中亚国家正不断加强与沿线各国的务实合作。除此之外，在丝绸之路经济带的辐射区也有众多的非物质文化遗产，例如，意大利有12项非物质文化遗产入选人类非物质文化遗产名录，其中7项是意大利独有的非物质文化，5项是与其他国家联合申报的，这进一步促进丝绸之路经济带各国的非物质文化交流。

表2－11　丝绸之路沿线国家非物质文化遗产代表

国家	世界级非物质文化遗产数量/项	世界级非物质文化遗产代表
中国	33	西安鼓乐、昆曲、中国篆刻、中国书法等
哈萨克斯坦	10	冬不拉传统艺术、猎鹰训练术、哈萨克斯坦摔跤等
吉尔吉斯斯坦	9	史诗三部曲、传统马上游戏——叼羊、史诗弹唱阿肯艺术等
塔吉克斯坦	4	沙士木卡姆音乐、L’Oshi Palav、查坎：塔吉克斯坦刺绣艺术等
乌兹别克斯坦	8	博逊地区的文化空间、卡塔阿苏拉、帕洛夫文化传统等
土库曼斯坦	4	Gorogly史诗艺术、传统地毯制作艺术、库什特杰普季仪式歌舞等

资料来源：中国非物质文化遗产网。

我国非物质文化遗产分为联合国认定的世界级非物质文化遗产代表作名录和国务院评定的国家级非物质文化遗产及非物质文化遗产代表项目的继承人两类。自2004年加入《保护非物质文化遗产公约》以来，中国已是拥有世界级非物质文化遗产项目最多的国家。截至2019年12月底，我国被列入联合国教科文组织人类非物质文化遗产的总数达到40个，国家级的非物质文化遗产项目达到 1372 项。①

2019 年 11 月，第五届上海国际手造博览会邀请西班牙、德国、日本、法国、奥地利、英国等国的 20 余家国际展商，展示了刺绣、编织、造纸等国内外非物质文化遗产手工技艺 80 余项；“非遗扶贫”板块展示了予野文化、穆驰文化、陇川县买顺民族银器等 50 余项民族非物质文化遗产技艺，生动展示了传统工艺的精妙，实现了丝绸之路沿线各国文化的对接。甘肃省是中华文明的重要发祥地之一，彰显着中西文明交流成果，也是丝绸之路经济带的黄金地段。2020 年 4 月，甘肃省广播电视总台的非物质文化遗产保护和传承类电视栏目《丝路非遗》正式开播，将丝绸之路沿线的旅游、文化、经济融为一体，并通过专家解读、历史溯源，全方位、多角度地展示了甘肃省多姿多彩的民族文化，促进了丝绸之路经济带沿线非物质文化遗产的传播。

事实上，非物质文化遗产旅游一直是国际上比较有争议的话题，非物质文化遗产的保护是基础，传承才是最终目的。有学者呼吁只有保护非物质文化遗产，才能使非物质文化遗产得到较好的传承。非物质文化遗产的开发是一种保护手段，有学者认为，开发能使非物质文化遗产更好地传承；也有学者认为，保护性的开发才是非物质文化遗产传承的最佳方法。在丝绸之路经济带的沿线国家中，由于各国的发展水平参差不齐，各国对非物质文化遗产的保护程度不同，例如，中亚五国没有专门的非物质文化遗产保护法律，对非物质文化遗产的保护力度远远不够。

二、丝绸之路经济带文化旅游发展的主要特征

（一）文化与旅游融合趋势明显

2018 年 4 月 8 日，新组建的文化和旅游部正式挂牌，从组织和管理层面为推动丝绸之路经济带国内段文化和旅游产业融合发展提供了保障。谢霞等（2021）对丝绸之路经济带国内段沿线九省（区、市）2012—2018 年旅游产

---

① 文化和旅游部．中华人民共和国文化和旅游部 2018 年文化和旅游发展统计公报［EB/OL］.（2019 - 05 - 30）［2022 - 06 - 22］. 文化和旅游部网站，http：//zwgk. mct. gov. cn/zfxxgkml/tjxx/202012/t20201204_906482. html.

业与文化产业耦合协调的关系进行实证分析，并得出结论：旅游产业和文化产业耦合度呈现明显的波动上升趋势，逐步趋向于高水平耦合状态。随着我国旅游产业的飞速发展，旅游产业的规模和收益实现稳步增长，我国成为世界出境游和入境游的大国（见表2－12）。中国博大精深、源远流长的历史文化以及其表现形式成为我国旅游业飞速进步的强大动力。而随着我国文化产业的不断发展，城市文化产业价值得到了提升，2019年文化产业产值达到4.4万亿元，在整个国内生产总值中的比例已经超过4.5%。

表2－12　2013—2019年中国旅游产业规模

指标数据	2013年	2014年	2015年	2016年	2017年	2018年	2019年
入境旅游人数/亿人	1.29	1.28	1.34	1.38	1.39	1.41	1.45
国际旅游收入/亿美元	516.64	1053.80	1136.50	1200.00	1234.00	1271.00	1313.00
国内旅游人数/亿人	32.62	36.11	40.00	44.40	50.01	55.39	60.06
国内旅游收入/万亿元	2.63	3.03	3.42	3.94	4.57	5.13	5.73
总收入/万亿元	2.95	3.73	4.13	4.69	5.40	5.97	6.63

资料来源：国家统计局官网。

文化和旅游的融合趋势进一步加强，尤其在城市文化旅游产业发展方面，两者逐步走向更加深层的融合，并取得良好的经济效益。具体表现在以下四个方面：一是在全国范围内兴建了锦绣中华等能够代表我国传统文化和现代文化理念的主题公园。这些主题公园以城市为中心，代表我国区域独特的文化资源，能够吸引大批中外游客，培育壮大旅游产业新的经济增长点。二是构建以城市为中心的独特旅游城市目的地，如云南大理，倡导别具一格的民族风情旅游文化参与和传承，实现城市文化和旅游产业的深度融合，形成城市文化和旅游产业的生态循环市场效应。三是强调城市传统文化节日与旅游产业的融合，如蒙古族那达慕大会作为传统的城市文化节日，实现了旅游企业为消费者提供多元、个性化需求的新方式和新产品。四是通过城市文化创新建立一系列旅游表演品牌，如东北地区的刘老根大舞台等能够代表地域文化特点的旅游表演品牌，已经成为城市特色旅游新的经济增长点，在提升旅游产业效益的同时，对民俗文化起到了保护和传承的重要作用。综上所述，城市文化和旅游产业融合，能够更好地丰富旅游产品和市场，满足消费者多元化社会需求，为丝绸之路经济带国内段旅游产业结构性调整和可持续发展提供新的方向性指导。

（二）传统旅游业转型和升级为文化旅游，更加注重内涵发展

随着丝绸之路经济带沿线国家和地区旅游业的发展以及旅游者需求的升级，传统的旅游形式已无法满足旅游者的多元化需求，传统旅游产业营销模式也无法满足消费者的个性化需求，消费者关注深层次旅游城市文化性体验，旅游者更加追求精神内涵的提升。而文化旅游的产生，正好契合了广大旅游者的这一需求。丝绸之路经济带沿线城市具有丰富的文化资源、宽松的政治经济环境以及日益完善的交通设施，为丝绸之路经济带文化旅游产业的合作与发展提供了有利条件，这从丝绸之路经济带诸多沿线城市的旅游业发展历程中可以窥见一斑。众多文化旅游城市不断推出新的文化旅游产品，增加新的文化旅游线路，游客大多热衷于“精华游”而非“一日游”，旅游产品的开发向纵深发展。

（三）文化旅游产业集团发展步伐加快

随着我国文化旅游的发展，近几年来一批具有代表性的文化产业集团成为文化旅游产业的主力军，通过深度开发文化旅游产品拓宽了文化旅游产品的表现形式，中国文化产业集团、西安曲江文化产业集团、万达文化产业集团、华侨城集团公司、金典集团、宋城集团、无锡灵山文化旅游集团等大型文化旅游集团表现出强劲的发展势头，具有显著的发展特点：一是迅速成为地方旅游产业龙头；二是在地方文化旅游产业运作中采用先进的设计理念、新颖的产品形式以及富有吸引力的宣传手段；三是在地方文化旅游产业升级中起到重要的推动作用；四是通过对地方代表性文化旅游产品的成功打造，

使所在城市辖区不断扩大，不仅管辖城市中的多个景区（如曲江集团），而且同时负责多个城市的文化旅游产品运作（如宋城集团）。

（四）区域发展差异明显

我国文化旅游的发展呈现东部率先、中部崛起、西部开发的特征，这与旅游业以及区域经济发展的特征相吻合。东部城市凭借雄厚的经济基础，打造了较好的文化旅游产业基础环境，适时推出文化演艺等文化旅游产品，取得了良好的市场运作效果。部分中部城市文化产业发展迅速，为文化旅游的发展创造了较好的外部环境，同时带动了文化旅游业的发展，如长沙影视文化产业的飞速发展不仅使湖南卫视收视率位居全国前列，而且使长沙地区获得了较高的城市知名度，湖南的诸多旅游景区游客接待量大幅上升。相比之下，西部的大部分城市虽然拥有丰富的资源，但是由于经营理念、运作资本、管理模式、人才储备等方面较为落后，文化旅游发展也因此相对落后。在丝绸之路经济带沿线城市中，仅有西安、成都、昆明、广西等城市的文化旅游发展效果明显。

丝绸之路经济带涵盖范围广，是连接东西方的重要枢纽，沿线各区域文化旅游产业发展水平差异明显，该差异性主要体现在区域之间与国家之间。一方面为行政区之间的差异性。在国内体现为省（区）级、地市级、县（区）级之间的差异性。另一方面为国家之间的差异性。丝绸之路经济带沿线各国之间文化、制度等方面的差异性对文化旅游产业的发展起到重要的作用。

三、丝绸之路经济带我国城市经济发展的现实基础

（一）区域经济发展不均衡

丝绸之路经济带建设能够发挥沿线国家和地区经济来往的联动优势，但由于各国和地区之间的经济发展水平具有明显差异，丝绸之路经济带各区域之间经济发展不均衡。周晶、陈少炜（2020）采用社会网络分析方法，对丝绸之路经济带沿线国家经济水平及关系进行研究，结果表明：①中国、印度、俄罗斯在丝绸之路经济带中占据核心地位，但大多数国家间经济关联性普遍

较弱；②亚洲地区受丝绸之路经济带拉动较明显，是丝绸之路经济带中经济网络最为密集的区域，东非和西欧地区的经济网络则较为松散。

我国东部、中部、西部之间经济发展的不均衡由来已久，由政策倾斜、历史基础、资源分布等因素造成，东部地区经济水平较高，北京、上海、深圳等直辖市及大中城市的经济发展水平已经达到世界发达城市的经济发展水平，在基础设施建设、城市文化建设等方面的水平尤其较高。中部地区经济发展水平次之，但是也有武汉、长沙等城市经济发展水平与东部城市相近，且文化产业发展水平比较突出，如长沙的文化产业发展已经跃居全国较高水平。西部地区总体经济发展水平较低，但内蒙古、四川、新疆、西藏等西部省份拥有石油、天然气、煤炭、草场等丰富的物产资源和文化资源，尤其是以“植物王国”和“动物王国”著称的云南拥有丰富的物种资源。此外，西部是少数民族数量最多的地区，民族文化资源丰富，是我国物产资源最发达的地区，也是文化资源比较丰富的地区。具体情况见表 2－13、表 2－14、图 2－5。

表 2－13 2010—2020 年西部 11 个省会城市及直辖市 GDP 单位：亿元

城市	2010 年	2011 年	2012 年	2013 年	2014 年	2015 年	2016 年	2017 年	2018 年	2019 年	2020 年
成都	5551.33	6854.60	8138.90	9108.89	10056.60	10801.20	12170.20	13889.39	15342.77	17012.65	17716.70
重庆	7894.24	10011.13	11459.00	12656.69	14265.40	15719.72	17558.76	19500.27	20363.19	23605.77	25002.79
贵阳	1121.82	1383.07	1700.30	2085.42	2497.27	2891.16	3157.70	3537.96	3798.45	4039.60	4311.65
昆明	2120.37	2509.58	3011.14	3415.31	3712.99	3970.00	4300.43	4857.64	5206.90	6475.88	6733.79
拉萨	178.91	222.09	260.04	304.87	347.45	376.73	425.00	479.25	540.78	617.88	678.16
西安	3241.49	3864.21	4369.37	4884.13	5474.77	5810.03	6257.18	7469.85	8349.86	9321.19	10020.39
兰州	1100.39	1360.03	1564.41	1776.28	1913.50	2095.99	2264.23	2523.54	2732.94	2837.36	2886.74
西宁	628.28	770.70	851.09	978.53	1077.14	1131.62	1248.16	1284.91	1286.41	1327.80	1372.98
银川	763.26	974.79	1140.83	1273.49	1395.67	1480.73	1617.28	1803.17	1901.48	1896.79	1964.37
乌鲁木齐	1311.00	1700.00	2060.00	2400.00	2510.00	2680.00	2458.98	2743.82	3099.77	3413.26	3337.32
南宁	1800.43	2211.51	2503.55	2803.54	3148.30	3410.09	3703.39	4118.83	4162.40	4506.56	4726.34

资料来源：根据各城市 2010—2020 年国民经济和社会发展统计公报整理而得。

表 2－14　2010—2020 年东部省会城市 GDP　　单位：亿元

城市	2010 年	2011 年	2012 年	2013 年	2014 年	2015 年	2016 年	2017 年	2018 年	2019 年	2020 年
北京	13777.90	16000.40	17801.00	19500.60	21330.80	22968.60	24899.30	28000.40	30320.00	35371.30	36102.60
天津	9108.83	11190.99	12885.18	14370.16	15722.47	16538.19	17885.39	18595.38	18809.64	14104.28	14083.73
石家庄	3401.00	4082.60	4500.20	4863.66	5100.20	5440.60	5857.80	6460.90	6082.60	5809.90	5935.10
沈阳	5017.00	5914.90	6606.80	7158.60	7098.70	7280.50	5460.00	5865.00	6292.40	6470.30	6571.60
上海	16872.42	19195.69	20101.33	21602.12	23560.94	24964.99	27466.85	30133.86	32679.87	38155.32	38700.58
南京	5010.36	6145.52	7201.57	8011.78	8820.75	9720.77	10503.02	11715.10	12820.40	14030.15	14817.95
杭州	5945.82	7011.80	7803.98	8343.52	9201.16	10053.58	11050.49	12556.00	13509.00	15373.00	16106.00
福州	3068.21	3734.78	4218.29	4678.50	5169.16	5618.10	6197.77	7104.02	7856.81	9392.30	10020.02
济南	3910.80	4406.29	4812.68	5230.20	5770.60	6100.23	6536.10	7201.96	7856.56	9443.37	10140.90
广州	10604.48	12303.12	13551.21	15420.14	16706.87	18100.41	19610.94	21503.15	22859.35	23628.60	25019.11
海口	590.55	712.75	820.58	904.64	1005.51	1161.28	1257.67	1390.48	1510.51	1671.93	1791.58

资料来源：根据各城市 2010—2020 年国民经济和社会发展统计公报整理而得。

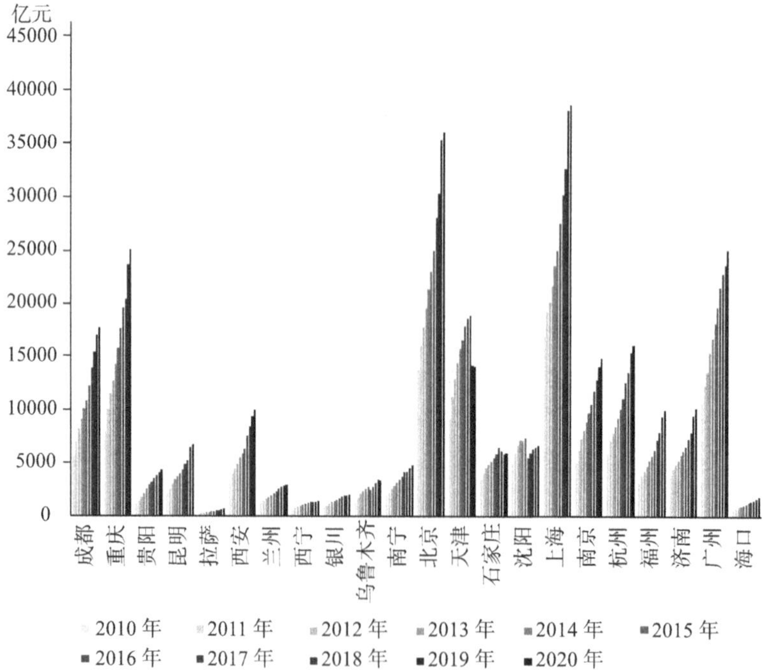

图 2－5　2010—2020 年东部、西部部分省会城市及直辖市 GDP 比较

（二）产业结构发展不均衡

长期以来，我国许多城市的发展都依赖第二产业，而制造业的繁荣能够带动房地产市场的需求，推动城市产业链的稳定畅通；部分城市第三产业发展迅速，而文化旅游业对传统产业结构转型具有一定的推动作用，调整第二产业和第三产业的关系，对城市消费市场具有很强的拉动作用。从世界先进城市的发展轨迹来看，提高第三产业的比重势在必行，是城市经济发展的必然趋势，也是促进城市经济发展的有效途径。第二产业对城市基础设施建设等硬性条件具有较好的提升作用，城市的总体发展水平必须考虑人文需求和软性条件的发展，第三产业发展的作用亦是如此。以丝绸之路经济带沿线城市为例，第一产业、第二产业、第三产业的结构大多不够合理，工业经济发展较快，投资较大，而第三产业所占比重较低，但呈现不断上升的趋势（见表 2－15）。

表 2－15　2015—2020 年西部省会城市三产比例

城市	2015 年	2016 年	2017 年	2018 年	2019 年	2020 年
成都	3.5:43.7:52.8	3.9:43.0:53.1	3.6:43.2:53.2	3.4:42.5:54.1	3.6:30.8:65.6	3.7:30.6:65.7
重庆	7.3:45.0:47.7	7.4:44.2:48.4	6.9:44.1:49.0	6.8:40.9:52.3	6.6:40.2:53.2	7.2:40.0:52.8
贵阳	4.5:38.3:57.2	4.3:38.6:57.1	4.2:38.8:57.0	4.0:37.2:58.8	4.0:37.0:59.0	4.1:36.0:59.9
昆明	4.7:40.0:55.3	4.7:38.6:56.7	4.3:38.4:57.3	4.3:39.1:56.6	4.2:32.1:63.7	4.6:31.2:64.2
拉萨	3.7:37.4:58.9	9.13:37.38:53.49	3.7:39.5:56.8	3.4:42.5:54.1	3.3:38.2:58.5	3.3:42.8:53.9
西安	3.8:37.3:58.9	3.7:35.1:61.2	3.8:34.7:61.5	3.1:35.0:61.9	3.0:34.0:63.0	3.1:33.2:63.7
兰州	2.68:37.34:59.98	2.67:34.89:62.44	2.44:34.94:62.62	1.57:34.32:64.11	1.82:33.32:64.86	1.99:32.33:65.68
西宁	3.3:48.0:48.7	3.2:47.7:49.1	3.3:43.3:53.4	3.6:36.4:60.0	3.47:35.78:60.75	4.16:30.50:65.34
银川	3.9:53.2:42.9	3.6:51.0:45.4	3.4:50.4:46.2	3.6:45.6:50.8	3.4:43.7:52.9	3.9:42.4:53.7
乌鲁木齐	1.2:29.4:69.4	1.1:28.7:70.2	1.1:30.2:68.7	0.8:30.6:68.6	0.8:26.6:72.6	0.8:27.2:72.0
南宁	10.86:39.46:49.68	10.82:38.54:50.64	9.8:38.8:51.4	10.5:30.4:59.1	11.2:23.2:65.6	11.3:22.9:65.8

资料来源：根据各城市 2015—2020 年国民经济和社会发展统计公报整理而得。

（三）资源依赖型城市发展迅速，但后劲不足

纵观我国诸多城市经济的发展轨迹可以发现，许多城市经济迅速增长的原因在于拥有丰富的煤、石油、天然气等物产资源，如典型的资源型城市内蒙古鄂尔多斯市、陕西省榆林市的城市发展进程都曾依托于自然资源实现了经济的快速增长，城市经济实力明显提升。但是，资源依赖型城市的资源在经过大量开采之后，随之而来的环境污染、地质失衡、地面沉降等问题严重阻碍了城市的发展。在诸多困境面前，城市发展道路的选择尤其重要，一些城市在资源枯竭后开始把发展焦点集中在文化旅游上。

（四）文化旅游对部分城市经济的拉动作用明显

在我国城市发展面临资源枯竭、生态环境破坏的困境时，作为一种对城市经济具有明显提升作用的绿色无污染产业，旅游业应得到大力发展，这一点成为许多城市管理者的共识。文化旅游作为较高层次的旅游活动，不仅增加了旅游业的收入，还对城市的经济发展具有重要的促进作用，比如，丽江、桂林、成都、长沙等城市旅游业收入增长速度远快于生产总值的增长速度，对城市 GDP 的贡献率远远超出 5%。因此，文化旅游的优势在于收效快、客源多、污染少，成为许多城市经济发展的支柱产业。

第三节　丝绸之路经济带文化旅游与城市经济协调发展的现实困境

目前，随着我国扩大消费需求政策导向的提出和居民多元化消费需求的增加，我国文化旅游的发展具备了良好的外部环境，并且取得了诸多成果，但是由于我国文化旅游发展的时间较短，发展过程中出现了很多问题，给文化旅游和城市经济的可持续发展带来了一定的影响。

一、文化旅游创新模式固定化

我国城市文化旅游产业发展的一个动力源泉就是技术和管理模式创新。

为满足日益多元化和个性化的消费者需求，旅游业通过自身的营销模式，挖掘城市文化中的相关元素，融入旅游业发展。通过分析我国文化旅游的实践，可以发现如下特点：一方面，文化旅游虽然具有非常丰富的形式，但是很多城市仍然以开发文化遗产资源为主，文化旅游的发展建立在文化遗产资源的基础上，大量游客涌入，生态环境遭到破坏，而且旅游经济的季节性较强，旅游旺季经济收入较高，旅游淡季则入不敷出；另一方面，许多城市意识到文化旅游创新的重要性，但是，从现状来看，大部分城市均以文化演艺项目作为增加城市旅游收入的主要手段。近几年来，我国各地兴起了开发文化旅游演艺项目的热潮，昆明、桂林、丽江、西安等均推出了重量级的旅游演艺项目，文化旅游的创新性呈现单一、重复的特征。从某种程度上看，由于缺乏政府资金支持和社会资本投入，城市文化旅游产品结构性创新和独特优势无法实现。

二、文化旅游产业链条可持续性建设不足

我国文化旅游产业发展的一大优势就在于，产业链条延伸壮大，创新性较强，可以不断创新产品链条，满足市场多元化需求，实现产业结构优化升级，构建城市文化和旅游经济协同发展体系。然而，在文化旅游产业链的可持续发展方面，目前还存在不少问题：一是没有明确各个产业链条的责任，实现产业链条的延伸拓展，城市文化和旅游产业上下游企业无法在一定范围和技术标准内实现优势功能的有效链接和扩展；某些城市在文化性投资建设过程中没有考虑长远可行的商业模式，从而导致吸引力不足，消费市场薄弱。例如，某些保护文物具有很高的文化价值和属性，但由于缺乏有效的商业模式营销推广，无法满足旅游消费者综合性多元化需求，使得消费者无法获得独特的体验。二是我国文化旅游产业过分强调经济效益，忽视城市文化的完整性、延伸性以及长远发展，导致出现文化雷同、伪文化登台、文化遗产资源保护不力等现象，致使我国文化旅游产业可持续发展面临新困难和新挑战，限制了我国旅游服务产业的良性循环发展和社会经济效益提高。

三、部分文化旅游区资源优势亟待挖掘

我国许多文化旅游区资源基础较好，但是缺乏开发规划、开发管理及运营经验，使得旅游发展处于低水平阶段，尤其是我国新疆、青海等地的文化旅游资源虽然较为丰富，但由于缺乏高水平开发，导致旅游资源开发方式单一、游客回头率低，旅游对区域经济的贡献较小。但是，专家认为，落后地区的旅游资源保护较好，这正是旅游开发和资源保护的悖论。比如，西藏大部分地区缺少必要的旅游基础设施，“如厕难”造成旅客“就地解决”，给游客和景点带来极大不便，也给西藏旅游城市形象带来不良影响，加强西藏旅游基础设施建设势在必行。因此，只有丰富旅游的内容和形式、开发创新旅游产品、完善旅游基础设施、深度挖掘文化旅游资源优势，才能使资源优势转化为经济优势。

四、文化旅游资源开发不当引发相关问题

当然，文化旅游业在发展过程中还存在文化旅游资源开发不够、规划不当所引发的诸多问题。如丽江古城在景区开发中商业化现象十分严重，将大量原有居民外迁，使得古城失去了原有的民族特色；华山景区曾经有一段时间游客拥堵、垃圾遍地，是旅游资源开发不当的典型。在短期内，旅游资源开发不当带来的影响可能无法显现，但是长期来看，文化旅游资源的开发不当不仅会破坏旅游资源，而且会导致游客满意度降低、游客减少，从而影响文化旅游区长期的经济效益。

第四节　丝绸之路经济带中国段旅游空间网络结构的现状

“一带一路”倡议的重点内容为“五通发展”，分别为政策沟通、设施联通、贸易畅通、资金融通、民心相通。交通基础设施为地区经济发展提供了物质基础，并为整个地区经济活动的顺利开展提供了便利，在一定程度上改善了

人们的生活。古丝绸之路的发展对中国古代经济起到了巨大的促进作用，并推动古丝绸之路地区间的经贸往来及发展繁荣。推进丝绸之路经济带建设是一项事关全局、影响深远的国家重大战略，是保障能源、资源供应，实施西部大开发和向西开放、构建全方位开放新格局的重大战略举措，而建设丝绸之路经济带铁路通道是增进政治互信、促进各国共同繁荣、经略周边、打破围堵的战略部署，具有保障国家能源、资源安全，推进西部大开发、向西开放战略实施的积极意义。本章将从设施联通、贸易畅通及文化旅游产业三个方面分析丝绸之路经济带的网络结构现状。

一、交通运输通道现状

交通运输是支撑城市活动的主要基础设施之一，同时也是影响区域经济发展和城市化的重要因素。近年来，我国大力加强基础设施建设，加强铁路、公路、航运等方面的投入力度，丝绸之路经济带沿线省份区域内已经初步形成由铁路、公路、航空和管道等多种运输方式构成的综合交通运输体系。丝绸之路经济带国内段贯穿陕西、甘肃、青海、宁夏、新疆五省区，“一带一路”倡议提出以后，各级政府纷纷响应号召，加大在交通、通信、能源等方面的设施建设。就公路方面来说，2014 年，陕西省公路里程为 16.71 万千米，比 2010 年增加约 2 万千米。2014 年，陕西、宁夏、甘肃、新疆、青海的公路密度分别达到了 81.20 千米/百平方千米、47.14 千米/百平方千米、30.44 千米/百平方千米、10.54 千米/百平方千米和 10.07 千米/百平方千米，各省份各旅游资源之间的联系更加便捷。

1. 铁路

随着“一带一路”建设的不断推进，丝绸之路经济带的铁路线也在不断发展，其中最主要的为中欧班列。目前，依托西伯利亚大陆桥和新亚欧大陆桥，西、中、东三条中欧班列运输通道初步形成。自 2011 年首次开行以来，中欧班列发展势头迅猛，辐射范围快速扩大，货物品类逐步拓展，开行质量大幅提高。截至 2016 年 6 月底，中欧班列累计开行 1881 列，其中回程 502 列，国内始发城市 16 个、境外到达城市 12 个，运行线达到 39 条，实现进出口贸易总额约170亿美元，中欧班列全程服务平台组建运行、服务范围逐步拓展、全程服务能力稳步提升。

中欧铁路通道主要由三条通道组成：西通道、中通道以及东通道。其中，西通道有三条路线：一是由新疆阿拉山口（霍尔果斯）口岸出境，经哈萨克斯坦与俄罗斯西伯利亚铁路相连，途经白俄罗斯、波兰、德国等，通达欧洲其他各国。二是由霍尔果斯（阿拉山口）口岸出境，经哈萨克斯坦、土库曼斯坦、伊朗、土耳其等国，通达欧洲各国；或经哈萨克斯坦跨里海，进入阿塞拜疆、格鲁吉亚、保加利亚等国，通达欧洲各国。三是由吐尔尕特（伊尔克什坦），与规划中的中吉乌铁路等连接，通向吉尔吉斯斯坦、乌兹别克斯坦、土库曼斯坦、伊朗、土耳其等国，通达欧洲各国。中通道由内蒙古二连浩特口岸出境，途经蒙古国与俄罗斯西伯利亚铁路相连，通达欧洲各国。东通道由内蒙古满洲里（黑龙江绥芬河）口岸出境，接入俄罗斯西伯利亚铁路，通达欧洲各国。此外，中欧班列通道不仅连通欧洲及沿线国家，而且连通东亚、东南亚及其他地区；不仅是铁路通道，而且是多式联运走廊。

丝绸之路经济带建设的快速推进，有助于加快沿线的经济建设与物流发展，对运输基础服务设施的规模及质量均提出较高要求。为适应区域间经济互动及资源互通的需求，各地应充分利用既有运输资源发展高速铁路物流。对丝绸之路经济带的陆桥通道高速铁路物流组织进行研究，不仅有助于充分发挥既有通道能力、实现运输效益最大化，还有助于积极应对高速铁路物流发展的市场需求，提高铁路物流市场竞争力。

2011年，中欧班列全年仅开行17列，年运送货物总值不足6亿美元，但到2018年，中欧班列开行累计突破10000列，年运送货物总值达到160亿美元，能够到达欧洲15个国家、43个城市，国内开行城市数达到48个，返程班列达到去程班列的69%。货物由最开始的电脑、手机等电子产品逐步扩大到服装鞋帽、粮食、葡萄酒、汽车及配件等生活必需品。

《中欧班列建设发展计划》对丝绸之路经济带沿线国家的发展起到了至关重要的作用。中欧铁路通道自中国向西延伸至欧洲，涉及的国家数量多，如俄罗斯、哈萨克斯坦、德国、波兰、意大利等。这些铁路线使中欧各国的货物通过铁路实现互联互通，相较于中欧班列开通之前，大大节约了运输时间及成本。表 2 – 16 为《中欧班列建设发展计划》以及相关资料中有关中欧班列运行的情况。

表 2 – 16　中欧班列运行表

序号	国内发（到）城市	边境口岸	境外到（发）城市
1	重庆	阿拉山口（霍尔果斯）	杜伊斯堡（德国）等
		满洲里	切尔克斯克（俄罗斯）、白俄罗斯等
2	郑州	阿拉山口（霍尔果斯）	汉堡（德国）等
		二连浩特	汉堡（德国）等
3	成都	阿拉山口（霍尔果斯）	罗兹（波兰）、米兰、鹿特丹（荷兰）等
4	武汉	阿拉山口（霍尔果斯）	帕尔杜比采（捷克）等
		阿拉山口（霍尔果斯）	汉堡（德国）等
		满洲里	托木斯克（俄罗斯）等
5	苏州	满洲里	华沙（波兰）、布列斯特（白俄罗斯）等
		阿拉山口（霍尔果斯）	多斯科特（哈萨克斯坦）、杜伊斯堡（德国）
6	义乌	阿拉山口（霍尔果斯）	马德里（西班牙）、莫斯科、伦敦、布拉格
7	沈阳	满洲里	汉堡（德国）等
8	长沙	满洲里	汉堡（德国）等
		二连浩特	蒙古国、俄罗斯、乌克兰、斯洛伐克等
9	兰州	阿拉山口（霍尔果斯）	汉堡（德国）、明克斯（白俄罗斯）等
10	北京—天津	二连浩特	乌兰巴托（蒙古国）等
11	连云港	阿拉山口（霍尔果斯）	阿拉木图（哈萨克斯坦）等
12	营口	满洲里	后贝加尔（俄罗斯）等
13	青岛	阿拉山口（霍尔果斯）	阿拉木图（哈萨克斯坦）等
14	乌鲁木齐	阿拉山口（霍尔果斯）	阿拉木图（哈萨克斯坦）等
15	西安	阿拉山口（霍尔果斯）	阿拉木图（哈萨克斯坦）等
16	合肥	阿拉山口（霍尔果斯）	阿拉木图（哈萨克斯坦）等
		满洲里	波兰、俄罗斯、德国、芬兰等
17	济南	阿拉山口（霍尔果斯）	阿拉木图（哈萨克斯坦）等
		满洲里	莫斯科

续表

序号	国内发（到）城市	边境口岸	境外到（发）城市
18	东莞	阿拉山口（霍尔果斯）	阿拉木图（哈萨克斯坦）等
19	广州	满洲里	俄罗斯
20	二连浩特		鹿特丹（荷兰）
21	厦门	阿拉山口（霍尔果斯）	罗兹（波兰）等
		满洲里	俄罗斯
22	库尔勒	阿拉山口（霍尔果斯）	杜伊斯堡（德国）等
23	太原	阿拉山口（霍尔果斯）	杜伊斯堡（德国）
24	南宁		阿拉木图（哈萨克斯坦）、河内（越南）等
25	哈尔滨	满洲里	比克良（俄罗斯）等
26	大连		布拉迪斯拉发（斯洛伐克）
27	银川	阿拉山口（霍尔果斯）	德黑兰（伊朗）等
28	宜昌	阿拉山口（霍尔果斯）	汉堡（德国）
29	赣州港	阿拉山口	比什凯克（吉尔吉斯斯坦）、达纳拉（瑞典）、马扎沙里夫（阿富汗）
30	格尔木	阿拉山口	彼尔姆（俄罗斯）
31	淄博		塔什干（乌兹别克斯坦）
32	西宁	阿拉山口（霍尔果斯）	安特卫普（比利时）
33	呼和浩特	阿拉山口（霍尔果斯）	德黑兰（伊朗）等
		二连浩特	乌兰巴托（蒙古国）等
34	天津	阿拉山口	阿拉木图（哈萨克斯坦）

除了中欧班列铁路线以外，目前我国还开通了“齐鲁号”欧亚班列等其他国际铁路线以连接中亚部分国家，这些铁路线也为丝绸之路经济带国家的贸易往来做出了贡献。表 2－17 为部分中亚班列运行表，直观地展示了班列运行情况。

表 2-17　中亚班列运行表

序号	始发地	途经地区	到达站
1	济南、青岛、淄博、临沂4地同步首发		莫斯科、塔什干、阿斯塔纳等"一带一路"沿线重要城市
2	开远（云南省）		越南海防
3	广州	广西凭祥口岸	越南河内
4	保定	喀什市（新疆）	中亚/南亚各国，辐射亚洲6个国家、14个铁路站点
5	昆明	老街、河内市	越南海防
6	广州	西藏	尼泊尔
7	兰州		阿拉木图（哈萨克斯坦）
8	徐州	霍尔果斯口岸	哈萨克斯坦、吉尔吉斯斯坦等中亚五国
9	银川	阿拉山口岸	阿拉木图（哈萨克斯坦）、乌兹别克斯坦等地区
10	奎屯（新疆）	阿拉山口岸	杜尚别（塔吉克斯坦）
11	南通	阿拉山口岸	海拉顿（阿富汗）
12	邢台		塔什干（乌兹别克斯坦）
13	青岛		哈萨克斯坦、乌兹别克斯坦等中亚国家
14	包头		阿斯塔纳（哈萨克斯坦）
15	义乌		扎里沙里夫（阿富汗）
16	乌鲁木齐		阿拉木图（哈萨克斯坦）

2. 公路

在国内段，截至2016年年底，公路里程达8000千米，东起连云港，西至乌鲁木齐、阿拉山口、霍尔果斯等重要城市，并延伸至中亚五国，新丝绸之路公路运输主干道已经基本形成。2015年以来，丝绸之路经济带沿线省份通过公路逐渐实现了联通与衔接。目前，甘肃通向周边内蒙古、宁夏、青海、四川等省区的高速公路网全部衔接贯通，新疆连接内外的高速公路网骨架也已经基本形成。

在国外段方面，2016年，哈萨克斯坦完成了"欧洲西部—中国西部"高速公路哈萨克斯坦境内工程建设。除此之外，东起中国新疆喀什、穿越吉尔吉斯斯坦南部城市奥什、西抵乌兹别克斯坦首都塔什干的中吉乌国际公路，全长950千米，是新疆塔里木盆地到中亚阿姆河流域的一条重要公路大通道，也是中国—中亚—西亚国际经济走廊的重要组成部分。2016年6月至2019年3月建成的公路情况见表2-18。

表2-18　2016年6月至2019年3月建成公路

序号	起始城市	途经地区/城市	终点国家/城市
1	喀什		巴基斯坦伊斯兰堡
2	连云港		俄罗斯圣彼得堡
3	霍尔果斯		哈萨克斯坦
4	喀什	吉尔吉斯斯坦南部城市奥什	乌兹别克斯坦首都塔什干
5	昆明		泰国曼谷
6	北京	河北、山西、内蒙古、甘肃	中国新疆

除了修建中国到境外国家的公路外，我国还援助丝绸之路经济带沿线其他国家修建公路，如由中国电力建设集团有限公司（中国电建）承建的北马其顿基切沃—奥赫里德高速公路，由中国葛洲坝集团承建的巴基斯坦E35高速公路第一、第二标段等，均帮助这些国家明显提高了基础设施水平，实现双方互利共赢。

3. 航线

截至2018年10月底，中国已与125个国家和地区签署了双边政府间航空运输协定，其中与“一带一路”沿线62个国家签订了双边政府间航空运输协定，与东盟签订了首个区域性的航空运输协定；与俄罗斯、亚美尼亚、印度尼西亚、柬埔寨、孟加拉国、以色列、蒙古国、马来西亚、埃及等沿线国家举行双边航空会谈，并扩大了航权安排。目前中国已与45个沿线国家实现直航，每周约有5100个航班。

2017年发布的《航线运力发展报告》显示，我国的航线可以覆盖“一带一路”沿线国家中的64个，本书将这些国家划分为东亚、东南亚、南亚、中亚、西亚北非、东欧区域，具体情况见表2-19。

表 2－19　我国航线覆盖国家

区域	国家
东亚 1 国	蒙古国
东南亚 11 国	新加坡、泰国、越南、马来西亚、印度尼西亚、菲律宾、缅甸、柬埔寨、文莱、老挝、东帝汶
南亚 8 国	印度、孟加拉国、巴基斯坦、斯里兰卡、尼泊尔、阿富汗、马尔代夫、不丹
中亚 5 国	哈萨克斯坦、乌兹别克斯坦、土库曼斯坦、吉尔吉斯斯坦、塔吉克斯坦
西亚北非 19 国	阿拉伯联合酋长国、沙特阿拉伯、土耳其、以色列、卡塔尔、埃及、科威特、伊拉克、伊朗、阿曼、巴林、约旦、阿塞拜疆、黎巴嫩、格鲁吉亚、也门、亚美尼亚、叙利亚、巴勒斯坦
东欧 20 国	俄罗斯、波兰、捷克、匈牙利、斯洛伐克、罗马尼亚、乌克兰、斯洛文尼亚、立陶宛、白俄罗斯、保加利亚、塞尔维亚、克罗地亚、爱沙尼亚、拉脱维亚、波黑、马其顿、阿尔巴尼亚、摩尔多瓦、黑山

二、贸易通道的网络结构现状

除了设施联通外，我国“一带一路”建设中提出的“五通”发展还有贸易畅通。2013 年 9 月，习近平总书记提出“丝绸之路经济带”这一概念，给中国的对外贸易活动带来了更多的机遇，贸易便利化使得各国之间交流更加快捷、高效，是创造新的经济增长点的前提和保障。贸易便利化水平的提升是丝绸之路经济带高效开展国际贸易活动，促进经济发展、文化交流的有力手段。鉴于丝绸之路经济带沿线国家众多，为了更好地了解中国对其他国家的贸易现状，本书选取中亚五国——哈萨克斯坦、乌兹别克斯坦、吉尔吉斯斯坦、塔吉克斯坦和土库曼斯坦进行分析。在扎实推进丝绸之路经济带建设的背景下，中国与中亚五国的经贸往来近年来大幅增加。中国与中亚五国有强大的经济和贸易互补性，双方的经济发展战略、能源战略、外交战略和安全策略都高度契合，尤其是地缘文化优势推动中国和中亚区域贸易合作日益紧密。

“一带一路”网站数据显示，截至 2018 年 9 月，中国与丝绸之路经济带沿线国家的进出口贸易总额超过 6 万亿美元，新签对外承包工程合同额超过 5000 亿美元，建设境外经贸合作区 82 个，对外直接投资超过 800 亿美元，上缴东道国税费累计 20.1 亿美元，为当地创造 24.4 万个就业岗位。由此可见，“贸易互通”对于中国及其他丝绸之路经济带沿线国家来说，是实现互利共赢的有效途径。2013—2017 年，中国与“一带一路”沿线国家进出口总额达 69756.23 亿美元，与相关国家贸易增速高于中国对外贸易整体增速，已经成为我国外贸加速回暖的重要力量。

由图 2－6 可知，中国从哈萨克斯坦进口总额在 2013 年达到最高，为 160 亿美元，随后逐年下降。进口额排第二位的为土库曼斯坦，在 2014 年达到最高，接近 100 亿美元。排第三位的为乌兹别克斯坦，但中国对乌兹别克斯坦的进口总额远远少于对哈萨克斯坦和土库曼斯坦的进口额，2013 年达到最高，接近 20 亿美元。中国对吉尔吉斯斯坦和塔吉克斯坦的贸易总额始终较少，从未超过 2 亿美元。

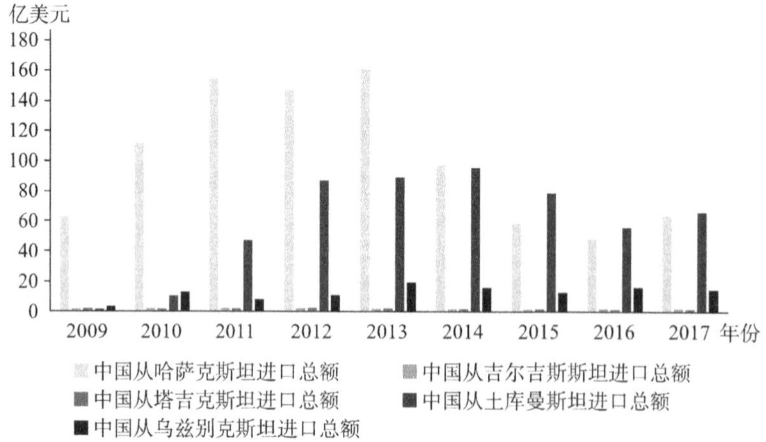

图 2－6　2009—2017 年中国从中亚五国进口贸易额

由图 2－7 可知，在中亚五国中，中国向哈萨克斯坦的出口总额最高，超过 120 亿美元，远远高于另外四个国家。出口额排在第二位的为吉尔吉斯斯坦，为 40 亿美元左右。第三位和第四位分别为乌兹别克斯坦和塔吉克斯坦，出口总额远远小于中国向哈萨克斯坦和吉尔吉斯斯坦的出口总额，约为 20 亿美元。最后一位是土库曼斯坦，出口额为 10 亿美元左右。此外，2009—2017 年，中国向哈萨克斯坦、乌兹别克斯坦的出口额均于 2014 年达到峰值。

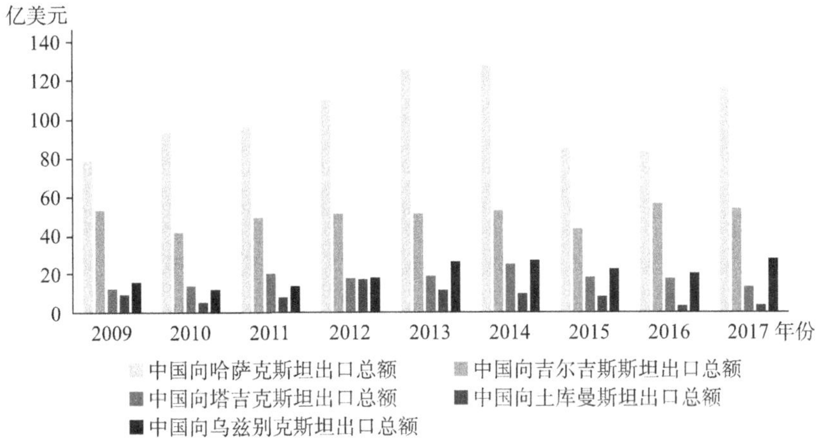

图 2－7 2009—2017 年中国向中亚五国出口贸易额

从发展现状来看，丝绸之路经济带沿线国家之间的合作互补性较强。其一，中亚地区的自然资源总量丰富，沿线国家的资源出口依赖度较高，这是未来加强协同合作的结合点；其二，除欧洲外的沿线国家基础设施较为落后，是阻碍沿线整体发展的重要因素，丝绸之路经济带建设进程中需要沿线国家协同合作，完善基础设施建设；其三，沿线国家间有着广泛而深刻的经贸联系，是各国进一步合作的现实需求。

三、文化旅游产业发展现状

丝绸之路经济带不仅是交通、贸易通道，也是加强文化交流的重要纽带。旅游业具有产业关联度大、衍生性强、文化延伸性好等特点，在加强贸易畅通、促进文化沟通、加强民间交往方面发挥着重要作用，因此旅游业被视为推进丝绸之路经济带经济建设的重要载体。从经济角度看，旅游业为区域经济发展做出巨大贡献，成为丝绸之路经济带沿线经济发展的重要组成部分；就文化角度而言，旅游业通过增强不同文化之间的文化认同，成为我国在新丝绸之路沿线国家中提升文化软实力的重要途径。因此，通过旅游发展促进丝绸之路经济带建设具有现实意义。

2017 年，中国与 29 个“一带一路”沿线国家实现了公民免签或落地签，并将范围扩展到西亚，又在“一带一路”国家设立 173 所孔子学院、184 个孔子课堂（科摩罗、缅甸、瓦努阿图、格林纳达、莱索托、库克群岛、安道尔、欧盟只设立孔子课堂，不设立孔子学院），在当地掀起了中文热。中华人民共和国文化和旅游部网站数据显示，2018 年外国人入境旅游人数和入境过夜旅游人数分别增长 4.7% 和 5.2%。其中，入境旅游人数达 14120 万人次，比 2017 年同期增长 1.2%。其中外国人入境旅游人数为 3054 万人次，增长 4.7%；香港同胞 7937 万人次，下降 0.5%；澳门同胞 2515 万人次，增长 2.0%；台湾同胞 614 万人次，增长 4.5%。入境旅游人数按照入境方式划分，分别为：船舶占比 3.3%、飞机占比 17.3%、火车占比 1.4%、汽车占比 22.3%、徒步占比 55.7%。入境过夜旅游人数达 6290 万人次，比 2017 年同期增长 3.6%。其中外国人 2364 万人次，增长 5.2%；香港同胞 2820 万人次，增长 1.6%；澳门同胞 553 万人次，增长 5.9%；台湾同胞 553 万人次，增长 4.5%。

由于中亚五国来华旅游人数较少，较难查阅到全面的数据，因此本书仅选取了丝绸之路经济带重要节点的欧洲六国数据进行分析。

由图 2－8 可以看出，2009—2017 年，俄罗斯来华旅游人数一直稳居欧洲来华人数第一名，远超其他国家，在 2011 年达到峰值，超过 250 万人次。第二名为德国，来华旅游人数一直在 50 万人次左右。第三名为法国，入境游客人次紧随德国，接近 50 万人次。第四至第六名分别为意大利、荷兰、瑞典，意大利入境游客数在 25 万人次左右，荷兰和瑞典来华旅游人数在 25 万人次以下。

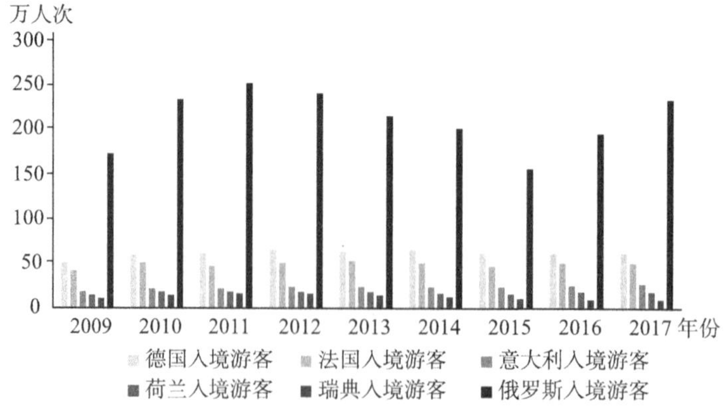

图 2－8　2009—2017 年欧洲六国来华旅游人数

第五节　丝绸之路经济带文化旅游与城市经济互动发展的历程

文化旅游作为促进城市经济增长的重要因素，对城市尤其是文化旅游城市的发展贡献越来越大。有的城市管理者忽视文化旅游的作用，偏重城市其他产业的发展，对文化旅游资源的利用和开发不充分，致使文化旅游对城市经济的促进作用没有得到充分发挥；有的管理者虽然意识到文化旅游发展能够促进城市经济增长等优点，对文化旅游资源进行过度开发，对旅游资源大肆进行破坏性和掠夺性开发，短期内提高了城市生产总值，但是却对城市的可持续发展构成较大威胁。总体来说，在时间维度上，我国文化旅游与城市经济发展经历了三个阶段：忽视开发、失衡发展，恶性循环、失调发展，良性互动、协调发展。当然，这三个发展阶段在空间维度上也有同时并存的现象，如有些城市处在第一阶段，有些城市处在第二阶段，而有些城市处在第三阶段。

一、忽视开发、失衡发展

许多文化旅游城市虽然拥有丰富的文化旅游资源，但城市管理者没有重视文化旅游的发展，而是偏重城市其他产业的发展。以内蒙古鄂尔多斯市为例，该市虽然拥有成吉思汗陵等旅游资源，但是城市管理者在很长的一段时间里并没有重视旅游资源的开发，使得该市的旅游一度处于初级开发的阶段，旅游设施和旅游服务都不到位；城市管理者一度过于重视房地产等产业，城市的产业结构不合理，第三产业所占比重较低，旅游开发和收入对于城市经济的贡献度不足。有的城市管理方法不当，文化旅游资源产品开发创新度不高、线路设计不合理等现象普遍存在，文化旅游对城市经济的促进作用没有得到充分发挥。例如呼和浩特市，虽然拥有丰富的草原文化旅游资源，但是在产品开发、线路设计、旅游环境、基础设施建设，以及旅游从业人员的培训和教育方面都没有达到应有的水准，所以旅游者的满意度较低，回头率也较低。

二、恶性循环、失调发展

在我国文化旅游城市的发展中，有的城市过于倚重旅游开发，城市经济的增长对文化旅游的开发依赖程度较大，城市产业结构单一，使得城市经济比较脆弱，一旦旅游业发展不利，城市经济就会处于崩盘的境地。旅游资源的过度开发和利用，虽然能够获得短期经济效益，但容易导致旅游环境资源的破坏，无法实现资源的可持续利用和发展，以及城市经济的长期发展，因此，许多文化旅游城市在城市生产总值总体排名中并不靠前。云南昆明、西藏拉萨等城市的发展就是佐证。

三、良性互动、协调发展

文化旅游与城市经济的良性互动、协调发展能够凸显文化旅游对城市经济的促进作用，同时可以兼顾文化旅游的可持续发展，因为合理的产业结构能够促进城市经济的发展。城市经济发展可以推动文化旅游的发展，为文化旅游的发展创造良好的外部环境，而文化旅游的发展又能给城市带来吸引力和发展机遇。总之，既不过度开发文化旅游资源，又不忽视文化旅游的作用，二者之间互相影响，良性互动，协调发展。

第六节　本章小结

本章以产权理论为基础，明确文化旅游资源分类及产权归属关系。由于可再生性资源具有可创造性以及再生性，可以交由市场运作；而不可再生性资源具有独一无二性和不可再生性，属于准公共物品的范畴，大多属于国家和政府，因此不能采取市场化运作模式。

本章以经济地理学的空间理论为基础，根据空间区域的特点，把文化旅游区域分为不可再生性资源区域和可再生性资源区域，在不同的区域内采取不同的开发和管理策略，为文化旅游和城市经济协调发展创造可能性。

文化旅游发展对城市经济发展具有正外部性，城市经济对文化旅游发展则既具有正外部性，又具有主动负外部性。因此，如何科学把控这种外部性，实现文化旅游和城市经济协调发展，十分考验城市管理者的智慧。

我国城市文化旅游的表现形式主要有文化遗产旅游、文化旅游创意园区、民族民俗文化旅游、红色文化旅游、影视旅游、旅游演艺业、宗教文化旅游、非物质文化遗产旅游。

我国城市文化旅游发展的主要特征表现为以下几个方面：文化与旅游融合趋势明显；传统旅游业正在转型和升级为文化旅游，更加注重内涵发展；文化旅游产业集团扩张步伐加快；区域发展差异明显。

我国城市经济发展的现实基础体现为以下几个方面：区域经济发展不均衡；产业结构发展不平衡；资源依赖型城市发展迅速，但后劲不足；文化旅游对部分城市经济的拉动作用明显。

文化旅游和城市经济协调发展的现实困境包括以下几个方面：城市文化旅游创新模式固定化；文化旅游产业链条可持续性建设不足；部分文化旅游区经济落后，资源优势亟待挖掘；文化旅游资源开发不当引发相关问题。

第三章　丝绸之路经济带文化旅游与城市经济协调发展的内在机制研究

本章主要探讨文化旅游与城市经济发展的核心内容，旨在解决以下问题：文化旅游与城市经济之间互相影响的内在机制是什么？文化旅游对城市经济作用的机制是什么？城市经济如何影响文化旅游的发展？二者之间相互作用的模式有哪些？以上问题的解决，为后文协调水平的定量测度奠定基础。

对于城市系统来说，文化旅游是城市经济的子系统，文化旅游可以被视为城市经济增长的内生变量，所以，文化旅游对城市经济增长的影响可以从增长效应、集聚效应角度来分析。从增长效应角度来看，增长效应分为正增长效应与负增长效应。正增长效应分为直接增长效应和间接增长效应，主要探讨 GDP 增长和就业增长；间接增长效应是指通过推动中间变量的增长促进城市经济增长。从集聚效应角度来看，集聚效应主要探讨文化旅游对城市空间布局的影响。而城市经济对文化旅游的影响，主要在于外部效应。外部效应是指该影响无法完全体现在市场价格上的现象，按照外部效应理论，外部效应可分为正外部效应和负外部效应。城市经济对文化旅游的正外部效应体现在基础设施建设、改善城市形象、居民文化素养的提升等方面；负外部效应主要是城市经济的快速发展对城市文化旅游资源的忽视开发或者掠夺式开发。文化旅游与城市经济的作用机制见图 3－1。

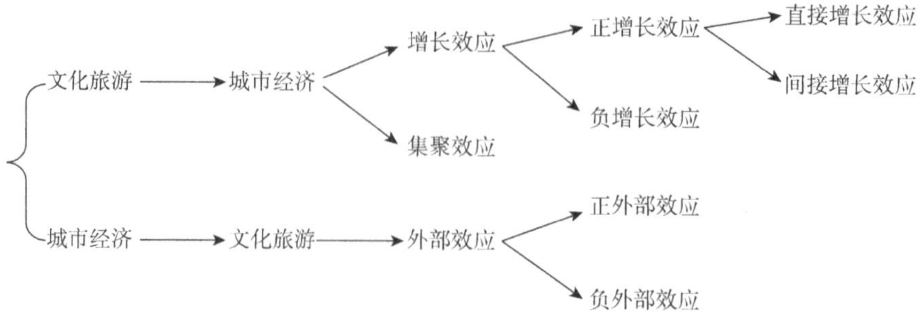

图 3－1　文化旅游与城市经济的作用机制

第一节 丝绸之路经济带文化旅游对城市经济的影响机制

根据古典经济学的定义，增长效应通常是指经济增长效应，是相关因素变化对经济增长率的影响，本书研究文化旅游产业对城市经济增长的影响，主要表现为文化旅游对城市经济增长数量和质量的影响。增长效应可以表现为直接增长效应，即直接作用于城市生产总值、就业数量、产业结构等，且可以从统计数据中观测得知。间接增长效应则无法通过直接观测得知，需要借助中间变量作用于城市经济。负增长效应是指文化旅游产业与城市经济呈反比例的增长关系，文化旅游产业会带来城市经济的负增长。文化旅游的发展对城市的经济乃至城市总体的发展都起着重要的作用，尤其对以旅游为支柱产业的城市来说，文化旅游在促进城市经济增长、就业提升、城市产业结构优化以及提升城市形象和居民素质方面作用非常明显。但是，如果城市经济太过依赖文化旅游产业，那么，城市将可能陷入“去工业化”和“荷兰病”的危机。①

一、直接增长效应

（一）促进城市生产总值增长

文化旅游产业的收入对于城市经济发展的首要作用在于它对城市生产总值增长的贡献。城市生产总值增长动力来自三大产业的综合贡献，第三产业比重的不断上升是城市经济快速增长且均衡发展的重要指标之一。旅游业是第三产业的重要组成部分，对文化旅游城市来说更是如此，文化旅游产业对城市生产总值的贡献非常重要。对于大中型文化旅游城市，其生产总值来源结构较为合理，三大产业均有相应比例的贡献；而对于许多中小文化旅游城

① 去工业化是指制造业比重逐年下降，该现象最早始于美国，其制造业劳动力占总劳动者的比例，自19世纪60年代以来逐年下降，随后日本、欧洲都出现该现象。“荷兰病”（the Dutch Disease）是指一国特别是中小国家经济的某一个初级产品部门异常繁荣而导致其他部门衰落的现象。

市，其旅游收入是城市生产总值收入的重要组成部分，甚至把旅游产业作为城市的主要支柱产业。旅游收入占生产总值比重超过5%，就可以认为旅游产业属于该城市的支柱产业之一。图3－2显示了2009—2019年西部6个文化旅游城市的旅游总收入占生产总值的比重，除了拉萨以外，其他5个城市的比重均在5%～40%波动，而拉萨的文化旅游总收入占生产总值比重均超过了20%，尤其在2016年，达到了77.82%。

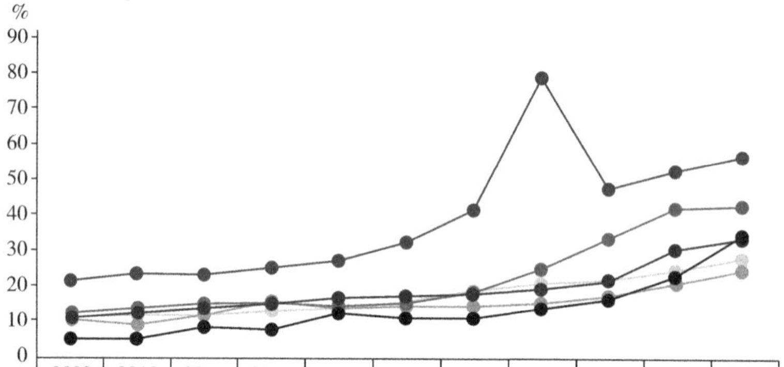

	2009	2010	2011	2012	2013	2014	2015	2016	2017	2018	2019
成都	11.13	10.88	11.75	12.90	14.61	16.53	18.88	20.61	21.85	24.20	27.41
重庆	11.32	9.02	12.62	15.21	14.47	14.04	14.32	15.06	16.96	21.33	24.31
昆明	12.51	13.43	14.63	14.17	15.10	16.56	18.22	24.96	33.12	41.87	42.21
拉萨	21.29	23.53	23.01	25.18	26.94	32.14	41.12	77.82	47.37	52.29	56.43
西安	10.93	12.49	13.72	14.98	16.61	17.35	18.48	19.40	21.87	30.60	33.75
乌鲁木齐	5.37	5.57	8.28	8.48	12.56	10.94	11.13	13.83	16.40	22.39	33.33

年份

图3－2　2009—2019年西部文化旅游城市旅游总收入占生产总值比重

资料来源：根据各城市2009—2019年国民经济和社会发展统计公报整理而得。

除了使用占生产总值比重测算指标外，文化旅游城市中旅游产业对城市生产总值增长的贡献可以用旅游产业贡献率来测算，计算公式为贡献率＝旅游产业的增量/国内生产总值（生产总值）的增量×100%。该指标用增量来准确测算年度生产总值增加量中旅游产业的贡献率。

表3－1、表3－2、表3－3分别显示了西部文化旅游城市成都、昆明、西安的旅游产业贡献率。旅游产业贡献率较大，大多在10%以上，这说明成都、昆明、西安城市经济的增长对于文化旅游产业的依赖度较高。

表 3-1　2010—2020 年成都旅游产业对城市经济的贡献率

年份	旅游产业增加值/亿元	生产总值增量/亿元	旅游产业贡献率/%
2010	102.22	1048.73	9.75
2011	202.10	1303.27	15.51
2012	244.30	1284.30	19.02
2013	279.88	969.99	28.85
2014	331.70	947.71	35.00
2015	377.83	744.60	50.74
2016	467.87	1369.00	34.18
2017	526.43	1719.19	30.62
2018	678.11	1453.38	46.66
2019	950.90	1669.88	56.94
2020	-1658.30	704.05	-235.44

资料来源：国家统计局。

表 3-2　2010—2020 年昆明旅游产业对城市经济的贡献率

年份	旅游产业增加值/亿元	生产总值增量/亿元	旅游产业贡献率/%
2010	58.47	311.72	18.76
2011	82.44	389.21	21.18
2012	59.43	501.56	11.85
2013	89.21	404.17	22.07
2014	98.88	297.68	33.22
2015	108.69	257.01	42.29
2016	350.07	330.43	105.94
2017	535.13	557.21	96.04
2018	571.42	349.26	163.61
2019	553.53	1268.98	43.62
2020	-833.04	257.91	-323.00

资料来源：国家统计局。

表 3-3　2010—2020 年西安旅游产业对城市经济的贡献率

年份	旅游产业增加值/亿元	生产总值增量/亿元	旅游产业贡献率/%
2010	107.78	522.59	20.62
2011	124.97	622.72	20.07
2012	124.24	505.16	24.59
2013	156.61	514.76	30.42
2014	139.00	590.64	23.53
2015	123.69	335.26	36.89
2016	140.12	447.15	31.34
2017	419.49	1212.67	34.59
2018	921.51	880.01	104.72
2019	591.24	971.33	60.87
2020	-1263.63	699.20	-180.73

资料来源：国家统计局。

旅游乘数可以用来测度旅游者的旅游消费支出对目的地经济的影响程度，以系数方式表示。按照组成部分划分，旅游乘数可以划分为：①交易或销售乘数；②产出乘数；③收入乘数；④就业乘数；⑤政府税收乘数。按照作用过程来划分，旅游乘数可以划分为：①直接效应阶段；②间接效应阶段；③诱导效应阶段。英国著名旅游经济学家阿彻尔（Archer，1982）把旅游乘数分成旅游交易乘数、旅游产出乘数、旅游收入乘数和旅游就业乘数四种类型。① 英国旅游经济学家 Bull（1995）测算出旅游乘数的计算公式为

$$K = \{MTR + MPS + (1 - MTR - MPS) \times MPM\}^{-1} \quad (3-1)$$

其中，*MTR* 为边际税收率，*MPS* 为边际储蓄倾向，*MPM* 为边际进口倾向。② 旅游收入的乘数效应见表 3-4。

① Archer B H. The value of multipliers and their policy implications [J]. Tourism Management, 1982, 3 (4): 236-241.

② Bull A. The Economics of Travel and Tourism [M]. Camberwell: Longman Australia Pty Ltd, 1995.

表 3-4 旅游收入的乘数效应

类型	作用方式
直接产出效应	旅游者完成旅游活动，购买的住宿、游览、购物、餐饮等旅游服务产品以及其他旅游商品
间接产出效应	旅游部门购买原材料、补充耗损及基础设施的维修以及支付相关部门的费用
诱导性产出效应	增加目的地居民和旅游业从业人员收入和就业机会，并刺激消费需求

资料来源：钟伟．旅游业扩张对城市经济增长的影响——理论模型与实证研究［D］．上海：华东师范大学，2013。

旅游乘数在各国的表现各不相同，这取决于所在国家的经济实力、产业结构等因素，可以表现为正效应（乘数大于1），也可以表现为负效应（乘数小于1）。但是，由于旅游产业本身的无边际性，加上统计口径的难以统一，目前，关于旅游乘数的定量分析还是比较鲜见的。

（二）对城市就业数量提升的贡献

旅游业是劳动密集型产业，旅游景区和景区外商业区需要大量的工作人员，旅游交通、旅游住宿等环节均提供了大量的就业机会。在我国，以旅行社、旅游景区、旅游住宿、农家乐、旅游院校等为产业基础的旅游业提供了7600余种岗位，约占全国就业总数的9.6%（邵琪伟，2010）。

近年来，随着文化旅游业的高速发展，文化旅游城市不断推出新的文化旅游演艺项目，旅游演艺项目的专兼职演职工作均是新的就业方式。对于某些旅游城市来说，旅游演艺项目集中了大部分当地居民参与演出。如广西桂林的《印象·刘三姐》，这部山水实景演出人员近千人，其中雇请农民演职人员400多人。这些演员白天务农或摆售旅游商品，晚上演出，年收入比较可观，可达4万元。

为了定量分析文化旅游的就业拉动作用，本书引入旅游就业乘数，因为它反映了旅游业对区域经济的就业拉动的作用。本书采用石培华（2003）的观点，旅游就业乘数为单位旅游消费所带来的间接就业人数与直接就业人数之比。统计口径采用WTTC（世界旅游及旅行理事会）的计算方法，即

WTTC 口径直接就业 = 旅游业 + 住宿和餐饮业 + 文化体育和娱乐业

WTTC 口径间接就业 = 原口径直接就业余额 - WTTC 口径直接就业 + 间接就业 = 批发和零售贸易业旅游就业 + 交通运输及仓储业旅游就业 + 间接旅游就业

张佰瑞① (2010) 测算了我国部分地区的旅游就业乘数，其中四川和陕西的旅游就业乘数为 5，即每增加一个单位的旅游消费，就会创造 5 个就业机会。以 2009 年为例，西安的旅游从业人数为 18701 人，占全市总就业人数的 17.65%；昆明为 17157 人，约占总就业人数的 28.5%；成都为 32800 人，约占总就业人数的 13.12%。

(三) 促进城市产业结构的优化

关于产业结构的经典论述，必须提到 Petty、Clerk 以及 Kuznets。早在 17 世纪末期，Petty 就认为，各国产业结构的不同会对国民收入产生不同的影响。在此基础上，Clerk (1940) 提出了经典的"配第—克拉克定理"，即随着工业化的不断深入，劳动力在产业间的分布呈现第一产业人数减少、第二产业和第三产业人数增加的格局。Kuznets (1985) 认为在整个工业化阶段，国民收入会逐渐由第一产业向第二产业、第三产业转移，直至第三产业比重超过第二产业；劳动力也是从第一产业向第二产业再到第三产业不断转移的过程。

产业经济的发展推动了狭义的产业结构理论的形成，该理论从"质"的角度分析产业间产业部门的不断调整，以及技术经济联系方式等的不同对产业结构的影响；从"量"的角度分析以产业间投入和产出比例的不同、技术方式的不同为主要内容的产业关联理论。

文化旅游对于城市产业结构的影响主要在于，提升第三产业的比重，提供大量就业岗位，优化城市产业结构。城市产业结构根据不同的标准有不同的划分方法，目前研究中较为常用的做法是将国民经济划分为第一产业、第二产业、第三产业。我国城市的产业结构经历了第一产业、第二产业比重缓慢下降，第三产业比重不断上升的过程。三产比重预示了城市的经济发展趋

① 张佰瑞．北京旅游就业效应和就业乘数分析［J］．北京社会科学，2010（1）：38－41.

势。国外发达国家的第三产业比重达到60%以上，我国东部城市的第三产业占生产总值的比重多数在50%以上，如上海，其第三产业比重在2014年达到了62.2%。与东部城市相比，丝绸之路经济带沿线城市的经济增速和总量相对落后，第三产业所占比重也相对较低。表3－5、图3－3列出了2010—2020年西安、成都、昆明第三产业占生产总值的比重。可以看出，2010—2020年，这三个城市的第三产业比重趋于上升，2020年，成都第三产业占生产总值的比重达到了65%以上，西安、昆明也达到了60%以上。

表3－5　2010—2020年西安、成都、昆明第三产业占生产总值的比重　单位：%

城市	2010年	2011年	2012年	2013年	2014年	2015年	2016年	2017年	2018年	2019年	2020年
西安	52.20	51.60	52.18	52.18	55.80	58.94	61.17	61.48	61.86	63.02	63.66
成都	50.17	49.36	49.15	50.22	50.96	52.81	53.11	53.21	54.12	65.57	65.72
昆明	49.01	48.40	48.93	49.86	50.72	55.25	56.73	57.26	56.59	63.73	64.13

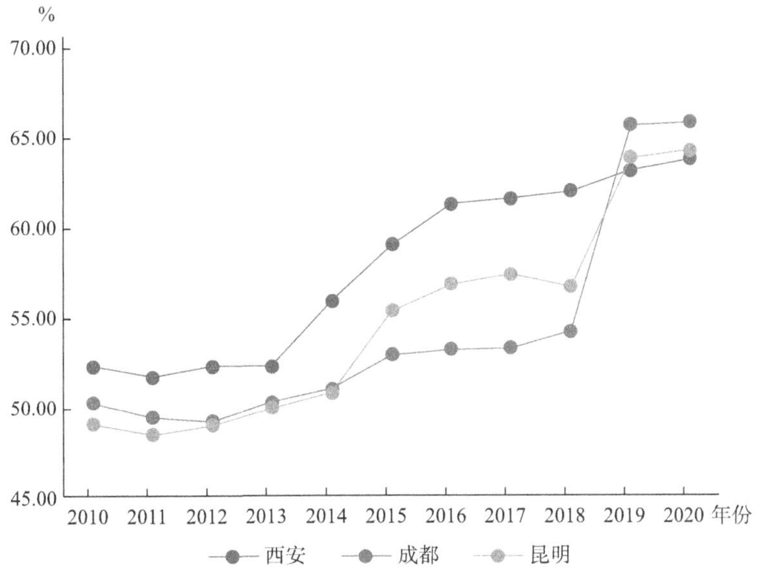

图3－3　2010—2020年西安、成都、昆明第三产业占生产总值的比重

资料来源：由2010—2020年西安、成都、昆明国民经济和社会发展统计公报整理而得。

作为第三产业重要组成部分，旅游业在我国经济发展的过程中起到重要的作用，旅游业对第三产业的贡献率逐年上升。以 2018 年为例，中国的旅游收入达到 59700 亿元，而第三产业的总收入为 469574.6 亿元，旅游收入占第三产业总收入的 12.71%。对于西部诸多城市来讲，旅游业的发展更是提升了城市第三产业的比重，很多城市的经济随着旅游业的发展而发展，文化旅游城市更不例外。表 3－6、图 3－4 显示了 2010—2020 年成都、昆明、西安的文化旅游产业贡献率。由于这期间的数据具有不规则分布性，此处采用平均数来衡量，成都、昆明、西安的年平均贡献率分别为 13.79%、44.57%、30.36%。

表 3－6　2010—2020 年成都、昆明、西安的旅游产业贡献率

年份	成都			昆明			西安		
	旅游收入增加值/亿元	第三产业增加值/亿元	贡献率/%	旅游收入增加值/亿元	第三产业增加值/亿元	贡献率/%	旅游收入增加值/亿元	第三产业增加值/亿元	贡献率/%
2010	102.22	552.30	18.51	58.47	169.24	34.55	107.78	231.95	46.47
2011	202.10	598.10	33.79	82.44	175.36	47.01	124.97	302.01	41.38
2012	244.30	616.90	39.60	59.43	258.93	22.95	124.24	286.08	43.43
2013	279.88	573.90	48.77	89.21	229.43	38.88	156.61	268.72	58.28
2014	331.70	550.50	60.25	98.88	180.47	54.79	139.00	506.14	27.46
2015	377.83	579.80	65.17	108.69	310.12	35.05	123.69	369.44	33.48
2016	467.87	758.80	61.66	350.07	245.94	142.34	140.12	402.97	34.77
2017	526.43	927.03	56.79	535.13	342.08	156.43	419.49	765.39	54.81
2018	678.11	913.66	74.22	571.42	165.18	345.94	921.51	572.78	160.88
2019	950.90	2851.87	33.34	553.53	1180.12	46.90	591.24	709.19	83.37
2020	－1658.30	487.14	－340.42	－833.04	191.67	－434.62	－1263.63	504.75	－250.35
平均			13.79			44.57			30.36

资料来源：由 2010—2020 年成都、昆明、西安国民经济和社会发展统计公报整理而得。

二、间接增长效应

（一）文化旅游发展改善城市形象，促进城市经济增长

我国城市的发展经历了从粗放式发展到精细化管理的过程，各大城市都

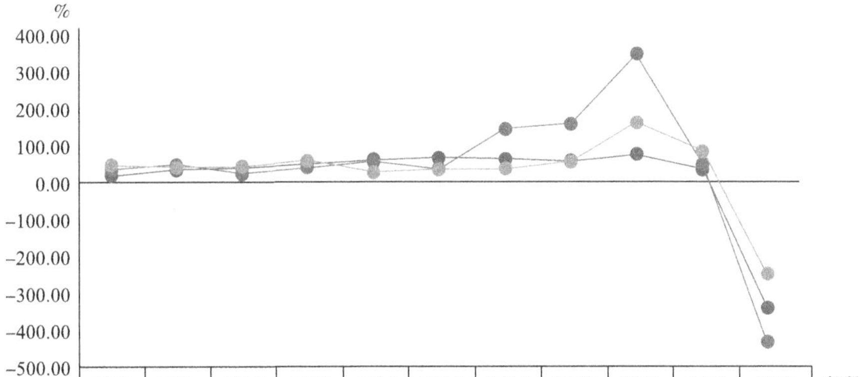

	2010	2011	2012	2013	2014	2015	2016	2017	2018	2019	2020
成都	18.51	33.79	39.60	48.77	60.25	65.17	61.66	56.79	74.22	33.34	-340.42
昆明	34.55	47.01	22.95	38.88	54.79	35.05	142.34	156.43	345.94	46.90	-434.62
西安	46.47	41.38	43.43	58.28	27.46	33.48	34.77	54.81	160.88	83.37	-250.35

图3-4　2010—2020年成都、昆明、西安的文化旅游产业贡献率

致力于城市精细化管理，城市形象的塑造是城市发展和管理的重要砝码，城市形象对于城市对外的影响力和吸引力以及对内的号召力和凝聚力都起到重要的作用。城市形象是城市特色的积淀，也是城市品位和历史文化的外显。城市形象的塑造是城市发展美化的途径，城市形象代表的是城市的特色，体现了该城市与其他城市的不同之处；城市形象的塑造与宣传通常通过城市的宣传来传达。城市形象是一种无形的生产力和竞争资本。

城市形象对于城市经济的作用虽然不是直接推动生产总值的增长，但对城市经济的间接推动作用是非常大的。城市经济的发展源于城市自身产业的发展以及外部投资的增加；城市形象可以有效地增加城市吸引力，吸引更多的外部投资，一个良好的城市形象是吸引世人关注的重要条件，也是增加外部投资信息的重要因素。可以说，城市形象对城市对外宣传力和吸引力的提升、外部投资的增加、城市经济的发展都起到正面促进作用。

文化旅游是旅游产业不断发展的产物，而城市形象也是城市不断发展的产物，文化旅游和城市形象对城市发展的促进作用是一致的。对于文化旅游城市来说，不同的文化旅游资源代表的是城市的不同特色，城市在提炼对外宣传口号时，都以文化资源特色为吸引点，比如，西安的对外宣传口号为“华夏故都，山水之城”和“丝绸之路起点”；成都的宣传口号为“休闲之都”；昆明的宣传口号为“昆明天天是春天”。城市的对外宣传口号是城市形象的总结和传播。

（二）城市居民对于文化多元性的接纳和吸收，有助于城市经济增长

文化旅游的发展带来了更多的外来文化，外来文化和本地文化的碰撞会促进城市本地居民对文化多元性的接纳和吸收。以丽江为例，在文化旅游发展的过程中，当地的纳西族对外来多元文化进行接纳和吸收，外地的旅游者以及从外地来丽江的旅游经营者均对当地纳西族和纳西文化产生了影响。如丽江古城的酒吧、客栈、咖啡屋、餐馆等经营场所都是多元文化交会的地点。同时，一个城市的文化旅游发展程度与该城市对外来文化的接纳程度一般是成正比的。一个城市越发达，对外来文化的包容性就越强，旅游城市也是如此。

同时，城市居民对多元文化的吸收和接纳，对于城市经济的作用也是不可低估的。城市经济的发展取决于经济、政治、文化、历史等多重因素，如经济发展基础、国家经济政治相关政策制度、历史积淀、文化竞争力等都会影响城市经济发展水平。城市居民对多元文化的吸收和接纳，更多的是带来城市文化竞争力的提升，世界上诸多发达城市的发展历程均验证了这一点。如纽约，从其历史进程来看，城市的历史基础薄弱，但是城市发展迅速，原因就在于，城市对多元性文化的接纳吸收和运用带来了多元性经济因素的刺激，这也是纽约短时间内迅速发展成为世界第一大都市的原因之一。

文化旅游城市在历史文化方面通常有深厚的历史积淀，城市居民在耳濡目染之下，文化素质自然提升。城市在发展文化旅游的过程中，注重文化产业的投入，加强电影产业和文化基础设施（如城市博物馆、群众艺术馆等）的建设以及文化的宣传，对城市文化演艺活动、文化节日等进行深度挖掘，对城市居民的文化品位具有较好的提升作用。

（三）改变生活方式，提升文化自信

从世界范围来看，文化旅游逐渐成为大众休闲生活的方式之一，从博物

馆、文化遗产到城市复兴，旅游不再是一种走马观花的行为，而是深入城市角落去感受城市的生活场景和风土人情，文化旅游更多地成为展示城市文化的重要平台。我国五千年的深厚文化底蕴造就了丰富的文化遗产资源，文化自信融入我们的血液，通过创造文化遗产衍生产品、打造文创产品、挖掘文化资源、打造经典的演艺作品等方式，全方位、多角度地展示中国文化特色，进而改变居民生活方式、提升文化自信，发挥文化旅游对城市经济的重要作用，促进城市经济发展。

三、负增长效应

关于文化旅游对于城市经济的正向促进作用，业界和学术界已经达成共识。但是，我国目前的研究关注点大多都集中于正向的影响，关注逆向抑制作用的研究较少。事实上，西方学者对旅游影响的研究较为全面，对文化旅游的影响研究涉及环境污染、资源破坏、旅游承载力、文化冲击等方面，对城市经济的“去工业化”和“荷兰病”等逆向作用研究也较为丰富。

许多城市过分依赖旅游业，出现“去工业化”和“荷兰病”。欧洲的很多国家如西班牙，由于文化旅游资源禀赋较好，城市的发展依赖旅游业的创汇，且城市发展的政策、资金等大量倾斜给旅游业，从而导致其他产业发展受到制约，造成了西班牙经济的长期滞后，从而备受“荷兰病”的困扰。中国的诸多城市也出现了此类问题，如三亚、丽江等城市经济以旅游业为支柱，推动了城市化的进程。相关资料显示，此类城市的旅游产业占该城市生产总值的比重达到50%以上，但是，旅游业的急速发展抑制了城市工业化的进程。城市旅游业发展而其他产业基础较弱，导致城市经济发展的敏感性较高、波动性较大。比如，2003 年中国暴发大规模的 SARS 病毒，许多旅游城市的旅游业产值急速下滑，导致城市经济受到较大影响。同时，城市工业发展提供的城市基础建设、城市环境保护以及城市人才建设等的发展速度也随之放慢。

四、集聚效应

集聚效应主要体现在文化旅游产业的集聚对城市布局的影响。产业集聚是指同一产业在城市的一定区域内高度集中，其本质是产业资本要素及与其关联的经济活动在空间范围内不断集中的过程。产业集聚问题的研究始于19世纪末，马歇尔在1890年开始关注产业集聚这一经济现象，并提出了两个重要的概念，即“内部经济”和“外部经济”。① 随后，产业集聚理论衍生出多家学说，形成了诸多学派，其中以韦伯的区位论、波特的钻石模型、熊彼特的创新论最具代表性。

我国的旅游产业集聚呈现两大特点：一方面，旅游产业集聚受政策影响较大；另一方面，旅游产业集聚以旅游景区（目的地）为核心产业。文化旅游产业的集聚区产生于旅游产业和文化产业的融合区域。2004年，文化部设立的国家文化产业示范基地、国家级文化产业示范园区以及文化产业试验园区都有力地促进了城市文化旅游的集聚。以西安曲江新区为例，该区充分依托陕西省和西安市“大文化、大旅游、大文物”的优势，以唐文化为主题打造文化产业示范园区，带动了西安市旅游业、文化产业和地产业的快速发展，迅速成为西安乃至全国文化产业发展的新亮点。从城市布局来看，由于经济发展较好、环境治理得当，曲江新区成为西安高档生活区的代表。曲江新区的发展从城南扩展到城东、从曲江核心区域扩展到新曲江区域，以核心区域的发展辐射带动了包括大明宫国家遗址公园、法门寺佛文化景区、曲江二期、临潼国家旅游休闲度假区、楼观台中国道文化展示区在内的拓展区域的发展，形成了文化产业全新发展格局。2010年，实现文化产业增加值75.9亿元，远超预期目标。2013年，曲江新区及其辐射区入区的文化企业达到1000家，从业人数达到10万人，文化产业年产值达到50亿元，成为中国文化产业发展第一极。② 国家级文化产业示范园区名单见表3-7。

---

① 产业聚集理论［EB/OL］.（2015-12-01）［2022-06-22］.MBA智库百科，https：//wiki.mbalib.com/wiki/%E4%BA%A7%E4%B8%9A%E8%81%9A%E9%9B%86%E7%90%86%E8%AE%BA.

② 曲江新区［EB/OL］.（2022-06-21）［2022-06-22］.百度百科，https：//baike.baidu.com/item/%E6%9B%B2%E6%B1%9F%E6%96%B0%E5%8C%BA/181451？fr=aladdin.

表 3－7　国家级文化产业示范园区名单

批次	名称	城市
第一批	西安曲江新区	西安
	华侨城集团公司	深圳
第二批	山东省曲阜新区文化产业园	曲阜
	辽宁省沈阳棋盘山开发区	沈阳
第三批	河南省开封宋都古城文化产业园区	开封
	上海市张江文化产业园区	上海
第四批	湖南省长沙天心文化产业园区	长沙
	四川省成都青羊绿舟文化产业园区	成都
第五批	安徽省蚌埠大禹文化产业园区	蚌埠
	甘肃省敦煌文化产业园区	敦煌

资料来源：百度百科。

第二节　丝绸之路经济带城市经济对文化旅游发展的影响机制

一、正外部效应

（一）基础设施建设提高旅游接待能力，奠定文化旅游发展的经济基础

城市经济的发展为旅游业发展奠定了良好的经济基础，在不考虑城市政策影响的前提下，城市的财政收入与城市旅游的基础设施建设应该呈正相关关系，城市经济发展较好的城市，其基础设施建设也较好，如城市道路、交通网络，以及酒店业的发展都比较好，基础设施的发展是旅游业发展的必要条件。

统计资料显示，我国高速铁路的快速发展、空中航线的不断增加以及高速公路的跨越式发展，极大地促进了我国旅游业的发展，改变了我国旅游交通格局，促进了区域合作发展，“改变了旅游者的出行方式”，促进了旅游产业升级等。

（二）公共服务建设改善城市形象，提升文化旅游吸引力

城市经济发展水平在一定程度上会促进城市公共服务的发展，同时，城市

的公共服务是检验城市发展程度的一个标准，城市发展越好，公共服务就越完善；城市的形象越好，城市的吸引力就越大。但是，城市经济和城市公共服务并不是协同发展的，因为公共服务的发展与城市的发展理念有密切的关系。

中国社会科学院发布的《公共服务蓝皮书：中国城市基本公共服务力评价（2019）》，发布了2017—2019年38个城市的基本公共服务满意度排名，西部文化旅游城市中，拉萨、重庆公共服务满意度排名靠前，乌鲁木齐、成都处于中等水平，昆明、西安的排名靠后（见表3－8、图3－5）。

表3－8　2017—2019年西部文化旅游城市基本公共服务排行榜

城市	2017年	2018年	2019年
	公共服务满意度排名	公共服务满意度排名	公共服务满意度排名
拉萨	7	1	2
成都	18	14	32
重庆	11	13	28
西安	23	38	38
昆明	24	30	20
乌鲁木齐	28	11	23

资料来源：《公共服务蓝皮书：中国城市基本公共服务力评价（2019）》。

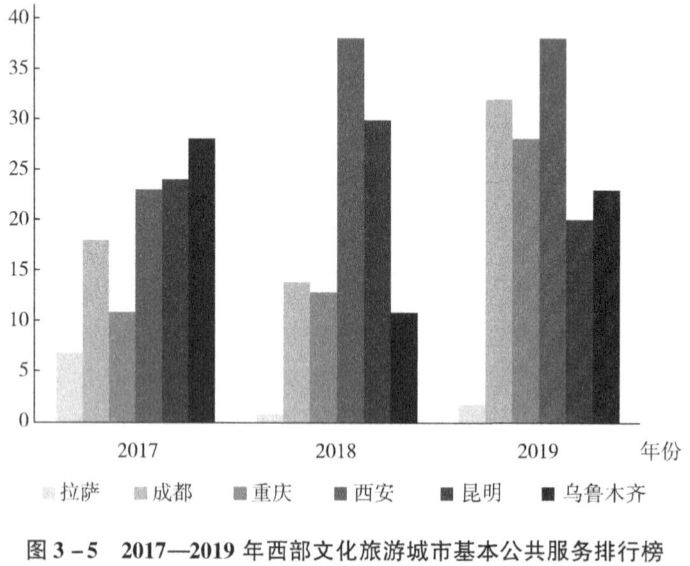

图3－5　2017—2019年西部文化旅游城市基本公共服务排行榜

（三）城市经济发展促进旅游教育，提升文化旅游从业人员的数量和质量

城市教育事业的发展，虽然离不开国家的政策倾斜，但仍以城市经济发展为基础，经济基础决定上层建筑，而教育属于上层建筑的范畴。城市经济的发展影响着城市教育的布局、结构、规模和层次。所以，在世界范围内，经济发达的城市，如伦敦、纽约、巴黎、北京等，其教育水平也是非常高的。旅游教育也不例外，城市经济的发展会为旅游教育奠定经济基础，并成为吸引旅游教育者的强大动力。在北京、上海、西安等文化旅游城市中，城市经济发展水平较高，城市对旅游教育的投入也较大，旅游教育水平较高。从丝绸之路经济带城市来看，在旅游教育的规模、层次等方面，西安胜于昆明，也远优于西藏等经济欠发达地区。

（四）城市经济发展促进居民文化旅游意识的提高

马斯洛需求层次理论解释了人的需求层次受经济发展水平、受教育程度、收入水平等社会因素的影响，是从低到高不断追求需求满足的过程。需求层次呈金字塔式，从低层到高层分别为生理需求、安全需求、社交需求、尊重需求以及自我实现需求。从需求层次呈现规律来看，城市经济较发达的地区，高级需求占主导；反之，城市经济欠发达的地区，低级需求占主导。

按照国际统计数据，游客的旅游需求产生的规律为：最初的旅游需求产生于人均收入达到 1000 美元后，而“大众旅游消费”在人均收入超过 2000 美元时产生；人均收入达到 3000 美元，旅游需求就会出现爆发式增长。国家统计局相关数据显示，我国的人均 GDP 在 2020 年年底已超过 1 万美元，加上国家推行“五一”“十一”黄金周及带薪度假等相关政策，国内游和出境游在一段时期内呈现“井喷式”增长。而文化旅游意识又是旅游意识和旅游实践不断发展的结果，我国的旅游发展历程从开始的观光旅游发展到现在的文化旅游，均是经济增长带动旅游业发展的明证。

（五）城市经济发展促进文化旅游服务模式的改变

在信息化飞速发展的今天，社会经济的发展正迈入大数据时代，这对传

统的文化旅游商业模式造成了巨大的冲击，传统的店面运营模式及面对面服务模式不再适应时代的要求，亟须向在线服务和网络运营模式转变。移动定位（Location Based Services，LBS）技术撬动了线下万亿元规模的传统零售和服务业。旅游行业是重头戏，在线旅行社（Online Travel Agent，OTA）模式将是旅游电子商务的主流和未来，在线旅游打开的窗口聚合消费者的需求，然后交给下游的旅行社、航空公司、酒店、渠道分销商等进行具体实施，让在线旅游的商业模式推陈出新。

在线预订服务最早出现在20世纪80年代，美国的在线预订酒店成为旅游业最早的践行者。随后，在线服务内容增多，微软旗下的Expedia发布了在线预订网站，可以提供机票、酒店和租车等在线服务；1998年“在线旅游王者”Priceline诞生；2001年美国六大主流航空公司中的五家联合发布了自己的OTA网站Orbitz；2004年Trip Advisor上线；2005年Home Away的租赁模式呈裂变式增长，在线旅游正式从萌芽期步入爆发期。我国首家提供国内酒店及机票在线服务搜索引擎的网站是2005年成立的去哪儿网，随后，马蜂窝旅游网、途牛旅游网等在线旅游平台异军突起。

在线服务模式是社会经济发展的产物，适应了旅游发展的需求，为文化旅游的服务模式、营销模式等带来颠覆性的变革，如何在当前时代的背景下实现城市文化旅游的发展，是亟待解决的难题。

二、负外部效应

城市经济的快速发展虽然能够促进文化旅游的发展，但也会带来许多问题。城市在加快文化旅游资源开发的过程中，受短期利益和工作业绩的驱动，难免不会对资源进行掠夺性开发。因此，在城市经济和文化旅游发展过程中，寻求一个适度的开发尺度，保持城市经济和文化旅游的永续利用和可持续发展才是根本。城市的综合实力是一个复杂的多元指标体系，城市经济的发展应追求多角度的发展进步。

同时，高度发达的城市经济，高楼林立、灯火璀璨的现代化都市气质，不可避免地会与城市的历史文化产生冲突，更有一些城市为了加快城市经济建设、推动城市改造而拆除城市中的古建筑，破坏城市历史文化的行为也时有发生。南京市在2006年的旧城改造中，将总面积达数十万平方米的5片历史街区，涉及40多条历史街巷、10多处文物保护单位、近千座历史院落纳入拆迁计划，让其为城市现代化改造让步，引起相关学者和建筑界、文物界、文艺界人士的强烈抗议。①

第三节　丝绸之路经济带影响文化旅游与城市经济发展的共同因素

一、国家政策

国家政策对文化旅游与城市经济发展的作用至关重要，关系着城市发展的定位和国家支持力度的大小，如东北振兴、中部崛起、西部大开发等国家战略均给三大区域的经济发展带来了巨大影响。在不同时期发展战略的引导下，国家经济政策对区域经济的发展影响巨大，国家通过宏观调控、财税体制改革等杠杆影响区域经济发展。从1999年国家实施“西部大开发”战略以来，西部经济实现了跨越式发展，西部地区的GDP由1998年的14647.38亿元增加到2008年的58256.58亿元，年均增长率为11.42%，高于全国9.64%的年均水平。②

我国文化旅游的全新发展，源于国家对文化产业的扶持以及对旅游产业的促进。从2009年开始，文化产业上升为国家战略性产业，国家通过颁布相关文化产业政策，助推了文化产业的发展和进步（见表3－9）。2010年，我国文化及相关产业法人单位增加值为11052亿元，占国内生产总值的比重为2.75%；2008—2010年，文化产业法人单位增加值年均增长24.2%，高于同

---

①　金羊网．南京古建筑在旧城改造中呻吟［EB/OL］．（2006－11－10）［2022－06－22］．金羊网，http：//www.ycwb.com/.

②　西北大学中国西部经济发展研究中心．西部蓝皮书：中国西部经济发展报告（2009）［M］．北京：社会科学文献出版社，2010.

期 GDP 年均增长速度近 1 倍（孙志军，2012）。

表 3－9　2009 年以来我国主要的文化产业政策

序号	文化产业政策	主要影响
1	2009 年，国务院通过《文化产业振兴规划》	文化产业上升为国家战略性产业
2	2010 年，中宣部、中国人民银行、财政部等九部委出台《关于金融支持文化产业振兴和发展繁荣的指导意见》	全方位引导加强对影视业、新闻出版业、文化艺术服务业、旅游文化服务业、会展业、动漫业、艺术设计和艺术经营业、文体用品制造业等重点发展领域的金融支持力度
3	2011 年，党的十七届六中全会审议通过《中共中央关于深化文化体制改革、推动社会主义文化大发展大繁荣若干重大问题的决定》	推动文化产业成为国民经济支柱性产业
4	2012 年，中共中央办公厅、国务院办公厅印发《国家“十二五”时期文化改革发展规划纲要》	推动文化产业快速发展
5	2012 年，文化部颁布《文化部“十二五”时期文化产业倍增计划》	随着扶持政策的细化落地，未来 10 年我国文化产业将迎来大发展的黄金 10 年
6	2014 年，文化部印发《国家文化产业示范基地管理办法》	明确文化产业集聚区的发展方向
7	2015 年，文化部发布《2015 年扶持成长型小微文化企业工作方案》	为中小文化企业的发展提供支持

资料来源：国家文化部网站相关资料。

国家对旅游业相关政策的颁布和调整极大地影响了我国旅游业的发展和调整，表 3－10 列出了我国 2000 年以来由国务院、建设部、国家旅游局等部门颁布的国家旅游政策，在不同程度上影响了我国旅游业的发展。如 2000 年国家实行“五一”和“十一”黄金周制度，促进了全国旅游业“井喷式”发展，全国的热门旅游区游客爆满，随之出现景区超负荷运转、景区资源破坏、环境污染等问题；随后，国家取消“五一”黄金周，实行小长假制度，在一定程度上限制了远程旅游人数的增长。国家从 2006 年开始实行主题旅游年，如“中国和谐乡村旅游年”（2007 年）、“智慧旅游年”（2014 年）、“中西文化和旅游年”（2023 年），促进了乡村旅游、文化旅游以及智慧旅游的发展。

2013年《中华人民共和国旅游法》的颁布，标志着我国旅游业进入规范化、法治化发展的新阶段。在出境游的流程和手续方面，签证手续不断简化、出境游目的地不断增加，大力促进了我国出境旅游市场的发展。

国家政策对文化旅游与城市经济发展的影响是根本性的，国家政策对经济发展的规制可以表现为制度、政策或者宏观调控手段，如价格杠杆、财税制度、宏观调控和市场自治相结合，这些都是促进经济发展的有力手段。

表3－10　2000年以来国家主要旅游政策及事件

年份	发布单位	政策名称或主要事件	主要影响
2000	国务院	“五一”“十一”小长假开始实行	两个黄金周，全国出游人数高达9000万人左右，国内旅游收入接近350亿元
2002	国务院	《中国公民出国旅游管理办法》	规范行动、保障权益
	中国旅游饭店业协会	《中国旅游饭店行业规范》	退房时间延长
2003	国家旅游局、商务部	《设立外商控股、外商独资旅行社暂行规定》	外资开始投资国内旅行社
2004	国务院	明确提出“优化旅游产业结构、提高旅游产业素质”的指导思想	对恢复和振兴中国旅游产业起到重要作用
2006	国家旅游局	“乡村游”成为2006年中国旅游主题	农家乐等产业成为乡村经济发展的新起点
	建设部	《关于严格限制在风景名胜区内进行影视拍摄等活动的通知》	各地区风景名胜区管理机构要严格禁止和限制在风景名胜区内进行影视拍摄和大型主题演艺活动；不得在风景名胜区内批准可能会影响或破坏地形地貌和自然环境的拍摄活动
	国务院	人民币对港币升值	赴港游更实惠
2007	国家旅游局	欧洲游新增27个国家	中国公民赴欧洲27个国家的出境游业务正式实施；业内人士表示，此举意味着欧洲已经加快向中国公民的因私“全面开放”进程

续表

年份	发布单位	政策名称或主要事件	主要影响
2008	国务院	《职工带薪年休假条例》《国务院关于修改〈全国年节及纪念日放假办法〉的决定》正式实施	促进国内游“井喷式”增长
		全国各博物馆逐步实现免费开放	文化遗产公共物品权归还民众
		《海峡两岸关于大陆居民赴台旅游协议》	促进大陆居民赴台湾旅游手续的简化
2009	国务院	《旅行社条例》	治理顽疾、行业洗牌
	南京以及其他城市	旅游消费券风行	以旅游券快速撬动大消费
	国家旅游局、天津市人民政府	首届中国旅游产业节召开	展示中国旅游产业和对外交流平台
2010	国家旅游局	第十届世界旅游旅行大会召开	与世界各国联合探讨旅游业的发展问题
2011	国家旅游局	“2011 中华文化游”正式启动	文化旅游产业蓬勃发展
		《中国旅游业“十二五”发展规划纲要》发布	为中国旅游业的发展指明方向
2012	国家旅游局	“2012 中国欢乐健康游”主题年	促进旅游新业态发展与产业升级
	国务院	高速公路免费助推最长黄金周	游客爆棚、景区问题凸显
		京广高铁、哈大高铁全线贯通	游客交通方式转变和时间节约
2013	国家旅游局	多个城市开始施行 72 小时过境免签	大连、沈阳获批 72 小时过境免签，加上之前的北京、上海、广州、成都、重庆，其时我国已有 7 个城市对入境旅游人次排名靠前的 45 个国家公民提供 72 小时过境免签政策
	国务院	政府减少“三公开支”	商旅市场迅速缩水
2014	国家旅游局	国家旅游局将 2014 年定为“智慧旅游年”	创业型公司成长、指导理论提升、政府平台搭建
2015	国务院	《中华人民共和国旅游法》颁布	使规范中国旅游市场、长期治理和管理有法可依

资料来源：中华人民共和国国家旅游局网站政务公开内容。

二、城市发展战略

城市发展战略，是关于城市近期、中期、远期发展的规划，包括城市功能布局、空间布局、产业集群、公共事业和社会事业、形象设计等方面的发展规划。城市发展战略由城市空间布局、城市发展方向、城市支柱产业发展策略等构成。城市发展战略、方针、政策是指导城市持续健康发展、把握城市发展大局与方向的总体纲领，与城市的发展阶段相适应，并随着城市的发展不断进行调整。西部典型城市的发展战略见表3－11。

表3－11　西部典型城市的发展战略

城市	城市规划	城市发展目标
成都	《成都市社会经济发展“九五”计划和2010年远景规划》	建设历史文化鲜明的生态园林城市
	《成都市人民政府关于实施基本农田保护规划的决定》	
	《成都市城市总体规划》（1981—2000年）	
	《成都市城市总体规划》（1995—2020年）	
西安	《关中—天水经济区发展规划》，西安建成国际化大都市	建设国际旅游城市；营造最佳创业环境，建设科技创新城市及环境优美的生态宜居城市
	西安城市总体规划（2008—2020年）概要	
	“大西安”规划讨论稿——《大西安总体规划空间发展战略研究》	
	《西安建设丝绸之路经济带（新起点）战略规划》	
	《西安欧亚经济论坛综合园区发展规划》	
昆明	《昆明市城市总体规划（2011—2020）》	与东南亚交流的枢纽；我国著名旅游城市
	《昆明城市区域发展战略研究与远景规划》	

资料来源：成都、西安、昆明的政务公开网。

我国的城市发展战略是关于城市的经济、社会、人文以及城市布局的总体规划。城市发展规划的合理性对城市发展的影响是至关重要的，这要求当地城市管理者有长远的眼光，坚持城市可持续发展的理念。

城市发展战略的制定对城市经济和文化旅游的发展起着宏观调控的作用，尤其对城市发展格局、城市产业布局等影响较大。同时，城市发展规划中对文化遗产资源的开发利用和保护政策也影响着城市文化旅游的发展，城市开发是否让位于文物保护、文物保护是否让位于城市开发，均取决于国家和地方政府的发展战略。

三、城市历史文化基础

城市的历史文化基础影响城市发展的格局和城市发展的特色。同时，城市的历史文化提供了城市的文化旅游资源。文化是城市的灵魂，如四川盆地的巴蜀文化造就了开放兼容的旅游休闲文化，汉唐文化为西安注入了自信慷慨的都城文化。历史文化底蕴是城市经济发展的基础条件，如都江堰水利工程成就了成都“天府之国”的美誉，上海的海派文化为上海国际化大都市的形成奠定了基础。

历史是城市的“根”，文化是城市的“魂”。城市的历史文化基础是城市经济发展的重要基础，现在很多大中城市都有悠久而独特的历史，如北京是元明清时期重要的都城，上海是历史上有名的国际大都市，可见城市历史文化是城市发展的基础。历史上著名的都城、交通枢纽城市至今大部分仍发展良好，如北京、西安、上海、杭州、成都等。历史文化从经济、社会、文化等方面影响着城市的发展（见图3－6）。

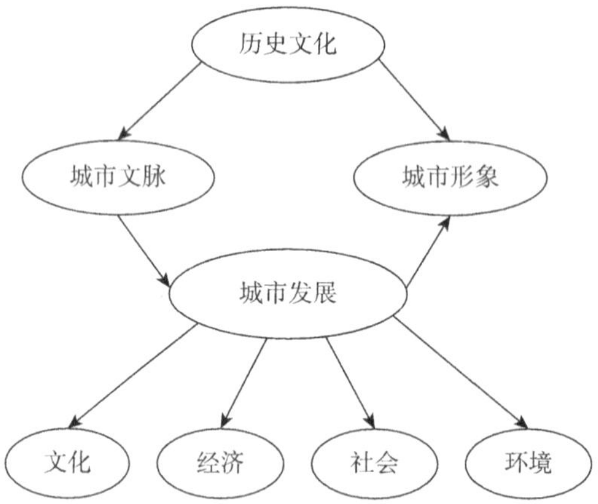

图3－6　历史文化和城市发展关系

此外，城市历史文化的传承也是评价城市管理者管理水平的一个重要指标，而城市管理是城市经济社会发展的重要组成部分，是城市化和建设现代化城市的重要保障。再者，城市的历史文化遗产是“城市名片”和城市风貌的重要组成部分，在保护的基础上，历史文化遗产的挖掘和运用可以对城市发展水平产生积极影响，如成都对宽窄巷子、锦里古镇等历史文化资源的挖掘就是这方面的典范。

四、城市区位条件

区位条件对经济活动的发展十分重要，对城市发展来说尤为如此。Christaller（1933）是旅游中心地理论的倡导者，他认为，基础设施、道路交通、自然条件以及经济发展程度等旅游空间组织的要素都会对旅游目的地产生影响。旅游区的区位状况在很大程度上直接影响该地区在宏观区域旅游业发展中的地位和作用，以及宏观区域旅游开发的时序、水平、结构和组织等（要铁丽等，2002）。

区位条件对一个城市发展的影响体现在生产要素的流动和城市文化的形成。如香港的地理位置给香港提供了便利的海上交通运输条件，并形成了独特的港口文化；西北内陆地区交通不便，资源、产品、劳动力等生产要素的流动不畅，西部地区历史上经济发展缓慢的主要原因也在于此。西安是西北五省区的桥头堡，所以在生产要素流动中起到主要的作用，西北五省区的文化元素在西安体现得比较突出。

第四节　丝绸之路经济带文化旅游与城市经济发展相互作用的模式

本章前三节明确了文化旅游与城市经济的相互影响。概括来说，文化旅游与城市经济的相互作用模式可以概括为三种，即文化旅游推动城市经济发展、城市经济发展推动文化旅游发展以及文化旅游渗透于城市经济发展。

一、文化旅游推动城市经济发展

文化旅游推动城市经济发展的模式最为典型。在城市发展之初，旅游业的发展起到了主要的带动作用，旅游业的发展促进了城市交通业、住宿业、娱乐业以及金融等相关产业的发展。城市经济在发展初期，第一产业、第二产业所占的比重较小，而旅游产业对城市生产总值的贡献比较大。旅游业的不断发展，带来了城市知名度的提升，从而带动了城市其他产业投资的注入；旅游业拉动了城市基础设施建设、公共服务建设、医疗卫生条件的改善以及就业人数的增加。我国的很多优秀旅游城市，如丽江、桂林、三亚等城市，在城市发展初期，都有大量旅游者不断涌入，促进了旅游设施、接待条件的改善，从而促进了城市经济的不断发展。

二、城市经济发展推动文化旅游发展

城市经济发展推动文化旅游发展的模式在我国城市中较为多见。城市经济的发展及城市本身拥有深厚的文化基础或丰富的文化旅游资源，促进了城市旅游人口的增加，城市经济在发展的同时，促进了文化旅游的不断发展。

三、文化旅游渗透于城市经济发展

文化旅游渗透于城市经济发展的模式，是指文化旅游与城市经济发展同步进行，在发展过程中，旅游业对城市生产总值的贡献与其他产业的贡献相当，城市经济的发展不仅依赖于旅游业的发展，也依赖于其他产业的发展。城市经济发展的同时，文化旅游也在发展，城市经济发展的等级与文化旅游资源的等级相匹配。文化旅游与城市经济互动发展、互相促进，即城市经济的发展与其旅游业发展的等级相协调，旅游业的发展与文化旅游资源的等级相匹配。文化旅游与城市经济相互影响的模式见图 3－7。

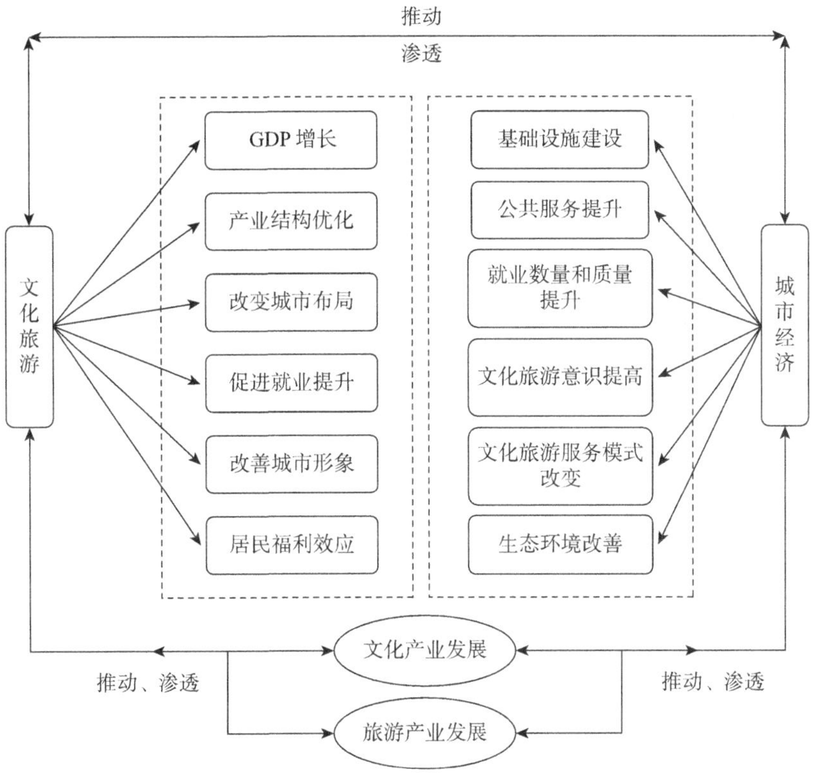

图 3－7　文化旅游与城市经济相互影响的模式

第五节　丝绸之路经济带文化旅游与城市经济相互作用的定量验证

一、文化旅游与城市经济相互作用的测量视角和方法

（一）文化旅游与城市经济相互作用的测量视角

文化旅游与城市经济的相互影响，首先表现为旅游对城市经济的影响。综合国内外的研究文献，有学者从人类学、社会学和管理学角度研究旅游对城市的综合影响；有的研究聚焦于旅游对城市经济的影响，并以经济学为理论基础，对旅游的产业融合、产业集聚、产业辐射等进行分析；关于文化旅

游对城市经济影响的研究比较少，多见文化旅游对城市的综合影响，一般从城市形象、城市环境、城市文化资本等角度进行研究。

学术界对文化旅游与城市经济相互影响的研究比较缺乏，这是因为文化旅游的相关概念界定不清晰，文化旅游产业的外延和内涵均无法确定。本书通过借鉴前期研究成果，在确定文化旅游概念以及文化旅游城市、文化旅游产业的基础上，把研究视角集中在两者相互影响关系的验证上，即二者之间到底是否相互影响、相互影响的程度有多大、二者之间是否存在因果关系和长期影响的互动关系。通过对以上问题的回答，来证明二者之间存在相互影响的关系，并为后续二者协调度的测量奠定理论基础。

（二）文化旅游与城市经济相互作用的测量方法

研究旅游对于城市经济增长的贡献，从发展的进程来看，评价方法先后有旅游乘数效应、①投入产出模型（Input-Output，IO）及一般均衡模型（Computable General Equilibrium，CGE），分别是20世纪70年代、80年代、90年代研究方法不断完善的产物。投入产出模型评价法是西方经济学中常用的分析方法，在本研究中，将游客消费的最终需求转化为对就业、个人收入、税收以及增加值的直接影响，并利用产业之间的供给与需求关系计算出直接影响所产生的间接影响（保继刚，2010）。一般均衡模型评价法自20世纪90年代以来得到大量运用，是为解决市场价格变动与宏观经济活动的时滞性问题而提出的宏观经济模型。旅游一般均衡模型评价法依赖于完善的国民核算体系，因而在美国和澳大利亚等国家运用较好（宋涛等，2008）。我国在旅游卫星账户方面的研究并不完善，所以对一般均衡模型评价法的运用难度较大。

影响因素分析方法有很多种，有时间序列数据分析中的格兰杰因果检验（Granger）、面板数据分析方法（Panel Data）、因子分析法（Factor Analysis）以及结构方程模型（Structural Equation Modeling）等。因子分析法是建立在SPSS统计软件基础上的数据分析方法，数据统计结果及分析结果较为单一，

① 马西森（Mathieson）和沃尔（Wall）于1982年提出了“旅游乘数”概念。

无法满足较高的数据统计要求。结构方程模型大多用来分析微观经济体中的影响因素，不适用于对宏观经济中的影响因素分析。此外，数理统计中的回归分析法、方差分析法、主成分分析法等都可以用来进行系统分析，但存在诸多不足：需要大量数据，数据不足则难以找出统计规律；样本必须符合典型的概率分布规律，且各因素数据与系统特征数据之间必须呈线性关系，各因素之间彼此无关联。但是在实践中，这种要求往往难以满足，原因有如下几点：计算量大，一般要借助计算机；可能出现量化结果与定性分析不符的情况，导致系统的关系和规律受到歪曲和颠倒。本节运用格兰杰因果关系检验方法来分析两个系统是否具有因果关系，如果结果通过检验，则测度停止；如果结果不通过，则运用面板数据分析方法进一步验证二者是否具有长期互动影响关系。

二、文化旅游与城市经济相互作用的格兰杰因果检验

本书对文化旅游与城市经济两个系统进行因果关系检验，运用计量经济学中常用的格兰杰因果关系模型进行检验。本部分采用 EViews 8.0 软件，从时间序列和面板数据两个角度进行格兰杰因果检验。面板数据检验建立在时间序列格兰杰检验不通过的情况下。

（一）理论分析与研究假设

格兰杰因果关系模型是由诺贝尔经济学奖获得者克莱夫·格兰杰（Granger，1969）提出的，是计量经济学中用来测度因素间因果关系的模型，即“欲判断 X 是否引起 Y，则考察 Y 的当前值在多大程度上可以由 Y 的过去值解释，然后考察加入 X 的滞后期是否能改善解释程度。如果 X 的滞后值有助于改善 Y 的解释程度，则认为 X 是 Y 的格兰杰原因”。格兰杰模型对分析时间序列数据以及两个或多个因素之间的因果关系具有一定的优势，相对于其他分析方法来说，其建立在大量时间序列数据的基础上，且依赖于计算机分析软件，所以计算结果更准确、分析更科学、验证更合理。本书的文化旅游与城市经济的互相影响关系，便借鉴格兰杰因果分析的方法。

（二）研究方法与统计数据选取

由于文化旅游概念具有不确定性，文化旅游产业的统计数据获取比较困难，并且由于统计原因，旅游产业的许多相关数据收集较难。本节的研究选取文化旅游景区和文化旅游产业占较大比重的城市为研究对象，并选取这些城市的旅游产业收入和城市生产总值收入作为研究变量。

本书对文化旅游与城市经济之间的因果关系进行格兰杰因果关系检验，借助计量经济学的分析软件 EViews 8.0 进行时间序列的数据分析，鉴于西安在文化旅游发展方面的代表性和统计数据的可获取性，本章对西安 2001—2020 年的旅游收入（*TR*，作为自变量，标记为 *X*）和城市经济收入（*GDP*，作为因变量，标记为 *Y*）进行格兰杰因果检验，以期探求文化旅游与城市经济互相影响的规律。具体过程如下：

1. 平稳性检验

如果一个时间序列的均值或自协方差函数随时间而改变，那么这个序列就是非序列，如果非平稳时间序列 X_i 经过 d 次差分达到平稳，则称其为 d 阶单整序列，记作 $I(d)$，其中，d 表示单整阶数，是序列包含的单位根个数（易丹辉，2008）。单位根检验一般先从水平（Level）序列开始检验，如存在单位根，则进行一阶差分；如仍存在单位根，则进行二阶差分；以此类推。时间序列的平稳性检验是通过 ADF 检验进行的，即估计回归方程：

$$\Delta Y_t = Y_t - Y_{t-1} = \alpha + \beta_t + (\rho - 1)Y_{t-1} + \sum_{j=1}^{p} \lambda_j \Delta Y_{t-j} + u_t \qquad (3-2)$$

其中，Y_t 为原始时间序列，t 为时间趋势项，Y_{t-1} 为滞后 1 期的原始时间序列，ΔY_t 为一阶差分时间序列，ΔY_{t-j} 为滞后 j 期的一阶差分时间序列，α 为常数，β_t、ρ、λ_j 为回归系数，p 为滞后阶数，u_t 为误差项。

2. 协整检验

易丹辉（2008）认为，协整反映了变量之间长期稳定的比例关系。协整的前提是同阶单整。若单位根检验的结果是同阶单整，那么可以进行协整检验；若单位根检验的结果是不同阶单整，则要对序列进行差分或取对数变换，从而成为同阶单整。由于样本数目有限，Johansen 协整检验的检验势较低，需要结合 Pedroni 检验和 Kao 检验来保证数据的可靠性。如果三个检验都通过，则可以对原方程进行回归（苏良军等，2006）。

本书采用 EG 两步法进行协整检验：

对同阶单整的序列 X_t 和 Y_t，用一个变量对另一个变量进行回归，即

$$Y_t = \alpha + \beta X_t + \varepsilon_t \tag{3-3}$$

将模型的残差项用 X_t 和 Y_t 表示：

$$\varepsilon_t = Y_t - \alpha - \beta X_t \tag{3-4}$$

其中，ε_t 为模型残差估计值。对式（3－3）中的残差项 ε_t 进行 ADF 检验，若检验结果表明 ε_t 为平稳序列，则得出 X_t 和 Y_t 具有协整关系，式（3－3）为协整回归方程。

3. 格兰杰因果检验

格兰杰因果模型设计为

$$Y_t = \sum_{i=1}^{m} \alpha_i X_{t-i} + \sum_{i=1}^{m} \beta_i Y_{t-i} + \mu_{1t} \tag{3-5}$$

$$X_t = \sum_{i=1}^{m} \lambda_i Y_{t-i} + \sum_{i=1}^{m} \delta_i X_{t-i} + \mu_{2t} \tag{3-6}$$

其中，X_t、Y_t 为 X、Y 原始时间序列当期值；X_{t-i}、Y_{t-i}为 X、Y 原始时间序列滞后 i 期的值；α_i、β_i、λ_i、δ_i 为回归系数；μ_{1t}、μ_{2t}为误差项。

将当前的 Y 对所有的滞后项 Y 以及其他变量（如果存在）做回归，即 Y 对 Y 的滞后项 Y_t，Y_{t-1}，Y_{t-2}，…，Y_{t-q}及其他变量的回归，但在这一回归中没有把滞后项 X 包括进来，因为这是一个受约束的回归。最后从该回归得到受约束的残差平方和 RSSR。

做一个含有滞后项 X 的回归，即在前面的回归式中加入滞后项 X，因为这是一个无约束的回归，由此回归得到无约束的残差平方和 RSSUR。

零假设是 H_0：$\alpha_1 = \alpha_2 = \cdots = \alpha_q = 0$，即滞后项 X 不属于此回归。

为了检验此假设，用 F 进行检验，即

$$F = \frac{(RSSR - RSSUR)/q}{RSSUR/(n-k)} \tag{3-7}$$

式（3－7）遵循自由度为 q 和 $n-k$ 的 F 分布。在这里，n 是样本容量，q

等于滞后项 X 的个数，即有约束回归方程中待估参数的个数，k 是无约束回归方程中待估参数的个数。

在选定的显著性水平 α 上计算 F 值，若超过临界 F_{α} 值，则拒绝零假设，这样滞后 X 项就属于此回归，这表明 X 是 Y 的格兰杰原因。同样，为了检验 Y 是否为 X 的格兰杰原因，可将变量 Y 与 X 进行替换，并重复以上步骤。

Granger 关于因果关系的定义是建立在 X 和 Y 都是稳定序列即零阶单整的基础上的，若 X 和 Y 不是稳定序列，则无法用 Granger 方法检验序列之间的因果关系；若 X 和 Y 为一阶单整且在不存在协整的情况下，因果关系可以通过一阶差分模型的标准 F 检验来确定，即可以通过一阶差分形式的 Granger 方法来检验变量间的因果关系，见式（3－8）、式（3－9）。

$$Y_t = \sum_{i=1}^{m} \alpha_i \Delta X_{t-i} + \sum_{i=1}^{m} \beta_i \Delta Y_{t-i} + \mu_{1t} \tag{3-8}$$

$$X_t = \sum_{i=1}^{m} \lambda_i \Delta Y_{t-i} + \sum_{i=1}^{m} \delta_i \Delta X_{t-i} + \mu_{2t} \tag{3-9}$$

（三）数据来源

本书的数据来自 2001—2020 年《西安统计年鉴》、2001—2020 年《西安国民经济和社会发展统计公报》以及 2001—2020 年《中国旅游统计年鉴》、国家旅游局官方网站、国家统计局官方网站；对于无法查阅到的数据，本书在借鉴已有年份数据的基础上，采取了加权平均法对指标进行赋值。

（四）结果分析

通过对 X 和 Y 两个时间序列的稳定性 ADF 检验，进行格兰杰因果检验，本书得到的具体统计结果见表 3－12。

表 3－12　格兰杰因果分析结果

原假设	观测值个数	F 统计量	P 值
Y 不是 X 的格兰杰原因	18	22.6504	0.0412
X 不是 Y 的格兰杰原因		1.94541	0.1823

从表 3－12 中可以看出，在小于 5% 的概率下，拒绝了原假设为“Y 不是 X 的格兰杰原因”，即“Y 是 X 的格兰杰原因”，说明城市经济是文化旅游发

展的格兰杰原因。在概率大于5%的情况下，接受原假设为“X不是Y的格兰杰原因”，即文化旅游不是城市经济发展的格兰杰原因。本书选取西安单个城市的时间序列数据并不能很好地检验文化旅游与城市经济的互动影响关系，所以仍需进一步运用面板数据对二者的互相影响关系进行验证。

三、文化旅游与城市经济的面板数据检验

（一）计量模型构建

在经济增长的三阶段理论中，新古典增长理论认为，经济增长的三要素是劳动、技术、资本，即在经济增长的不稳定阶段，三要素共同作用于经济增长，但是在经济增长的稳定阶段，外生变量技术进步带来的影响较大。

$$Y = AK^{\alpha}L^{\beta} \tag{3-10}$$

其中，Y为生产函数，K为资本存量，A为其他影响因素，L为劳动力投入，α和β是弹性系数且$\alpha+\beta=1$。该模型也适用于旅游业，根据旅游业的运行模式，此处改造模型为

$$Y = AK^{\alpha}L^{\beta}T^{\gamma} \tag{3-11}$$

其中，T为旅游业投入变量，γ为弹性系数。该模型用于分析文化旅游业对于经济增长的影响是可行的，但由于此处仅研究文化旅游和经济增长的互动影响关系，并未关注二者具体的影响数量、影响系数、影响程度以及最后形成的回归方程，因此将方程简化处理，假定固定资产和人力资本投入处于不变的状态，所以模型可以改写为

$$Y = AT^{\gamma} \tag{3-12}$$

考虑数据的经济学意义，为了消除异方差性，该模型取对数形式：

$$\ln Y = \ln A + \gamma \ln T \tag{3-13}$$

将该模型引入本书案例，可以改造为两种模型，其中，经济增长变量由该城市的GDP表示，旅游变量由文化旅游城市的旅游收入TR表示。第一章界定了文化旅游城市和文化旅游产业的概念，所以此处选取文化旅游城市的旅游总收入来分析文化旅游和城市经济的互动影响的做法是可行的。

以GDP为因变量，考察文化旅游城市的旅游收入对于经济增长的影响：

$$\ln GDP_{it} = C_i + b_i \ln TR_{it} + U_{it} \tag{3-14}$$

以 TR 为因变量，考察该城市经济增长对于文化旅游城市的旅游收入的影响：

$$\ln TR_{it} = C_i + b_i \ln GDP_{it} + U_{it} \tag{3-15}$$

本书的假设：文化旅游城市的旅游增长和城市经济处于互动影响的关系中。

（二）研究样本的选择

本书选择的样本是东部、中部、西部的 12 个文化旅游城市的经济增长变量和旅游增长变量，东部有北京、上海、南京、杭州 4 个城市，中部有武汉、长沙 2 个城市，西部有成都、重庆、昆明、拉萨、西安、乌鲁木齐 6 个城市。选取这 12 个城市作为研究样本，是基于以下 3 个方面的考虑：①在这 12 个城市中，北京、上海、南京、杭州、武汉、长沙、重庆和成都在全国城市经济发展排名中靠前，且在文化旅游发展中极具代表性和典型性；昆明、拉萨、西安、乌鲁木齐的经济增长排名虽然靠后，但均为文化旅游大市。②这 12 个城市均为中部、东部、西部的省会城市及直辖市，与其他非省会城市及非直辖市相比，经济发展和文化旅游发展的统计数据更容易获得，且研究文献较为丰富，城市发展特点和轨迹较容易掌握。③这 12 个城市可以代表文化旅游和城市经济互相影响的三种模式。

（三）面板数据的平稳性检验

对面板数据单位根进行检验时，应考虑三种因素，即截距项、时间趋势、异方差和序列相关等情形。为了简化计算，此处只采取相同根单位根检验 LLC（Levin-Lin-Chu）检验和不同根单位根检验 ADF-Fisher 检验，如果在两种检验中均拒绝存在单位根的原假设，则说明此序列是平稳的，反之则说明不平稳。单位根检验结果统计见表 3 - 13。

表 3 - 13　单位根检验结果统计

	LLC	IPS	ADF - Fisher	PP - Fisher
ln*GDP*	-3.78379	0.83253	26.7012	64.9717
P	0.0001	0.7483	0.3172	0.0000
ln*GDP*（1）	-9.75779	-4.72717	67.8575	73.7216

续表

	LLC	IPS	ADF – Fisher	PP – Fisher
P	0.0000	0.0000	0.0000	0.0000
lnTR	0.10491	4.62568	14.5349	28.5235
P	0.5431	1.0000	0.9636	0.2262
lnTR（1）	–14.1552	–6.72024	84.7107	92.2037
P	0.0000	0.0000	0.0000	0.0000

东部、中部、西部12个文化旅游城市旅游收入的自然对数lnTR的单位根检验数据P值均大于0.05，不能拒绝原假设，即该序列存在单位根，数据是非平稳状态；通过取一阶差分，单位根检验数据P值均小于0.05，说明序列不存在单位根，该序列处于平稳状态，可以进行协整分析。同时，东部、中部、西部12个文化旅游城市经济收入lnGDP自然对数的单位根检验数据IPS、ADF-Fisher的P值均大于0.05，不能拒绝原假设，即该序列存在单位根，数据是非平稳状态；通过取一阶差分，单位根检验数据的P值均小于0.05，说明序列不存在单位根，该序列处于平稳状态（一阶单整），可以进行协整分析。

（四）模型选择

由于面板数据包含时间和截面二维数据，数据模型的选择直接影响研究的准确性。面板数据包括变系数模型、固定效应变截距模型以及混合回归模型。文化旅游与城市经济面板数据模型互动影响模型设定见表3–14。

表3–14　文化旅游与城市经济面板数据模型互动影响模型设定

模型名称	模型形式	说明
变系数模型	$\ln GDP_{it} = C_i + b_i \ln TR_{it} + u_{it}$　（3–16）	GDP_{it}表示第i个文化旅游城市第t个年份的城市经济发展指标；TR_{it}表示第i个文化旅游城市第t个年份的旅游发展指标
	$\ln TR_{it} = C_i + b_i \ln GDP_{it} + u_{it}$　（3–17）	
固定效应变截距模型	$\ln GDP_{it} = C_i + b \ln TR_{it} + u_{it}$　（3–18）	
	$\ln TR_{it} = C_i + b \ln GDP_{it} + u_{it}$　（3–19）	
混合回归模型	$\ln GDP_{it} = C + b \ln TR_{it} + u_{it}$　（3–20）	
	$\ln TR_{it} = C + b \ln GDP_{it} + u_{it}$　（3–21）	

资料来源：朱海燕．旅游产业融合模式研究［D］．西安：西北大学，2014。

F 统计量可以用来判断样本符合哪种模型，即

$$F_2=\frac{(S_3-S_1)/(N-1)(K+1)}{S_1/[NT-N(K+1)]} \tag{3-16}$$

$$F_1=\frac{(S_2-S_1)/(N-1)K}{S_1/[NT-N(K+1)]} \tag{3-17}$$

式（3-16）、式（3-17）中，S_1 表示残差平方和，S_2 表示残差平方和，S_3 表示残差平方和。在式（3-16）、式（3-17）中，N 表示截面成员个数，T 表示每个截面成员的样本观测时期数，K 表示非常数项解释变量的个数。若统计量 F_2 小于某个检验水平下的 F 分布临界值，则表明模型应设定为混合回归模型，且不需要再检验 F_1；否则，继续检验统计量 F_1，若 F_1 小于某个检验水平下分布的 F 临界值，则表明模型应设定为固定效应变截距模型；若统计量 F_2 和 F_1 检验结果都大于某个检验水平下的 F 分布临界值，则表明模型应设定为变系数模型。

第一，以 lnGDP 为因变量，P 值为 0.0000，计算 F 统计量，可得出：$S_1=4.026388$，$S_2=5.034024$，$S_3=14.98179$，$N=12$，$T=11$，$K=1$。

$$F_2=\frac{(S_3-S_1)/(N-1)(K+1)}{S_1/[NT-N(K+1)]}=13.35715>F_2(22,108)=1.84$$

$$F_1=\frac{(S_2-S_1)/(N-1)K}{S_1/[NT-N(K+1)]}=2.486>F_1(11,\ 108)=2.45$$

因此，应取变系数模型 $\ln GDP_{it}=C_i+b_i\ln TR_{it}+u_{it}$。

第二，以 lnTR 为因变量，P 值为 0.0000，所以应拒绝原假设，不能建立随机效应模型；计算 F 统计量，可得出：$S_1=4.704805$，$S_2=6.227788$，$S_3=16.38429$，$N=12$，$T=11$，$K=1$。

$$F_2=\frac{(S_3-S_1)\ /\ (N-1)\ (K+1)}{S_1/\ [NT-N\ (K+1)]}=12.1866>F_2\ (22,\ 108)\ =1.84$$

$$F_1=\frac{(S_2-S_1)\ /\ (N-1)\ K}{S_1/\ [NT-N\ (K+1)]}=3.178>F_1\ (11,\ 108)\ =2.45$$

因此，应取变系数模型 $\ln TR_{it}=C_i+b_i\ln GDP_{it}+u_{it}$。

（五）协整检验及回归分析

易丹辉（2008）认为，协整反映了变量之间长期稳定的比例关系。协整

的前提是同阶单整。若单位根检验的结果是同阶单整，那么可以进行协整检验；若单位根检验的结果是不同阶单整，则要对序列进行差分或取对数变换，从而成为同阶单整。由于样本数量十分有限，Johansen 协整检验的检验势很低，需要结合 Pedroni 检验和 Kao 检验，从而保证数据的可靠性。若三个检验都通过，则可以对原方程进行回归（苏良军等，2006）。

第一，协整检验。本书主要采用 Pedroni、Kao、Johansen 的方法，如结果通过检验，则可以进行回归分析。检验结果统计见表 3－15、表 3－16。

表 3－15　Kao 检验和 Pedroni 检验结果统计

检验方法	检验假设	统计量名称	统计量值	*P* 值
Kao 检验	$H_0:\rho=1$	ADF	－5. 052543	0. 0000
Pedroni 检验	$H_0:\rho=1$	Panel V-Statistic	0. 667796	0. 2123
	$H_1:(\rho_i=\rho)<1$	Panel rho-Statistic	－2. 639045	0. 0036
		Panel PP-Statistic	－5. 594352	0. 0000
		Panel ADF-Statistic	－2. 753243	0. 0029
		Group rho-Statistic	0. 533487	0. 7012
		Group PP-Statistic	－1. 907520	0. 0291
		Group ADF-Statistic	－3. 445605	0. 0003

表 3－16　Johansen 检验结果统计

原假设	*P* 值	*P* 值
None	109. 4 （0. 0000）*	107. 4 （0. 0000）*
Atmost 1	40. 05 （0. 0211）	40. 05 （0. 0211）

注：* 表示在 5% 的显著性水平下拒绝原假设而接受备择假设。

第二，模型回归结果统计。以 ln*GDP* 为因变量的模型回归结果见表 3－17。

表 3－17　以 ln*GDP* 为因变量的模型回归结果

变量	回归系数	标准误差	*T* 检验值	*P* 值
C	2. 671136	0. 201920	13. 129630	0. 0000
CD－－LNTRCD	0. 825448	0. 097590	8. 960536	0. 0000
CQ－－LNTRCQ	0. 739787	0. 082564	8. 958936	0. 0000

续表

变量	回归系数	标准误差	*T* 检验值	*P* 值
KM－－LNTRKM	0. 681745	0. 121834	5. 595855	0. 0000
LS－－LNTRLS	0. 613591	0. 086470	7. 095865	0. 0000
XA－－LNTRXA	0. 893116	0. 096034	9. 300567	0. 0000
WLMQ－－LNTRWLMQ	0. 907605	0. 114260	7. 943083	0. 0000
BJ－－LNTRBJ	1. 238363	0. 136869	9. 047734	0. 0000
SH－－LNTRSH	0. 908844	0. 153607	5. 916618	0. 0000
NJ－－LNTRNJ	0. 899005	0. 105325	8. 535963	0. 0000
HZ－－LNTRHZ	0. 908146	0. 121346	7. 485420	0. 0000
WH－－LNTRWH	0. 710255	0. 075227	9. 440850	0. 0000
CS－－LNTRCS	1. 016820	0. 088449	11. 494310	0. 0000
Fixed Effects（Cross）				
CD－－C	0. 270827			
CQ－－C	1. 261206			
KM－－C	1. 190090			
LS－－C	0. 195674			
XA－－C	－0. 025356			
WLMQ－－C	0. 156275			
BJ－－C	－2. 980032			
SH－－C	－0. 225745			
NJ－－C	－0. 247481			
HZ－－C	－0. 248350			
WH－－C	1. 244768			
CS－－C	－0. 591895			
效果说明				
Cross-section fixed（dummy variables）				
R^2	0. 980400	因变量方差均值	7. 955231	
调整后的 R^2	0. 976225	因变量标准差	1. 252451	
回归标准差	0. 193083	赤池信息准则	－0. 288409	
残差平方和	4. 026390	施瓦茨准则	0. 235127	
最大似然估计	43. 03536	H－Q 信息准则	－0. 075330	
F 统计量	234. 8774	DW 统计量	1. 746576	
F 统计量下的 *P* 值	0. 000000			

注：CD 代表成都、CQ 代表重庆、KM 代表昆明、LS 代表拉萨、XA 代表西安、WLMQ 代表乌鲁木齐、BJ 代表北京、SH 代表上海、NJ 代表南京、HZ 代表杭州、WH 代表武汉、CS 代表长沙。

从表3－17中可以看出，东部、中部、西部12个城市的P值都接近于0，说明文化旅游城市经济GDP对于文化旅游的影响比较显著。同时，R^2 = 0.980400，说明模型拟合度较好，F值为234.8774，在1%的显著性水平下通过检验。

以lnTR为因变量的模型回归结果见表3－18。

表3－18　以lnTR为因变量的模型回归结果

变量	回归系数	标准误差	T检验值	P值
C	－2.181146	0.443815	－4.914623	0.0000
CD－－LNGDPCD	1.111842	0.062615	17.756670	0.0000
CQ－－LNGDPCQ	1.327033	0.060380	21.977950	0.0000
KM－－LNGDPKM	0.689961	0.244043	2.827339	0.0056
LS－－LNGDPLS	1.162176	0.245750	4.729101	0.0000
XA－－LNGDPXA	1.075766	0.072379	14.863020	0.0000
WLMQ－－LNGDPWLMQ	0.776767	0.167491	4.637665	0.0000
BJ－－LNGDPBJ	0.773865	0.053779	14.384950	0.0000
SH－－LNGDPSH	0.929575	0.132790	7.000338	0.0000
NJ－－LNGDPNJ	1.097013	0.043200	25.39364	0.0000
HZ－－LNGDPHZ	1.071850	0.058944	18.184190	0.0000
WH－－LNGDPWH	1.376900	0.068934	19.976750	0.0000
CS－－LNGDPCS	0.952966	0.056825	16.770020	0.0000
Fixed Effects（Cross）				
CD－－C	－0.897163			
CQ－－C	－2.893434			
KM－－C	2.389607			
LS－－C	－0.150962			
XA－－C	－0.421747			
WLMQ－－C	1.321061			
BJ－－C	2.756118			
SH－－C	1.131629			
NJ－－C	－0.366492			
HZ－－C	－0.219039			
WH－－C	－3.047568			
CS－－C	0.397990			

续表

效果说明				
Cross - section fixed (dummy variables)				
R^2	0.979038	因变量方差均值	5.996546	
调整后的 R^2	0.974598	因变量标准差	1.309554	
回归标准差	0.208728	赤池信息准则	-0.132704	
残差平方和	4.704805	施瓦茨准则	0.391490	
最大似然估计	32.75848	$H-Q$ 信息准则	0.080285	
F 统计量	219.5234	DW 统计量	1.592817	
F 统计量下的 P 值	0.000000			

注：同表 3－17。

从表 3－18 中可以看出，东部、中部、西部 12 个城市的 P 值都接近于 0，说明文化旅游城市的文化旅游对于城市经济的影响比较显著；同时，$R^2=0.979038$，说明模型拟合度较好，F 值为 219.5234，在 1% 的显著性水平下通过检验。

（六）格兰杰因果检验统计

通过表 3－19 的结果可以看出，在小于 5% 的概率下拒绝了原假设为"ln*TR* 不是 ln*GDP* 的格兰杰原因"，说明文化旅游是城市经济发展的格兰杰原因。同时，在小于 5% 的概率下，拒绝原假设为"ln*GDP* 不是 ln*TR* 的格兰杰原因"，即城市经济是文化旅游发展的格兰杰原因。相关拟合结果表明，文化旅游城市经济和文化旅游的相互作用比较明显，进一步说明面板的两个序列之间存在协整关系。格兰杰因果检验表明，文化旅游与城市经济存在互相影响的关系。因此，对于文化旅游城市来说，旅游是城市经济发展的长期影响因素，城市经济是旅游发展的长期影响因素。文化旅游与城市经济保持着长期互相影响的关系。

表 3－19　格兰杰因果检验

原假设	F 统计量	P 值
ln*TR* 不是 ln*GDP* 的格兰杰原因	23.034	0.000
ln*GDP* 不是 ln*TR* 的格兰杰原因	4.543	0.033

四、文化旅游与城市经济相互作用的模式检验

以上面板数据的分析结果显示，文化旅游与城市经济保持着长期互相影响的关系，在此基础上，本书可以根据回归系数来认定12个文化旅游城市和城市经济相互作用的模式（见表3－20），系数越大，代表其对因变量的影响越大；反之，系数越小，代表其对因变量的影响越小。

表3－20 文化旅游与城市经济的相互作用模式

模式认定	文化旅游城市	回归系数说明
文化旅游推动城市经济发展	WLMQ、BJ	以ln*GDP*为因变量，回归系数大于0.9
城市经济发展推动文化旅游发展	CD、CQ、LS、XA、WH、CS	以ln*TR*为因变量，回归系数大于0.9
文化旅游渗透于城市经济发展	SH、NJ、HZ、KM	SH、HZ回归系数均大于0.9，NJ、KM的回归系数小于0.9

注：同表3－17。

表3－17中，若文化旅游城市的回归系数大于0.9，则表明文化旅游对城市经济的影响较大，即文化旅游推动城市经济发展模式；表3－18中，若文化旅游城市的回归系数在0.9以上，则表明城市经济对文化旅游的影响较大，即城市经济发展推动文化旅游发展模式。在表3－17和表3－18中，若城市回归系数大于0.9或小于0.9，则表明文化旅游和城市经济的互相影响作用较大，即为文化旅游渗透于城市经济发展模式。

第六节 本章小结

本章分析了文化旅游和城市经济协调发展的内在机制，文化旅游对城市经济的影响体现在对城市生产总值增长的贡献、对城市就业提升的贡献、对城市产业结构的优化，对城市形象的改善以及对城市居民的多元化影响。同时，文化旅游会对城市经济产生逆向影响，因此要防止出现“去工业化”和“荷兰病”。城市经济对文化旅游发展的影响在于，基础设施建设能够提高旅

游接待能力，奠定文化旅游发展经济基础；城市公共服务、城市精细化管理能够改善城市形象，城市经济发展能够促进旅游教育；城市经济发展能够提高居民收入，促进居民文化旅游意识的提高和文化旅游服务模式的改变。

文化旅游与城市经济发展的相互作用模式分为三类：一是文化旅游推动城市经济发展，二是城市经济发展推动文化旅游发展，三是文化旅游渗透于城市经济发展。

为了进一步验证因果关系，本章采用 EViews 8.0 软件对西安 2001—2020 年的旅游收入和城市生产总值两个时间序列进行了格兰杰因果检验；在此基础上，基于东部、中部、西部 12 个文化旅游城市 2010—2020 年的入境旅游数据、国内旅游总收入和地区生产总值（GDP）的面板数据，对文化旅游与城市经济的互相影响关系进行验证，认为文化旅游与城市经济处于长期互动影响的关系，并分别对 12 个文化旅游城市与城市经济相互作用的模式进行认定。

第四章　丝绸之路经济带文化旅游与城市经济协调发展测度及评价

在丝绸之路经济带沿线城市中，具有代表性的文化旅游城市（第一章已经对文化旅游城市进行了界定）比较多，如西安、成都、重庆、昆明、桂林等，由于本书的研究目的是基于测度城市文化旅游内部发展规律对典型城市进行发展水平比较，考虑到指标体系的复杂性、数据收集的难易程度以及城市的代表性，本书选取最具代表性的西安、成都、昆明三个城市作为研究对象。西安是十三朝古都，在西北地区是旅游接待大省的省会，是中国历史文化的重要代表；成都在文化旅游资源规模和城市经济方面表现较为突出；昆明在西南地区作为交通的主要枢纽地，拥有较丰富的文化旅游资源。可以说，这三个城市在发展文化旅游方面最具代表性。

第一节　丝绸之路经济带文化旅游发展水平测度指标体系构建及测度

一、文化旅游发展水平测度指标体系构建

为了对丝绸之路经济带沿线城市的文化旅游发展水平进行横向比较，并对文化旅游与城市经济协调发展度进行测量，本书需要对丝绸之路经济带沿线城市的文化旅游发展水平进行定量分析，但是，国内关于文化旅游发展水平的定量分析较为少见，本书参考国外研究成果，同时参考中国知网（CNKI）以“旅游发展水平”为搜索关键词的105篇文献中关于旅游发展水平的定量研究成果，再参考文化旅游的特殊性，建立初步的文化旅游发展水平测度指标体系，并先后对近30名旅游学专家进行访谈，最终确定指标

体系。

从旅游学术界研究的现状来看，关于城市旅游发展水平的研究较多，所以关于城市旅游发展水平的指标体系构建研究较为丰富，但是这些研究大多以城市旅游经济和旅游化为研究中心（见表4-1）。国内外关于文化旅游的研究成果有如下几个特点：①静态数据和单一地区较多，不同地区时间序列的数据研究少；②关于文化旅游发展水平的测度较少；③关于西部地区的文化旅游研究更少。

文化旅游发展水平指标体系的构建充满探索性，合理地选择指标体系对于丝绸之路经济带沿线城市文化旅游发展水平的真实性测度具有现实意义，这也是后续研究的分析基础。

表4-1　2012—2014年国内关于城市旅游发展水平的指标体系的研究进展

作者	旅游化指标体系	文献名称	年份
杜傲等	入境旅游者人数、国内旅游者人数、旅游从业人数占全市总从业人数的比重；旅游外汇收入、旅游收入占GDP的比重	1995—2011年北京市旅游业与城市发展协调度分析	2012
胡小海	文化资源丰度、文化资源类型、文化资源等级、文化资源组合	区域文化资源与旅游经济耦合研究——以江苏省为例	2012
李瑶亭	城市旅游产业发展水平指标包括城市旅游就业容量指标、规模指标、关联度指标、投资水平指标、接待规模指标、旅游资源禀赋指标	城市旅游化水平与城市经济发展的关系研究——以我国26个旅游城市为例	2013
邢向阳	经济效益、需求状况、生产要素、综合实力、经济吸引度、政府管理、文化影响力、经济全球化	城市旅游业竞争力评价研究	2014
向艺等	旅游投入、旅游活动、旅游产出	省域旅游经济发展水平测度	2014

资料来源：中国知网。

（一）构建原则

文化旅游发展水平指标体系的构建，必须尽可能地包括文化旅游中的文化元素，这也是旅游和文化旅游的主要区别；要尽可能地全面、科学，以期在指导城市建设的实践中发挥效用。

1. 适应性原则

文化旅游发展水平指标体系的构建必须适应文化旅游城市的特点，综合考虑影响文化旅游城市发展的多种因素；必须适应城市的时空发展和现代意义上的文化旅游发展，要能经得起时代发展的检验。

2. 系统性原则

该指标体系的建立应包括城市文化旅游发展水平的多种测度要素，指标体系越完善、越全面，测度的结果就越准确。

3. 可操作性原则

本书的研究的目的之一是定量研究城市文化旅游的发展水平，所以选择的指标体系尽量要有数据可查询性，能运用科学的数据分析方法来测量，如果选取的指标没有可操作性，就失去了研究的意义。

4. 科学性原则

指标的选取必须建立在相关理论基础之上，具有实际的评价意义；要把理论与实践相结合，指标内容必须清晰，尽量选取定量指标，模糊的、综合的指标项及规范性的指标项尽量少选取。

（二）指标体系构建过程

鉴于文化旅游定义的模糊性，对城市文化旅游发展水平的定量分析充满了挑战。笔者在2014—2015 年访谈了近30 位旅游学术界的专家，经过专家的不断论证，不断进行指标的更新和协调，最终形成了城市文化旅游发展水平定量分析的指标体系。

1. 量化指标体系验证

由于城市文化旅游发展水平测度的指标体系构建具有探索性，笔者与专家沟通后建立了指标体系，对指标体系的信度和效度进行检验。出于此目的，笔者通过发放问卷、回收问卷，运用 SPSS 18. 0 对指标体系进行有效性和可靠性的检验。本书的基本思路是，在回收问卷的基础上对数据进行统计，运用 Cronbach's Alpha 对指标的一致性进行检验，同时使 36 个指标通过 KMO 检验和 Bartlett 球形检验，最后运用因子分析法对指标进行探索性因子分析。

2. 问卷设计与回收

根据初步的指标体系，本章的问卷采用李克特五级量表的形式，用表4－2来体现指标的重要程度依次递增，问卷的发放对象为旅游管理专业的博士研究生、旅游学者以及市政管理人员和旅游企业的管理人员；问卷的发放地点为文化旅游发展状况较好的几个城市，其中西安发放问卷80份，回收问卷80份，有效问卷为78份；成都发放问卷40份，回收问卷36份，有效问卷为34份；上海发放问卷40份，回收问卷36份，有效问卷为35份；武汉发放问卷40份，回收问卷38份，有效问卷为33份。最终问卷共发放200份，共回收190份，有效问卷共计180份，有效问卷率为94.7%。

表4－2　问卷基本属性统计

基本属性	选项	占比/%
所在单位的性质	政府部门等行政单位	28
	教育系统等事业单位	46
	旅游企业	21
	其他	5
工作年限	16年以上	23
	11～15年	43
	6～10年	23
	0～5年	11
学历	博士研究生及以上	32
	硕士研究生	46
	本科	15
	本科以下	7
所在城市	西安	40
	成都	20
	上海	20
	武汉	20

3. 问卷统计分析

本书通过对180份有效问卷进行描述性统计分析发现，指标 $X_1 \sim X_{36}$的均值均在3以上，初步判断36个指标比较合理；再对36个指标进行可靠性检验，得出各个子系统的Cronbach's Alpha分别为0.909、0.911、0.863、0.803、0.881，整体Cronbach's Alpha系数为0.953（见表4-3），再次判定指标体系可靠性较强。同时，本书运用因子分析法对指标进行进一步检验，KMO和Bartlett球形检验的原理在于，KMO的值越接近于1，越适合做因子分析，Bartlett球形检验的原假设是相关系数矩阵为单位阵。从表4-4中可以看出，KMO值为0.743，可以做因子分析；Sig.值为0.000，拒绝原假设，可以做分子分析。

表4-3 指标体系的Cronbach's Alpha系数

	准则层	指标	子系统 Cronbach's Alpha 系数	整体 Cronbach's Alpha 系数
产业规模（*B*1）	市场需求（*C*1）	X_1	0.909	0.953
		X_2		
		X_3		
		X_4		
	市场供给（*C*2）	X_5		
		X_6		
	旅游收入（*C*3）	X_7		
		X_8		
		X_9		
		X_{10}		
	旅游产业地位（*C*4）	X_{11}		
		X_{12}		
资源规模（*B*2）	历史文化资源（*C*5）	X_{13}	0.911	
		X_{14}		
		X_{15}		
	现代文化资源（*C*6）	X_{16}		
		X_{17}		
		X_{18}		
		X_{19}		
		X_{20}		
		X_{21}		

续表

	准则层	指标	子系统 Cronbach's Alpha 系数	整体 Cronbach's Alpha 系数
社会影响（$B3$）	就业促进（$C7$）	X_{22}	0.863	0.953
	知名度提升（$C8$）	X_{23}		
		X_{24}		
	国际交流促进（$C9$）	X_{25}		
	休闲方式转变（$C10$）	X_{26}		
文化影响（$B4$）	旅游节庆（$C11$）	X_{27}	0.803	
	宣传出版（$C12$）	X_{28}		
		X_{29}		
	文化产业发展（$C13$）	X_{30}		
		X_{31}		
保障条件（$B5$）	专业人才培养（$C14$）	X_{32}	0.881	
	交通发展（$C15$）	X_{33}		
		X_{34}		
	生态环境（$C16$）	X_{35}		
		X_{36}		

表 4－4　KMO 和 Bartlett 球形检验

指标	检验结果
取样足够度的 KMO 度量	0.743
近似卡方	1889.052
Bartlett 球形检验 df	630
Sig.	0.000

表 4－5 为每个变量共同度的结果，“初始”表示每个变量可以被所有因素所能解释的方差，“提取”表示变量的共同度。可以看出，该表中每个变量的共同度都非常高，说明因子分析有效。表 4－6 给出了因子贡献率的结果，前 8 个因子的特征值占总特征值的 75.868%，因此，提取前 8 个因子作为主因子。表 4－7给出了未旋转的因子载荷，可以利用主成分分析法从表 4－7 中提取 8 个主因子的载荷值。表 4－8 给出了旋转后的因子载荷值，旋转方法是具有 Kaiser 标准化的正交旋转法。①

① 陈胜可 . SPSS 统计分析从入门到精通［M］. 北京：清华大学出版社，2010：370－371.

表4-5　公因子方差

指标	初始	提取	指标	初始	提取
X_1	1.000	0.616	X_{19}	1.000	0.780
X_2	1.000	0.632	X_{20}	1.000	0.818
X_3	1.000	0.829	X_{21}	1.000	0.731
X_4	1.000	0.823	X_{22}	1.000	0.788
X_5	1.000	0.798	X_{23}	1.000	0.800
X_6	1.000	0.776	X_{24}	1.000	0.671
X_7	1.000	0.752	X_{25}	1.000	0.780
X_8	1.000	0.692	X_{26}	1.000	0.798
X_9	1.000	0.799	X_{27}	1.000	0.670
X_{10}	1.000	0.794	X_{28}	1.000	0.787
X_{11}	1.000	0.809	X_{29}	1.000	0.704
X_{12}	1.000	0.745	X_{30}	1.000	0.662
X_{13}	1.000	0.811	X_{31}	1.000	0.698
X_{14}	1.000	0.834	X_{32}	1.000	0.580
X_{15}	1.000	0.832	X_{33}	1.000	0.811
X_{16}	1.000	0.666	X_{34}	1.000	0.819
X_{17}	1.000	0.806	X_{35}	1.000	0.843
X_{18}	1.000	0.785	X_{36}	1.000	0.777

注：提取方法为主成分分析法。

表4-6　解释的总方差（因子贡献率）

成分	初始特征值			提取平方和载入			旋转平方和载入		
	合计	方差百分比/%	累计百分比/%	合计	方差百分比/%	累计百分比/%	合计	方差百分比/%	累计百分比/%
1	13.971	38.809	38.809	13.971	38.809	38.809	4.495	12.486	12.486
2	3.470	9.640	48.449	3.470	9.640	48.449	4.348	12.079	24.565
3	2.397	6.659	55.108	2.397	6.659	55.108	4.327	12.020	36.585
4	2.067	5.742	60.850	2.067	5.742	60.850	3.598	9.995	46.580
5	1.626	4.516	65.366	1.626	4.516	65.366	3.438	9.549	56.129
6	1.408	3.912	69.278	1.408	3.912	69.278	3.387	9.408	65.537
7	1.304	3.621	72.899	1.304	3.621	72.899	2.375	6.597	72.134
8	1.069	2.969	75.868	1.069	2.969	75.868	1.344	3.735	75.869

续表

成分	初始特征值			提取平方和载入			旋转平方和载入		
	合计	方差百分比/%	累计百分比/%	合计	方差百分比/%	累计百分比/%	合计	方差百分比/%	累计百分比/%
9	0.930	2.582	78.451						
10	0.833	2.314	80.765						
11	0.816	2.266	83.031						
12	0.693	1.924	84.955						
13	0.620	1.721	86.676						
14	0.571	1.585	88.261						
15	0.516	1.432	89.693						
16	0.450	1.250	90.943						
17	0.395	1.096	92.039						
18	0.372	1.034	93.073						
19	0.315	0.874	93.947						
20	0.304	0.843	94.790						
21	0.265	0.736	95.526						
22	0.250	0.696	96.222						
23	0.232	0.644	96.866						
24	0.209	0.579	97.445						
25	0.157	0.437	97.882						
26	0.133	0.369	98.251						
27	0.121	0.335	98.586						
28	0.116	0.322	98.908						
29	0.094	0.261	99.170						
30	0.074	0.207	99.377						
31	0.063	0.174	99.551						
32	0.046	0.128	99.679						
33	0.042	0.116	99.795						
34	0.032	0.090	99.885						
35	0.026	0.071	99.956						
36	0.016	0.044	100.000						

注：提取方法为主成分分析法。

表4－7　成分矩阵[a]

	成分							
	1	2	3	4	5	6	7	8
X_{25}	0.741							
X_{15}	0.727							
X_{12}	0.710							
X_{34}	0.683		-0.475					
X_{24}	0.682							
X_{17}	0.677		0.413					
X_{35}	0.677							
X_{18}	0.675		0.444					
X_{16}	0.675							
X_{14}	0.672			-0.601				
X_{27}	0.670							
X_{32}	0.667							
X_{31}	0.663							0.351
X_{23}	0.656							
X_{7}	0.655	-0.440						
X_{22}	0.654					-0.442		
X_{3}	0.648							-0.372
X_{4}	0.641	-0.376						
X_{26}	0.633			0.553				
X_{10}	0.632	-0.503						
X_{20}	0.631	0.360	0.439					
X_{19}	0.630		0.510					
X_{13}	0.607			-0.583				
X_{36}	0.605		-0.455					
X_{2}	0.598							
X_{6}	0.596	-0.355			0.459			
X_{9}	0.595	-0.484						
X_{11}	0.576	-0.366						
X_{33}	0.557		-0.542					
X_{21}	0.537					-0.520		
X_{8}	0.530	-0.380					0.431	
X_{28}	0.489	0.468			0.484			
X_{1}	0.482					0.392		
X_{30}	0.420	0.576						

续表

	成分							
	1	2	3	4	5	6	7	8
X_{29}	0.494	0.552						
X_5	0.478				0.535			

注：提取方法为主成分分析法。a 表示已提取了 8 个成分。

表 4-8 旋转成分矩阵[a]

	成分							
	1	2	3	4	5	6	7	8
X_{20}	0.829							
X_{19}	0.777							
X_{18}	0.669				0.398			
X_{28}	0.658		0.355				0.408	
X_{29}	0.622		0.512					
X_{17}	0.612				0.464			
X_{30}	0.545		0.499					
X_{14}		0.833						
X_{13}		0.800						
X_{15}	0.362	0.681	0.376					
X_{16}		0.635						
X_{12}		0.603		0.399				
X_{31}		0.497						-0.372
X_{33}			0.820					
X_{34}			0.793					
X_{35}			0.775					
X_{36}			0.622				0.495	
X_{32}	0.367		0.500					
X_{23}				0.747				
X_{27}	0.375			0.628				
X_{26}			0.454	0.600				
X_{25}			0.381	0.580				
X_{24}		0.385		0.517				
X_{11}		0.503		0.507			0.380	
X_3					0.816			

续表

	成分							
	1	2	3	4	5	6	7	8
X_4					0.802			
X_2					0.607	0.379		
X_9						0.781		
X_8						0.726		
X_{10}				0.515		0.661		
X_7					0.378	0.626		
X_{21}		0.352				0.562		0.425
X_5							0.761	
X_6							0.684	
X_{22}				0.392			0.387	0.509
X_1					0.408			-0.498

注：提取方法为主成分分析法。旋转法为具有 Kaiser 标准化的正交旋转法，a 表示旋转在 17 次迭代后收敛。

通过因子分析可以发现，指标 X_1 及 X_{31} 的因子载荷信息量较少，数值都小于0.5，所以剔除这两个指标。

表4-9为优化的城市文化旅游发展水平指标体系。

表4-9　优化的城市文化旅游发展水平指标体系

	准则层	指标层	指标	单位
产业规模（B1）	市场需求（C1）	国内游客增长率	X_1	%
		入境游客人数	X_2	万人次
		入境游客增长率	X_3	%
	市场供给（C2）	旅行社数量	X_4	家
		星级饭店数量	X_5	家
	旅游收入（C3）	国内旅游收入	X_6	亿元
		国际旅游收入	X_7	亿美元
		旅游总收入	X_8	亿元
		旅游总收入增长率	X_9	%
	旅游产业地位（C4）	旅游总收入占 GDP 的比重	X_{10}	%
		旅游总收入占第三产业的比重	X_{11}	%

续表

	准则层	指标层	指标	单位
资源规模（B2）	历史文化资源（C5）	国家级、省级、市级历史文化名城、名镇、名村	X_{12}	个
		世界遗产及国家、省、市、县级文物保护单位	X_{13}	个
		世界非物质文化遗产，国家级、省级非物质文化遗产	X_{14}	处
	现代文化资源（C6）	博物馆、图书馆、群众艺术馆、文化馆、文化站数量	X_{15}	个
		文艺演出场次	X_{16}	场
		文化场馆演出场次	X_{17}	场
		国家文化产业示范基地	X_{18}	个
		国家文化产业示范园区数量	X_{19}	个
		A 级景区	X_{20}	个
社会影响（B3）	就业促进（C7）	旅游产业从业人员占总从业人员的比重	X_{21}	%
	知名度提升（C8）	旅游搜索量占全部搜索量的比重	X_{22}	%
		旅游者人均停留天数	X_{23}	天
	国际交流促进（C9）	入境旅游者在当地居民中所占比重	X_{24}	%
	休闲方式转变（C10）	人均出游率	X_{25}	次
文化影响（B4）	旅游节庆（C11）	旅游节庆活动数量	X_{26}	场
	宣传出版（C12）	旅游报社数量	X_{27}	个
		旅游杂志社数量	X_{28}	个
	文化产业发展（C13）	地市广播电台数量	X_{29}	座
保障条件（B5）	专业人才培养（C14）	旅游院校在校学生人数	X_{30}	人
	交通发展（C15）	公路、铁路、航空旅客周转量	X_{31}	万人公里
		公共交通客运量（公交、地铁）	X_{32}	万人次
	生态环境（C16）	人均城市道路面积	X_{33}	平方米
		人均公共绿地面积	X_{34}	平方米

如表 4－9 所示，优化的城市文化旅游发展水平指标体系包括 5 个子系统、16 个准则层、34 个指标。各指标的内涵解释如下：

（1）国内游客增长率（X_1）：是指当年的国内游客与上一年相比增加的

人数占上一年国内游客数的比例，反映了城市的旅游发展水平。

（2）入境游客人数（X_2）：是指在本城市的旅游设施内停留一夜及以上的入境游客人数；以入境国际旅游者人数和国内旅游者人数为总和的接待游客人数反映了城市旅游需求的总体状况，是城市旅游规模的重要参考。

（3）入境游客增长率（X_3）：是指当年的入境游客与上一年相比增加的人数占上一年入境游客的比例。

（4）旅行社数量（X_4）：是指出入境旅行社和国内旅行社的总和，是衡量一个城市旅游产业规模的重要指标。

（5）星级饭店数量（X_5）：是指该城市拥有星级饭店的数量，也是衡量一个城市旅游产业规模的重要指标。为了简化研究数据查询，本研究仅统计已经颁发星级的饭店数量，未被批准授予星级的饭店不纳入研究范围。

（6）国内旅游收入（X_6）：是指经营国内旅游业务得到的旅游收入，国内旅游收入均来自本国游客，不产生国民收入总量的增加，只是在空间范围内的移动，但是，旅游流现金的空间移动也能显示一个城市旅游产业的发展水平。

（7）国际旅游收入（X_7）：是指经营入境旅游业务所获得的外国货币，通常被称为旅游外汇收入。它源于外国旅游者在旅游目的国的旅游消费，实质上是旅游客源国的一部分国民收入转移到了旅游目的国，是社会财富在不同国家之间的转移。

（8）旅游总收入（X_8）：是指国内旅游收入和入境旅游收入的总和，反映某一个国家或地区旅游业发展的程度和规模，是旅游业重要的综合性指标。

（9）旅游总收入增长率（X_9）：是指与上一年相比当年旅游总收入的变化率，是反映一个城市旅游发展水平的重要指标。

（10）旅游总收入占 GDP 的比重（X_{10}）：是指该市某一年的旅游总收入占 GDP 的比重。该指标反映了城市旅游业对城市经济的作用，一般来说，该比重越大，该城市旅游业的表现越好。

（11）旅游总收入占第三产业的比重（X_{11}）：是指该城市旅游业在第三产业中的地位，比重越大，说明该城市的旅游产业的地位越高。

（12）国家级、省级、市级历史文化名城、名镇、名村（X_{12}）：是指城市所拥有的国家颁布的历史文化名城、名镇、名村的数量，是城市中重要的文化旅游资源。

（13）世界遗产及国家、省、市、县级文物保护单位（X_{13}）：是指城市拥有的联合国教科文组织评定的《世界遗产名录》中的遗产数目，以及国家、省、市、县级文物保护单位数量，该指标是衡量文化旅游资源等级的重要指标。

（14）世界非物质文化遗产，国家级、省级非物质文化遗产（X_{14}）：是指经联合国教科文组织评选确定而列入《人类非物质文化遗产代表作名录》的遗产项目。非物质文化遗产是一个城市重要的文化旅游资源，资源基础越深厚，则城市的文化旅游发展基础越深厚。

（15）博物馆、图书馆、群众艺术馆、文化馆、文化站数量（X_{15}）：该指标是衡量一个城市整体文化发展水平的重要指标。

（16）文艺演出场次（X_{16}）：是指该城市在本年度举办的文艺演出次数。

（17）文化场馆演出场次（X_{17}）：是指该城市在本年度中在大型文化场馆中举办的文艺演出场次。

（18）国家文化产业示范基地（X_{18}）：是经文化和旅游部命名的，社会效益和经济效益显著，具有较强实力和行业影响力，在推动文化业态优化升级、促进文化产业融合与创新发展等方面具有示范带动作用的文化企业。2004 年第一批国家文化产业示范基地公布，原则上每两年评选和命名一次。

（19）国家文化产业示范园区数量（X_{19}）：是指由国家文化和旅游部评定的，先后命名的五批 266 家国家文化产业示范基地、四批 8 家国家级文化产业示范园区和首批 4 家国家级文化产业试验园区。

（20）A 级景区（X_{20}）：是指从 2005 年开始，按质量等级对旅游景区进行评定，分为 1A ~5A 共 5 个等级，4A、5A 级景区评定工作由国家旅游局组织设立的全国旅游景区质量等级评定委员会负责，3A 级及以下等级由各省级评定委员会评定。

（21）旅游产业从业人员占总从业人员的比重（X_{21}）：是指该城市在本年度中旅游产业的从业人员占全部城市从业人员的比重，是衡量旅游对于城市经济贡献大小的指标之一。

（22）旅游搜索量占全部搜索量的比重（X_{22}）：是指西安、成都、昆明旅游搜索量以及以“西安旅游”“成都旅游”“昆明旅游”为关键词的搜索量，查询主要统计各关键词在几大搜索引擎的搜索总次数，数值取一个月平均数 ×12；全部搜索量是以“西安”“成都”“昆明”为关键词的搜索量。

（23）旅游者人均停留天数（X_{23}）：包括国内游客和入境游客的人均停留天数。

（24）入境旅游者在当地居民中所占比重（X_{24}）：是用来衡量城市旅游产业发展规模的指标。

（25）人均出游率（X_{25}）：反映的是某一个国家或地区在一定时期内外出旅游人数与次数。它既反映了旅游需求，也反映了该国家或地区在一定时期内产生旅游需求的能力和水平，以及该国或该地区作为旅游客源地的可能性程度。

（26）旅游节庆活动数量（X_{26}）：是指该城市一年内举办的旅游节庆活动数量的总和。旅游节庆活动数量越多，说明该城市的文化旅游产业发展越好。

（27）旅游报社数量（X_{27}）：是指该城市采集、编辑和出版以旅游宣传为主要目的的旅游类报纸的报社数量。

（28）旅游杂志社数量（X_{28}）：是指该城市编辑、出版、发行旅游类杂志的杂志社数量。旅游报社和杂志社数量越多，说明该城市的旅游需求越多，旅游产业发展水平越高。

（29）地市广播电台数量（X_{29}）：地市广播电台是公益性事业单位，是政府重要的宣传舆论阵地，是表达民生的重要通道，是城市文化产业发展的重要指标之一。

（30）旅游院校在校学生人数（X_{30}）：是指以培养旅游专业为主要方向的大中专院校，也是旅游行业从业人员的主力军。旅游院校在校学生人数越多，说明旅游行业人才需求越大，该城市旅游产业发展水平越高。

（31）公路、铁路、航空旅客周转量（X_{31}）：是指来自公路、铁路和航空的城市主要交通运力，是衡量一个城市接待能力的指标之一。

（32）公共交通客运量（公交、地铁）（X_{32}）：是指一个城市来自公交、地铁的公共交通客运量，体现着一个城市公共服务的发展水平，也反映了一个城市的发展水平。

（33）人均城市道路面积（X_{33}）：是指城市中每一居民平均占有的道路面积，能够反映该城市道路面积的合理性，也反映了一个城市的发展水平。

（34）人均公共绿地面积（X_{34}）：是指城市中每个居民平均占有公共绿地的面积，是城市建设用地、城市绿地系统和城市市政公用设施的重要组成部分，是反映城市居民生活环境和生活质量的重要指标。

二、文化旅游发展水平测度指标体系的优劣性分析

基于专家调查法和近200份问卷调查及因子分析法的统计数据，本书将文化旅游发展水平测度指标体系划分为5个子系统、16个准则层、34个指标，该指标体系的优势在于，在国内还没有文化旅游测度指标体系的前提下，该指标体系包含产业规模、资源规模、社会影响、文化影响以及保障条件等文化与旅游综合因素，而且因子较为丰富，对文化旅游发展水平的评价有一定的合理性。但是，该指标体系比较庞大，收集数据较有难度，因而更适合样本较小的分析案例。

三、文化旅游发展水平测度指标体系的权重赋值

从目前的研究成果来看，依照权重计算时原始数据的来源不同，可以将指标权重计算方法分为三大类，即主观赋权法、客观赋权法及组合赋权法（李志强，2013）。主成分分析法、多目标规划法以及熵权法是比较常见的客观赋权法；主观赋权法包含德尔菲法、层次分析法等。主客观赋权法适用于不同的分析样本，客观赋权法适用于样本较为烦琐的案例，且计算方法复杂、不易掌握；主观赋权法适用于小样本案例，且主观判断受环境等因素的影响较大。

通过国内诸多的研究文献，本书选取熵权法确定权重，原因有以下几点：①熵权法适用于评价指标体系构建后权重的赋值，而本书中的文化旅游发展水平测度指标体系已经构建；②主成分分析法在时间序列分析方面并不具有

优势和代表性，而熵权法赋值对时间序列数据的适用性更强，因而本书选取2010—2020年的时间序列数据；③熵权法更适合客观数据，而主成分分析法适用于主观数据，本书采用的是客观统计数据。

（一）熵权法简介

熵权法是一种客观赋值方法，是用来度量系统无序程度的函数，是对不确定性的度量，1877年由德国物理学家克劳修斯提出。熵最初被广泛应用于化学、热力学等研究中，用来描述能做功的能量总数，后来被广泛应用于信息论中，用来描述不确定性和失序的状态。

$$H(X)=E\left[\log\left(\frac{2,1}{P(X_i)}\right)\right]=-\sum P(X_i)\log(2,P(X_i))\,(i=1,2,\cdots,n)$$

其中，X表示随机变量，与之相对应的是所有可能输出的集合，定义为符号集。$P(X)$表示输出概率函数。变量的不确定性越大，熵就越大。根据这一原理，城市文化旅游发展水平测度各指标值差异程度越大、信息量越大，指标的权重就越大；反之，指标权重就越小。

（二）TOPSIS评价

TOPSIS（Technique for Order Preference by Similarity to Ideal Solution），即逼近理想解排序法，它是一种多目标决策方法，基本思路是定义决策问题的理想值和负理想值，然后在可行方案中，找到一个方案。离理想值的距离越近，离负理想值的距离越远。

（三）熵权法和TOPSIS法相结合对丝绸之路经济带沿线城市文化旅游的发展水平进行评价

步骤1：根据上述指标体系的数据信息，建立原始矩阵M，假设有m个城市，最低层次由n个指标体系构成，则原始矩阵写为

$$(M_{ij})_{m\times n}=\begin{pmatrix} M_{11} & \cdots & M_{m1} \\ \vdots & \ddots & \vdots \\ M_{1n} & \cdots & M_{mn} \end{pmatrix}$$

原始矩阵$(M_{ij})_{m\times n}$的每项指标数值差距越大，就代表指标的信息量越大，

在进行指标测度时所起的作用就越大；反之，$(M_{ij})_{m\times n}$越小，信息量越少，所起作用就越小。

步骤2：对原始数据进行标准化处理和计算。

第一，为消除数据因量纲、数量级及正向指标和负向指标的不同属性对评价结果的不同影响，本书按照归一法对数据进行标准化处理，得到规范化矩阵。由于一些数据为0，因此，需要对此类数据加上一个略大于0的正数，本书采用加0.001进行处理，以此避免赋值数失去意义。

$$X'_{ij}=\left[\frac{X_{ij}-\min(X_{1j},X_{2j},\cdots,X_{nj})}{\max(X_{1j},X_{2j},\cdots,X_{nj})-\min(X_{1j},X_{2j},\cdots,X_{nj})}\right]$$

$$X'_{ij}=\left[\frac{\max(X_{1j},X_{2j},\cdots,X_{nj})-X_{ij}}{\max(X_{1j},X_{2j},\cdots,X_{nj})-\min(X_{1j},X_{2j},\cdots,X_{nj})}\right]$$

第二，计算第j项指标下第i个地区占该指标的比重（P）。

$$P_{ij}=\frac{X_{ij}}{\sum_{i=1}^{n}X_{ij}}(i=1,2,\cdots,n;j=1,2,\cdots,m)$$

第三，计算第j项指标的熵值（E）。

$$E_j=-K\sum_{i=1}^{n}P_{ij}\ln(P_{ij}),\text{其中}K>0,K=1/\ln(n),E_j\geqslant 0$$

第四，计算第j项指标的效用值（D）。

$$D_j=1-E_j$$

第五，计算第j项指标的权重（W）。

$$W_j=\frac{D_j}{\sum_{j=1}^{m}D_j}(1\leqslant j\leqslant m)$$

第六，利用熵权TOPSIS法进行排序。

步骤3：将向量规范化。

$$r_{ij}=x_{ij}\Big/\sqrt{\sum_{i=1}^{m}x_{ij}^2}$$

步骤4：由规范化矩阵$R=(r_{ij})_{m\times n}$和权重向量$W=(w_1,w_2,\cdots,w_n)$构成加权的规范化矩阵V：

$$V = R \times W = \begin{bmatrix} w_1 r_{11} & w_2 r_{12} & \cdots & w_n r_{1n} \\ \vdots & \vdots & \ddots & \vdots \\ w_1 r_{m1} & w_2 r_{m2} & \cdots & w_n r_{mn} \end{bmatrix}; \quad W = \begin{bmatrix} w_1 & \cdots & \\ \vdots & \ddots & \vdots \\ & \cdots & w_n \end{bmatrix}$$

步骤5：分别用标准化矩阵中各指标的最大值和最小值表示理想解和负理想解。计算出各方案到理想方案的距离，包括与理想方案的距离（d_i^+）以及与负理想方案的距离（d_i^-）。

$$d_i^+ = \sqrt{\sum_{j=1}^{m} (V_{ij} - V_j^+)^2}; \ d_i^- = \sqrt{\sum_{j=1}^{m} (V_{ij} - V_j^-)^2}$$

计算出相对接近度，即 $C_i = \frac{d_i^-}{d_i^- + d_i^+}$（$i = 1, 2, \cdots, n$），$0 \leqslant C_i \leqslant 1$。$C_i$ 越大，表示越接近于理想值；$C_i = 1$，表示评价对象在各个指标的表现最佳；$C_i = 0$，表示评价对象在各个指标的表现最差。对 C_i 进行降序排列，得出各个城市在相对应层次的相对排列，进而对各个城市进行单层次比较，对评价对象进行综合排序。运用熵权法对各个文化旅游城市进行多层次排序，此时下一层次的贴近度组成上一层次的评价矩阵数据；重复以上步骤，最后得到全部评价对象的综合排序。

四、城市文化旅游发展水平测度的实证分析

（一）数据来源

本书的数据来自2010—2020年《西安统计年鉴》、2010—2020年《成都统计年鉴》、2010—2020年《昆明统计年鉴》以及2010—2020年《西安市国民经济和社会发展统计公报》、2010—2020年《成都市国民经济和社会发展统计公报》、2010—2020年《昆明市国民经济和社会发展统计公报》以及2010—2020年《中国旅游统计年鉴》、国家旅游局官方网站、国家统计局官方网站，对于无法查阅到的数据，本书在借鉴以往年份数据的基础上，采取了加权平均法对指标进行赋值。

（二）权重分布统计

根据熵值法的计算过程，本书得到城市文化旅游发展水平测度指标体系权重赋值，见表4-10；在权重赋值的基础上，计算出各城市的文化旅游发展水平。

表 4－10　城市文化旅游发展水平测度指标体系及权重

	权重	准则层	权重	指标层	指标	权重
产业规模	0.4047	市场需求	0.2420	国内游客增长率	X_1	0.0898
				入境游客人数	X_2	0.0169
				入境游客增长率	X_3	0.1353
		市场供给	0.0242	旅行社数量	X_4	0.0074
				星级饭店数量	X_5	0.0168
		旅游收入	0.1289	国内旅游收入	X_6	0.0385
				国际旅游收入	X_7	0.0230
				旅游总收入	X_8	0.0376
				旅游总收入增长率	X_9	0.0298
		旅游产业地位	0.0096	旅游总收入占 GDP 的比重	X_{10}	0.0044
				旅游总收入占第三产业的比重	X_{11}	0.0052
资源规模	0.3556	历史文化资源	0.0328	国家级、省级、市级历史文化名城、名镇、名村	X_{12}	0.0155
				世界遗产及国家、省、市、县级文物保护单位	X_{13}	0.0030
				世界非物质文化遗产，国家级、省级非物质文化遗产	X_{14}	0.0143
		现代文化资源	0.3238	博物馆、图书馆、群众艺术馆、文化馆、文化站数量	X_{15}	0.0030
				文艺演出场次	X_{16}	0.0885
				文化场馆演出场次	X_{17}	0.0286
				国家文化产业示范基地	X_{18}	0.0768
				国家文化产业示范园区数量	X_{19}	0.1035
				A 级景区	X_{20}	0.0234
社会影响	0.0773	就业促进	0.0363	旅游产业从业人员占总从业人员的比重	X_{21}	0.0363
		知名度提升	0.0056	旅游搜索量占全部搜索量的比重	X_{22}	0.0039
				旅游者人均停留天数	X_{23}	0.0017
		国际交流促进	0.0153	入境旅游者在当地居民中所占比重	X_{24}	0.0153
		休闲方式转变	0.0201	人均出游率	X_{25}	0.0201

续表

	权重	准则层	权重	指标层	指标	权重
文化影响	0.1171	旅游节庆	0.0228	旅游节庆活动数量	X_{26}	0.0228
		宣传出版	0.0222	旅游报社数量	X_{27}	0.0122
				旅游杂志社数量	X_{28}	0.0100
		文化产业发展	0.0721	地市广播电台数量	X_{29}	0.0721
保障条件	0.0442	专业人才培养	0.0147	旅游院校在校学生人数	X_{30}	0.0147
		交通发展	0.0150	公路、铁路、航空旅客周转量	X_{31}	0.0136
				公共交通客运量（公交、地铁）	X_{32}	0.0014
		生态环境	0.0145	人均城市道路面积	X_{33}	0.0075
				人均公共绿地面积	X_{34}	0.0070

（三）城市文化旅游发展水平测度结果统计

1. 总体分析

本书运用TOPSIS法对西安、成都、昆明的城市文化旅游发展水平进行排序，由于本书使用的是时间序列数据，为了得出总体排序水平，本书特别对三个城市2010—2020年在各个指标上的数据取均值（见表4－11）。

表4－11　西安、成都、昆明文化旅游发展水平总体排序

城市	d^+	d^-	C_i	排序
西安	0.073044	0.113084	0.607573	2
成都	0.057680	0.101476	0.637583	1
昆明	0.133433	0.020831	0.135035	3

注：d^+为各方案与理想方案的距离；d^-为各方案与负理想方案的距离。

2. 纵向分析

本书运用TOPSIS法对西安、成都、昆明2010—2020年的数据进行测算和排序，以期总结出三个城市文化旅游的发展规律（见表4－12）。

表 4-12　2010—2020 年西安、成都、昆明文化旅游发展水平分年度排序

年份	西安		成都		昆明	
	C_i	排序	C_i	排序	C_i	排序
2010	0.504	2	0.522	1	0.114	3
2011	0.524	2	0.565	1	0.121	3
2012	0.536	2	0.578	1	0.122	3
2013	0.554	2	0.589	1	0.125	3
2014	0.570	2	0.594	1	0.132	3
2015	0.587	2	0.612	1	0.135	3
2016	0.612	2	0.633	1	0.131	3
2017	0.623	2	0.654	1	0.138	3
2018	0.604	2	0.630	1	0.134	3
2019	0.621	2	0.635	1	0.136	3
2020	0.604	2	0.634	1	0.341	3

（四）数据统计结果分析

从以上数据统计结果可以看出，三大城市的文化旅游发展水平排名情况如下：

第一，成都属于第一档次，其文化旅游发展水平高于西安和昆明。

原因大致如下：①成都拥有得天独厚的文化旅游资源，四川省是我国拥有世界遗产最多的省份之一，历史文化资源丰富，川菜为中国八大菜系之首，中外驰名，巴蜀文化、饮食文化、旅游资源丰富，这些是成都文化旅游资源发展水平较高的基础条件。②成都市城市经济发展水平较高，城市生产总值在丝绸之路经济带沿线城市中排名第二位（第一位是重庆市），这为成都资本投入、交通条件、城市接待基础设施等文化旅游资源的发展奠定了坚实的基础。③成都市政府很早就把旅游产业定位为城市的支柱产业，在创建优秀旅游城市等方面作出了很大的努力，并随着旅游业的发展，适时调整政策，在发展的同时，注重对宽窄巷子等历史文物及区域的保护。成都市政府在对宽窄巷子进行保护时，保留了鱼脊骨状的路网，使得明末清初的建筑风格依稀

可见，如今，宽窄巷子成为成都文化旅游成功发展的代表区域。

第二，西安属于第二档次，其文化旅游发展水平高于昆明，低于成都。

在中国诸多城市中，西安旅游业发展起步较早，虽拥有丰富的文化旅游资源，但由于城市配套服务和对外宣传的投入较为不足，旅游业的发展和游客吸引力不尽如人意，在中国各大城市以及丝绸之路经济带沿线城市中的排名较为靠后。究其原因，大致如下：①受制于较为落后的城市经济发展水平，城市经济发展的助推速度明显慢于经济发达的城市，在城市旅游接待设施、旅游接待水平等方面较为落后。②城市的旅游发展观念落后，发展模式单一，旅游创意产业发展较差。

第三，昆明属于第三档次，其文化旅游发展水平低于成都和西安。

昆明的文化旅游发展水平低于成都和西安，主要源于城市经济的落后，城市公共服务水平较低，城市接待设施不完善，城市交通基础不完善，以及旅游发展人才的引进、旅游发展观念和管理模式的创新等水平均较低。值得庆幸的是，近几年来，昆明依托云南省旅游大发展的背景，在文化旅游发展方面推出了诸多文化演艺项目，在国内外获得了较好的反响，在国内游和入境游方面的成绩不断提升。

第二节 丝绸之路经济带城市经济发展水平测度指标体系构建及测度

一、城市经济发展水平测度指标体系构建

文化旅游发展水平测度指标体系包括产业规模、资源规模、社会影响、文化影响以及保障条件 5 个子系统，共 34 个指标。本书城市经济发展水平测度的指标体系选取 2010—2020 年 CNKI 近 500 篇关于城市经济发展水平的研究文献，并借鉴其研究成果，选取出现频率最高的几个指标，构建经济实力、产业结构、社会发展水平 3 个子系统；8 个指标分别为 GDP 增长率、工业化率、固定资产投资率、第二产业占 GDP 的比重、第三产业占 GDP 的比重、人

口、城镇化率、城镇居民人均可支配收入。

（1）GDP 增长率。国内生产总值（GDP）增长率是指 GDP 的年度增长率，需用按可比价格计算的国内生产总值来计算。具体计算方法为 GDP 增长率 =（本期 GDP - 上期 GDP）/上期 GDP × 100%，以此来衡量 GDP 的变化程度。

（2）工业化率。工业化是第二产业产值在国内生产总值（或国民收入）中比重不断上升的过程，以及工业就业人数在总就业人数中比重不断上升的过程。工业化率是指工业增加值占某个地区国内生产总值的比重。

（3）固定资产投资率。固定资产投资率是相对反映年度投资额大小的指标，它是一定年份的固定资产投资额与当年国民收入使用额的比值。

（4）第二产业占 GDP 的比重。该比重是衡量地区工业发展程度的重要指标，也是一个地区经济发展的基础。

（5）第三产业占 GDP 的比重。该比重是衡量地区第三产业发展程度的重要指标，第三产业占 GDP 的比重在一定范围内越高，说明该地区经济越发达。全球第一产业、第二产业、第三产业的平均比重分别为 5%、31%、64%。

（6）人口。一个地区的人口和经济的发展一般是成正比的，经济越发达，人口越多。

（7）城镇化率。其计算公式为城镇化率 = 城镇人口/总人口，与之相似的概念为城市化率或城市化水平，是一个国家或地区经济发展的重要标志。

（8）城镇居民人均可支配收入。城镇居民人均可支配收入是指反映居民全部现金收入可能用于安排家庭日常生活的那部分收入。具体计算方法为可支配收入 = 家庭总收入 - 缴纳的所得税 - 个人交纳的社会保障支出 - 记账补贴。

二、城市经济发展水平测度指标体系权重分布

本书的文化旅游发展水平及城市经济发展水平测度指标体系的权重通过熵值法赋权，具体过程见本章第一节，在此不再赘述。城市经济发展水平测度指标体系及权重见表 4 - 13。

表 4-13 城市经济发展水平测度指标体系及权重

	指标层	准则层	指标	权重
城市经济发展水平	经济实力	GDP 增长率/%	X_{21}	0.1689
		工业化率/%	X_{22}	0.0271
		固定资产投资率/%	X_{23}	0.1384
	产业结构	第二产业占 GDP 的比重/%	X_{24}	0.0710
		第三产业占 GDP 的比重/%	X_{25}	0.1572
	社会发展水平	人口/百万人	X_{26}	0.0920
		城镇化率/%	X_{27}	0.1743
		城镇居民人均可支配收入/元	X_{28}	0.1710

三、城市经济发展水平测度的实证分析

本书对城市经济发展水平的测度选取西部文化旅游城市中具有代表性和典型意义的西安、成都和昆明三个城市，统计数据同样来自 2010—2020 年《西安统计年鉴》、2010—2020《成都统计年鉴》、2010—2020 年《昆明统计年鉴》以及 2010—2020 年《西安市国民经济和社会发展统计公报》、2010—2020 年《成都市国民经济和社会发展统计公报》以及 2010—2020 年《昆明市国民经济和社会发展统计公报》。三个城市的经济发展水平采用熵权法赋权重，并根据各年份的效用值得出最终的发展水平。

由表 4-14、图 4-1 可知，2010—2020 年，西安、成都、昆明三个城市的经济发展都经历了一个快速提升过程，西安从 0.3280 提升到 0.7300，成都从 0.3810 提升到 0.7760，昆明从 0.3356 提升到 0.6900，三大城市的经济发展速度提升得较快。通过横向比较可知，三个城市的经济发展水平为成都 > 西安 > 昆明，与文化旅游发展的速度还是比较同步的。

表 4-14　2010—2020 年西部典型城市经济发展水平

城市	2010 年	2011 年	2012 年	2013 年	2014 年	2015 年	2016 年	2017 年	2018 年	2019 年	2020 年
西安	0.3280	0.3340	0.3869	0.4149	0.5413	0.6630	0.7010	0.6943	0.6950	0.6780	0.7300
成都	0.3810	0.3230	0.4700	0.5640	0.6191	0.5570	0.7760	0.8563	0.8420	0.7880	0.7760
昆明	0.3356	0.2060	0.1713	0.3451	0.3839	0.4310	0.5430	0.7378	0.7690	0.7970	0.6900

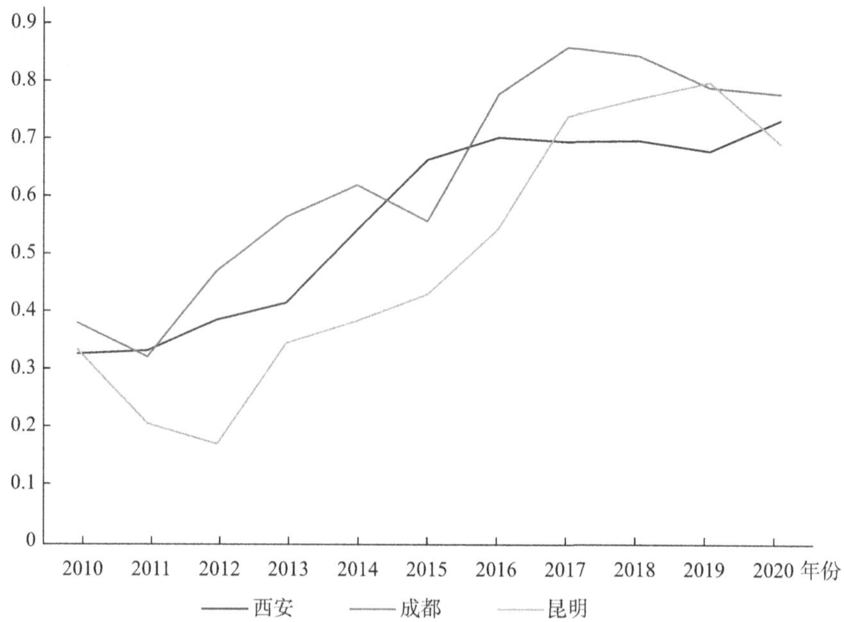

图 4-1　2010—2020 年西安、成都、昆明经济发展水平

第三节　丝绸之路经济带文化旅游与城市经济协调发展模型构建

从上文可知，丝绸之路经济带文化旅游与城市经济的发展是互动影响的关系，但是，二者之间的影响关系如何测度？二者之间的发展是否相协调？本章选取西安、成都、昆明作为样本城市，引入耦合度以及耦合协调度对丝绸之路经济带沿线城市文化旅游与城市经济协调水平进行测度。

一、测度方法选取

通过对国内外相关研究文献的梳理发现，关于耦合协调度的博士论文较少，但期刊文献关于两个系统协调度的研究比较丰富，对协调性的测度研究方法集中在熵权 TOPSIS 法、主成分分析法、耦合度及耦合协调度模型上；也有研究利用 R/S 分析模型预测和 SPSS 软件以组间平均连接法（Between - Group Linkage）对各年度 D 值进行层次聚类。目前来看，运用耦合协调度的计算模型，理论和方法都比较成熟。

现有文献表明，耦合协调度被广泛应用于经济系统与其他系统协调发展的研究，如张春晖等（2013）运用耦合协调度分析了入境旅游流和省域目的地的协调发展程度；钱丽等（2012）在分析“三化”协调发展作用机理的基础上构建了工业化、城镇化、农业现代化三个系统耦合协调度模型和指标体系；生延超等（2009）运用耦合度模型对旅游业与区域经济发展耦合协调发展状况进行了实证研究。因此，耦合度及耦合协调度模型可以应用于两个经济系统协调度评价，而本书致力于对文化旅游和城市经济两个系统的协调度进行评价，所以借用耦合协调度模型具有可行性。

二、耦合协调度理论及模型

（一）耦合及耦合度

耦合（Coupling）是一个物理学概念，最初是指两个或几个系统之间相互依赖，耦合度是用来描述系统或要素相互作用影响程度的量化指标。协调是两种或两种以上系统良性互动、相互关联关系（杨士弘等，1996）。耦合协调度是系统之间或系统内部要素之间在发展过程中彼此和谐一致的程度，体现了系统由无序走向有序的趋势（吴跃明等，1997）。耦合度和耦合协调度有本质区别，耦合度主要反映系统间相互作用程度的强弱，不分利弊；而耦合协调度则表示相互作用中良性耦合程度的大小，体现了协调状况好坏程度（高楠等，2013）。由此可见，运用耦合协调度模型来测度丝绸之路经济带文化旅游与城市经济发展的协调程度是合理的，耦合协调度越大，说明二者之间的互动影响越协调。反之，耦合协调度越小，说明二者的发展越不协调，要么是城市发展太过依赖旅游业，使得城市经济的发展处于不均衡的状态；要么是城市经济发展太快，而文化旅游发展并不能彰显该城市的资源优势。

（二）城市文化旅游发展水平及城市经济发展水平综合评价模型

耦合协调度模型是建立在城市文化旅游发展水平测度模型和城市经济综合评价模型基础上的一种分析模型。城市文化旅游与城市经济综合评价模型及对指标数据进行标准化处理的方法如下：为消除数据因量纲、数量级及正向指标、负向指标的不同所导致测度结果的差别，本书按照归一法对数据进行标准化处理，得到规范化矩阵。由于一些数据接近或者等于0，为了避免指标失去意义，本书采用加0.001进行处理，既不影响测度结果的准确性，也使得指标数据具有意义。

$$u_{ij} = \left[\frac{X_{ij} - \min(X_{1j}, X_{2j}, \cdots, X_{nj})}{\max(X_{1j}, X_{2j}, \cdots, X_{nj}) - \min(X_{1j}, X_{2j}, \cdots, X_{nj})}\right]$$时，指标越大越好；

$$u_{ij} = \left[\frac{\max(X_{1j}, X_{2j}, \cdots, X_{nj}) - X_{ij}}{\max(X_{1j}, X_{2j}, \cdots, X_{nj}) - \min(X_{1j}, X_{2j}, \cdots, X_{nj})}\right]$$时，指标越小越好。

其中，X_{ij}（$i=1, 2, \cdots, n$；$j=1, 2, \cdots, m$）为指标的原始数据；u_{ij}为标准化后的第i个系统的第j个指标；$\max(X_{ij})$、$\min(X_{ij})$分别为X_{ij}的最大值和最小值。城市文化旅游发展水平和城市经济发展水平可以用线性加权法进行测算，公式如下：

$$U_i = \sum_{j=1}^{m} \lambda_{ij} u_{ij}, \sum_{j=1}^{m} \lambda_{ij} = 1$$

其中，U_i为各系统的综合评价函数，此处仅涉及两个系统，U_1表示城市文化旅游发展水平，U_2表示城市经济发展水平；λ_{ij}表示通过熵权法获得的权重。

（三）耦合度模型构建

本书借鉴物理学中的容量耦合概念及容量耦合系数模型，将多个系统的

耦合度模型表述为 $C_n = n\ \{(u_1 \times \hat{u}_2 u_m) / [\Pi\ (u_i + u_j)]\}^{\frac{1}{n}}$。由此可以得到两个系统的耦合度模型为 $C_n = 2\ \{(u_1 \times u_2) / [(u_1 + u_2) \times (u_1 + u_2)]\}^{1/2}$。其中，$C$ 为两个系统的耦合度，$C \in [0, 1]$；u_1、u_2 表示两个系统的综合评价指数。$C = 0$ 表示两个系统的耦合度最低，各自系统的运行处于基本无关的状态；$C = 1$ 表示两个系统的耦合度最高，系统各要素间处于良性循环的关系。耦合度模型的弊端在于，其无法测度两个系统间的协调发展程度。当两个系统发展水平都比较低时，也可能出现耦合度非常高的情况，而本书研究的目的之一是寻找两个系统都处于良好发展水平且耦合协调度较高的情况，由此引入耦合协调度模型。

（四）耦合协调度模型构建

目前有关耦合协调度的研究比较成熟，尤其是应用于旅游业的研究比较多，所以，本书借鉴较成熟的耦合协调度分析模型，具体分析如下：

$$D = \sqrt{C \times T},\ T = \alpha U_1 + \beta U_2$$

其中，D 表示耦合协调度；C 表示耦合度；T 表示城市文化旅游发展水平和城市经济发展水平两个系统的综合评价指数，反映两个系统对协调度的贡献；U_1 表示城市文化旅游发展水平综合评价指数；U_2 表示城市经济发展水平的综合评价指数；α、β 为待定系数，根据两个系统的重要程度进行赋值。$0 \leqslant \alpha$、$\beta \leqslant 1$，由于城市文化旅游系统是城市经济发展水平的影响因素之一，而城市经济发展水平是城市文化旅游等诸多因素综合作用的结果，经济发展水平系统大于文化旅游发展系统，所以，本书采用诸多研究的结果，即 $\alpha = 0.4$，$\beta = 0.6$。耦合协调度等级划分标准见表 4－15。

表 4－15　耦合协调度等级划分标准

序号	协调度区间	协调等级
1	0～0.1000	极度失调
2	0.1001～0.2000	严重失调
3	0.2001～0.3000	中度失调

续表

序号	协调度区间	协调等级
4	0.3001 ~0.4000	轻度失调
5	0.4001 ~0.5000	濒临失调
6	0.5001 ~0.6000	勉强协调
7	0.6001 ~0.7000	初级协调
8	0.7001 ~0.8000	中级协调
9	0.8001 ~0.9000	良好协调
10	0.9001 ~1.0000	优质协调

资料来源：高楠，马耀峰，李天顺，等．基于耦合模型的旅游产业与城市化协调发展研究：以西安市为例［J］．旅游学刊，2013，28（1）：62－68。

（五）评价指标体系

文化旅游发展水平测度的指标体系包括产业规模、资源规模、社会影响、文化影响以及保障条件5个子系统，共34个指标。城市经济发展水平测度的指标体系包括经济实力、产业结构、社会发展水平3个子系统。

文化旅游发展水平及城市经济发展水平测度指标体系的权重通过熵赋权的具体内容见表4－16。

表4－16　文化旅游与城市经济发展水平测度指标体系及权重

		指标层	指标	权重
文化旅游发展水平测度指标体系	产业规模	国内游客增长率	X_{11}	0.0898
		入境游客人数	X_{12}	0.0169
		入境游客增长率	X_{13}	0.1353
		旅行社数量	X_{14}	0.0074
		星级饭店数量	X_{15}	0.0168
		国内旅游收入	X_{16}	0.0385
		国际旅游收入	X_{17}	0.0230

续表

		指标层	指标	权重
文化旅游发展水平测度指标体系	产业规模	旅游总收入	X_{18}	0.0376
		旅游总收入增长率	X_{19}	0.0298
		旅游总收入占 GDP 的比重	X_{110}	0.0044
		旅游总收入占第三产业的比重	X_{111}	0.0052
	资源规模	国家级、省级、市级历史文化名城、名镇、名村	X_{112}	0.0155
		世界遗产及国家、省、市、县级文物保护单位	X_{113}	0.0030
		世界非物质文化遗产，国家级、省级非物质文化遗产	X_{114}	0.0143
		博物馆、图书馆、群众艺术馆、文化馆、文化站数量	X_{115}	0.0030
		文艺演出场次	X_{116}	0.0885
		文化场馆演出场次	X_{117}	0.0286
		国家文化产业示范基地	X_{118}	0.0768
		国家文化产业示范园区数量	X_{119}	0.1035
		A 级景区	X_{120}	0.0234
	社会影响	旅游产业从业人员占总从业总人员的比重	X_{121}	0.0363
		旅游搜索量占全部搜索量的比重	X_{122}	0.0039
		旅游者人均停留天数	X_{123}	0.0017
		入境旅游者在当地居民中所占比重	X_{124}	0.0153
		人均出游率	X_{125}	0.0201
	文化影响	旅游节庆活动数量	X_{126}	0.0228
		旅游报社数量	X_{127}	0.0122
		旅游杂志社数量	X_{128}	0.0100
		地市广播电台数量	X_{129}	0.0721
	保障条件	旅游院校在校学生人数	X_{130}	0.0147
		公路、铁路、航空旅客周转量	X_{131}	0.0136
		公共交通客运量（公交、地铁）	X_{132}	0.0014
		人均城市道路面积	X_{133}	0.0075
		人均公共绿地面积	X_{134}	0.0070
城市经济发展水平测度指标体系	经济实力	GDP 增长率	X_{21}	0.1689
		工业化率	X_{22}	0.0271
		固定资产投资率	X_{23}	0.1384
	产业结构	第二产业占 GDP 的比重	X_{24}	0.0710
		第三产业占 GDP 的比重	X_{25}	0.1572
	社会发展水平	人口	X_{26}	0.0920
		城镇化率	X_{27}	0.1743
		城镇居民人均可支配收入	X_{28}	0.1710

第四节　丝绸之路经济带文化旅游与城市经济协调发展水平测度

一、数据来源

本书的研究数据来自2010—2020年《西安统计年鉴》、2010—2020年《成都统计年鉴》、2010—2020年《昆明统计年鉴》、2010—2020年《西安市国民经济和社会发展统计公报》、2010—2020年《成都市国民经济和社会发展统计公报》，以及2010—2020年《昆明市国民经济和社会发展统计公报》、2010—2020年《中国旅游统计年鉴》及国家统计局官方网站、国家旅游局官方网站。对于无法查阅到的数据，本书在借鉴已有年份数据的基础上，采取了加权平均法对指标进行赋值。

二、文化旅游与城市经济协调发展水平的测度及统计

鉴于数据分析及整理情况，本书从时间角度对西安、成都、昆明的两大系统的发展水平以及两大系统发展的耦合协调度进行分析，并对其发展规律及特点进行总结。

（一）文化旅游发展水平比较（U_1）

从表4-17、图4-2可以看出，2010—2020年，西安、成都、昆明三个城市的文化旅游都经历了一个发展提升过程，西安从0.3271提升到0.7320，成都从0.4855提升到0.8730，昆明从0.3343提升到0.7010，这说明三个城市在文化旅游方面表现较好；原因是增加旅游演出次数、提升旅游质量、挖掘资源内涵等。从横向比较来看，三个城市的文化旅游发展水平为成都>西安>昆明，从而充分验证了本章第一节TOPSIS法分析的结果。

表 4-17　2010—2020 年西部典型城市文化旅游发展水平（U_1）

城市	2010 年	2011 年	2012 年	2013 年	2014 年	2015 年	2016 年	2017 年	2018 年	2019 年	2020 年
西安	0. 3271	0. 5050	0. 3202	0. 3536	0. 5105	0. 4880	0. 6220	0. 7495	0. 8620	0. 9060	0. 7320
成都	0. 4855	0. 5230	0. 4957	0. 5518	0. 6008	0. 4470	0. 7100	0. 7340	0. 7340	0. 8690	0. 8730
昆明	0. 3343	0. 2380	0. 3672	0. 2694	0. 3057	0. 3480	0. 5100	0. 5798	0. 7000	0. 7420	0. 7010

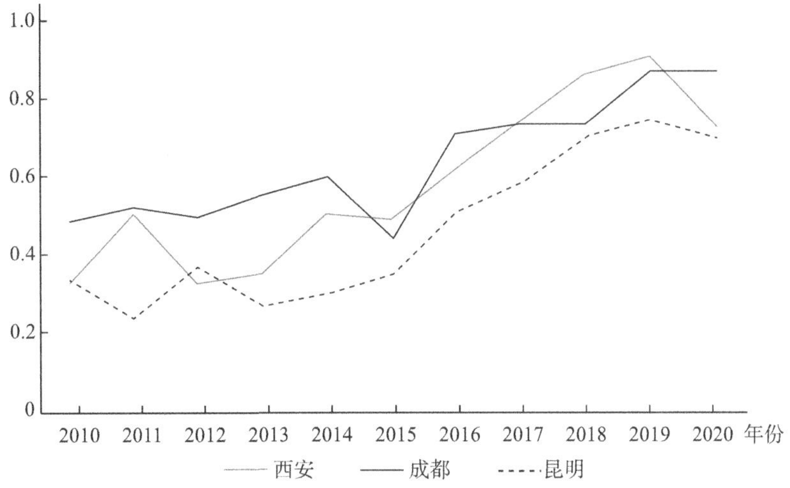

图 4-2　2010—2020 年西安、成都、昆明文化旅游发展水平（U_1）

（二）城市经济发展水平比较（U_2）

表 4-18、图 4-3 显示，2010—2020 年，西安、成都、昆明三个城市的经济发展都经历了一个快速增长的过程，西安从 0. 3280 增长到 0. 7300，成都从 0. 3810 增长到 0. 7760，昆明从 0. 3356 增长到 0. 6900，说明三大城市的经济发展速度增长较快；从横向比较来看，三个城市的经济发展水平为成都 > 西安 > 昆明，与文化旅游发展的速度基本保持同步。

表 4-18　2010—2020 年西部典型城市经济发展水平（U_2）

城市	2010 年	2011 年	2012 年	2013 年	2014 年	2015 年	2016 年	2017 年	2018 年	2019 年	2020 年
西安	0. 3280	0. 3340	0. 3869	0. 4149	0. 5413	0. 6630	0. 7010	0. 6943	0. 6950	0. 6780	0. 7300
成都	0. 3810	0. 3230	0. 4700	0. 5640	0. 6191	0. 5570	0. 7760	0. 8563	0. 8420	0. 7880	0. 7760
昆明	0. 3356	0. 2060	0. 1713	0. 3451	0. 3839	0. 4310	0. 5430	0. 7378	0. 7690	0. 7970	0. 6900

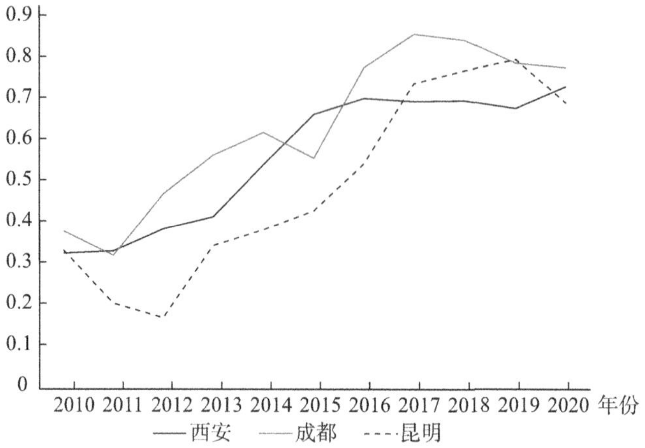

图 4-3 2010—2020 年西安、成都、昆明经济发展水平（U_2）

（三）文化旅游与城市经济发展水平耦合度分析（C）

从表 4-19、图 4-4 中可以看出，2010—2020 年，三大城市两大系统的耦合度为 0.5 左右。

表 4-19 2010—2020 年丝绸之路经济带城市两大系统的耦合度（C）

城市	2010 年	2011 年	2012 年	2013 年	2014 年	2015 年	2016 年	2017 年	2018 年	2019 年	2020 年
西安	0.4923	0.4900	0.4978	0.4984	0.4998	0.4940	0.4990	0.4996	0.4970	0.4950	0.5000
成都	0.4999	0.4860	0.4998	0.5000	0.4999	0.4970	0.5000	0.4985	0.4990	0.4990	0.4990
昆明	0.4894	0.4990	0.4657	0.4962	0.4968	0.4970	0.5000	0.4964	0.4990	0.5000	0.4990

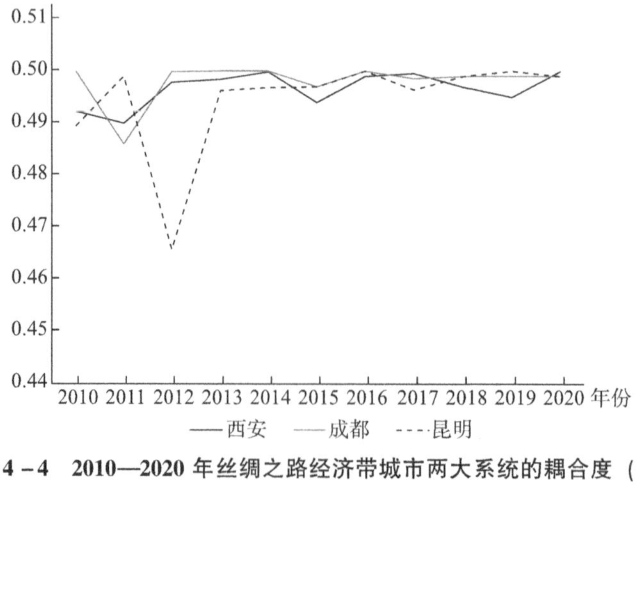

图 4-4 2010—2020 年丝绸之路经济带城市两大系统的耦合度（C）

（四）文化旅游与城市经济发展水平耦合协调度分析（D）

从表4-20、表4-21、图4-5的结果可以看出，2010—2020年，西安、成都、昆明的文化旅游与城市经济发展水平耦合协调度经历了失调到协调的发展历程，西安由2010年的中度失调发展到2020年的初级协调，成都由2010年的轻度失调发展到2020年的初级协调，昆明由2010年的中度失调发展到2020年的初级协调。因此，三个城市的发展特点可以总结为：①三大城市的文化旅游与城市经济发展耦合协调度呈现稳步上升的趋势；②三大城市的文化旅游与城市经济发展耦合协调度有待进一步加强。三个城市虽然达到初级协调阶段，但耦合协调度指数均在0.6左右，说明三大城市两大系统的协调度并不高，还有待加强；相比之下，东部两大系统协调较好的城市耦合协调度指数均在0.85以上。原因在于，新冠疫情对全国城市经济和旅游业的影响较大，丝绸之路经济带沿线城市的文化旅游业出现入境游客、国内游客等指标负增长的不良现象。

表4-20　2010—2020年西部典型城市文化旅游与城市经济发展水平耦合协调度指数（D）

城市	2010年	2011年	2012年	2013年	2014年	2015年	2016年	2017年	2018年	2019年	2020年
西安	0.3194	0.4441	0.4234	0.4411	0.5140	0.5410	0.5780	0.5983	0.6153	0.6170	0.5513
成都	0.4320	0.4426	0.4899	0.5287	0.5530	0.5050	0.6120	0.6344	0.6312	0.6400	0.5668
昆明	0.3224	0.3304	0.3410	0.3952	0.4190	0.4450	0.5145	0.5787	0.6085	0.6220	0.5265

表4-21　2010—2020年西安、成都、昆明文化旅游与城市经济发展耦合协调度统计

年份	西安	成都	昆明
2010	轻度失调	濒临失调	轻度失调
2011	濒临失调	濒临失调	轻度失调
2012	濒临失调	濒临失调	轻度失调
2013	濒临失调	勉强协调	轻度失调
2014	勉强协调	勉强协调	濒临失调
2015	勉强协调	勉强协调	濒临失调
2016	勉强协调	初级协调	勉强协调
2017	勉强协调	初级协调	勉强协调
2018	初级协调	初级协调	初级协调

续表

年份	西安	成都	昆明
2019	初级协调	初级协调	初级协调
2020	勉强协调	勉强协调	勉强协调

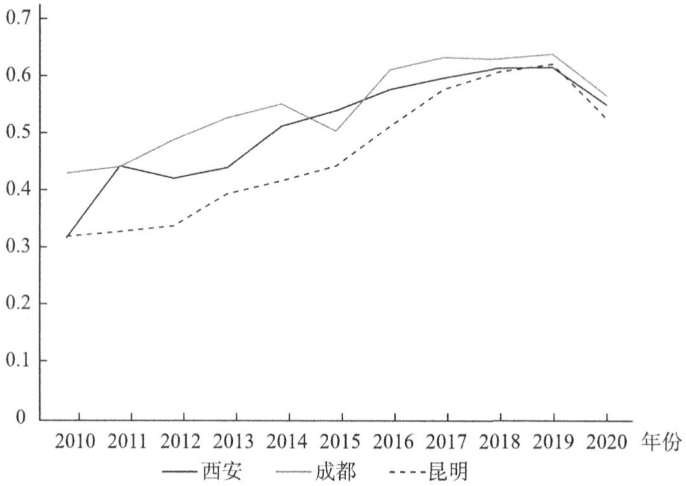

图 4-5　2010—2020 年西安、成都、昆明的文化旅游与城市经济发展耦合协调度

第五节　丝绸之路经济带文化旅游与城市经济协调发展水平评价

一、西安文化旅游与城市经济协调发展水平评价

如表 4-22 所示，2010 年、2012—2016 年 $U_1 < U_2$，说明西安的文化旅游发展滞后于城市经济发展；2011 年、2017—2020 年 $U_1 > U_2$，说明西安的城市经济发展滞后于文化旅游发展，西安城市经济的发展有待进一步提升。另外，西安的文化旅游与城市经济发展水平耦合协调度指数虽然在逐步上升，但是还没有到达较好的协调程度，因此，两大系统的发展都有待进一步提升。

表 4－22　2010—2020 年西安的文化旅游与城市经济协调度和耦合度评价

年份	U_1	U_2	C	D	U_1 与 U_2 比较	类型
2010	0.3271	0.3280	0.4923	0.3194	$U_1 < U_2$	轻度失调
2011	0.5050	0.3340	0.4900	0.4441	$U_1 > U_2$	濒临失调
2012	0.3202	0.3869	0.4978	0.4234	$U_1 < U_2$	濒临失调
2013	0.3536	0.4149	0.4984	0.4411	$U_1 < U_2$	濒临失调
2014	0.5105	0.5413	0.4998	0.5140	$U_1 < U_2$	勉强协调
2015	0.4880	0.6630	0.4940	0.5410	$U_1 < U_2$	勉强协调
2016	0.6220	0.7010	0.4990	0.5780	$U_1 < U_2$	勉强协调
2017	0.7495	0.6943	0.4996	0.5983	$U_1 > U_2$	勉强协调
2018	0.8620	0.6950	0.4970	0.6153	$U_1 > U_2$	初级协调
2019	0.9060	0.6780	0.4950	0.6170	$U_1 > U_2$	初级协调
2020	0.7320	0.7300	0.5000	0.5513	$U_1 > U_2$	勉强协调

二、成都文化旅游与城市经济协调发展水平评价

如表 4－23 所示，2010—2012 年、2019 年、2020 年 $U_1 > U_2$，说明成都的城市经济发展滞后于文化旅游发展；2013—2018 年 $U_1 < U_2$，说明成都的文化旅游发展滞后于城市经济发展。另外，成都的文化旅游与城市经济发展水平耦合协调度指数虽然在逐步上升，但还没有到达较好的协调程度，因此，两大系统的发展都有待进一步提升。

表 4－23　2010—2020 年成都的文化旅游与城市经济协调度和耦合度评价

年份	U_1	U_2	C	D	U_1 与 U_2 比较	类型
2010	0.4855	0.3810	0.4999	0.4320	$U_1 > U_2$	濒临失调
2011	0.5230	0.3230	0.4860	0.4426	$U_1 > U_2$	濒临失调
2012	0.4957	0.4700	0.4998	0.4899	$U_1 > U_2$	濒临失调
2013	0.5518	0.5640	0.5000	0.5287	$U_1 < U_2$	勉强协调
2014	0.6008	0.6191	0.4999	0.5530	$U_1 < U_2$	勉强协调
2015	0.4470	0.5570	0.4970	0.5050	$U_1 < U_2$	勉强协调
2016	0.7100	0.7760	0.5000	0.6120	$U_1 < U_2$	初级协调
2017	0.7340	0.8563	0.4985	0.6344	$U_1 < U_2$	初级协调
2018	0.7340	0.8420	0.4990	0.6312	$U_1 < U_2$	初级协调
2019	0.8690	0.7880	0.4990	0.6400	$U_1 > U_2$	初级协调
2020	0.8730	0.7760	0.4990	0.5668	$U_1 > U_2$	勉强协调

三、昆明文化旅游与城市经济协调发展水平评价

如表 4－24 所示，2011 年、2012 年、2020 年 $U_1 > U_2$，表示昆明的城市经济发展滞后于文化旅游发展；2010 年、2013—2019 年 $U_1 < U_2$，表示昆明的文化旅游发展滞后于城市经济发展。另外，昆明的文化旅游与城市经济发展水平耦合协调度指数虽然在逐步上升，但是还没有到达较好的协调程度，所以，两大系统的发展都有待进一步提升。

表 4－24　2010—2020 年昆明的文化旅游与城市经济协调度和耦合度

年份	U_1	U_2	C	D	U_1 与 U_2 比较	类型
2010	0. 3343	0. 3356	0. 4894	0. 3224	$U_1 < U_2$	轻度失调
2011	0. 2380	0. 2060	0. 4990	0. 3304	$U_1 > U_2$	轻度失调
2012	0. 3672	0. 1713	0. 4657	0. 3410	$U_1 > U_2$	轻度失调
2013	0. 2694	0. 3451	0. 4962	0. 3952	$U_1 < U_2$	轻度失调
2014	0. 3057	0. 3839	0. 4968	0. 4190	$U_1 < U_2$	濒临失调
2015	0. 3480	0. 4310	0. 4970	0. 4450	$U_1 < U_2$	濒临失调
2016	0. 5100	0. 5430	0. 5000	0. 5145	$U_1 < U_2$	勉强协调
2017	0. 5798	0. 7378	0. 4964	0. 5787	$U_1 < U_2$	勉强协调
2018	0. 7000	0. 7690	0. 4990	0. 6085	$U_1 < U_2$	初级协调
2019	0. 7420	0. 7970	0. 5000	0. 6220	$U_1 < U_2$	初级协调
2020	0. 7010	0. 6900	0. 4990	0. 5265	$U_1 > U_2$	勉强协调

四、总体评价

第一，三大城市均具有良好的文化旅游资源发展基础，并把旅游业作为支柱产业发展，把高水准的文化旅游作为发展旅游业的方向和目标，所以三个城市文化旅游产业的发展水平越来越高。

第二，在丝绸之路经济带沿线城市中，西部城市的经济发展水平落后于东部城市，且城市经济发展的起步较低，虽然拥有良好的文化旅游产业资源优势，但是作为旅游业发展基础的城市经济发展并不充分，因此，城市的发展无法完全依赖于旅游业的发展，以免出现“荷兰病”和“去工业化”的

危险。

第三，从时间发展态势来看，自 2019 年起，西安、成都文化旅游发展水平高于城市经济发展水平，而在此之前，大多数年份都是文化旅游发展水平低于城市经济发展水平的状态。这是由于我国于 2018 年决定组建文化和旅游部，文化和旅游统筹发展、融合发展由此进入新的发展阶段。自 2020 年开始，昆明的文化旅游发展水平高于城市经济发展水平，因为昆明的经济产业基础和文化旅游产业基础均没有西安和成都好，政策响应稍显缓慢。

第四，从纵向来看，2010—2020 年城市的文化旅游和城市经济发展的耦合协调度数据显示，成都最高、西安次之、昆明最低。原因在于，成都的城市经济发展在总量和速度上均快于西安和昆明，且在文化旅游发展方面的创意以及运作模式均领先于西部地区其他城市，成都市区的锦里古镇、宽窄巷子以及以川菜等为代表的川蜀文化旅游均为中外游客所追捧。

第六节　本章小结

为了对文化旅游与城市经济发展水平进行定量测度，本章在专家调查法、问卷调查法、文献研究法的基础上形成了文化旅游发展水平测度的指标体系及城市经济发展水平测度的指标体系。运用熵权法进行权重赋值，并对成都、西安、昆明西部三个典型文化旅游城市的文化旅游发展水平及城市经济发展水平进行定量测度和评价；在建立两个系统指标体系的基础上，借鉴耦合协调度模型，结合 2010—2020 年三个城市的相关统计数据，对其文化旅游和城市经济协调发展的总体水平和分年度水平进行测度，并对协调度水平测度的结果进行剖析。

第五章　丝绸之路经济带文化旅游与城市经济协调发展的实现路径

第一节　国外文化旅游与城市经济协调发展的经验借鉴

一、欧洲各国文化旅游与城市经济协调发展模式

在文化旅游发展方面，欧洲一直是世界上的典型区域，其文化遗产的保护和再利用方法都是世界其他国家借鉴的典范，法国、意大利、德国是欧洲文化旅游的典型国家，在入境和出境游方面均居世界前列，欧洲诸多国家都拥有丰富的文化遗产。有资料显示，欧洲的41个国家共拥有367项世界遗产（其中12项为跨国遗产），其中文化遗产327项、自然遗产33项、文化与自然双重遗产7项。[①] 欧洲城市的发展面临着结构性衰退、功能性衰退和物质性老化等严重问题（张伟，2013）。欧洲的许多古城在城市发展过程中并没有把原有建筑推倒重建，而是在古老城市的基础上倡导“区域复兴”。“区域复兴”是西方国家在20世纪50—60年代针对老城区增长缓慢、功能弱化、就业下降以及其他矛盾的问题而提出的战略，实质上是区域的重新振兴，经历了产业与功能转型、传统产业的现代化改造、管理制度变迁、区域政策调整、城市改造与振兴、生态环境治理、基础设施重建、区域形象提升等诸多方面的变化（李诚固，2008）。

“区域复兴”成为目前欧洲国家提升城市竞争力的主要手段。德国鲁尔地

---

① 百度．欧洲世界遗产［EB/OL］．（2019－07－13）［2022－06－22］．百度百科，https：//baike. baidu. com/item/%E6%AC%A7%E6%B4%B2%E4%B8%96%E7%95%8C%E9%81%97%E4%BA%A7/8395489？fr＝aladdin.

区就是这方面的典范，充分利用原有古老城市的文化遗产资源，既达到了保护的目的，又带来了经济收益，并通过国家和城市规划，优化城市布局，达到文化遗产保护和城市协调发展的双重目的。

同时，欧洲各国注重各个国家和地区之间的合作，采用合作营销、共同保护、制度一致等方式加强互动合作，始于1985年的欧洲“文化之都”活动致力于推广欧洲文化城市，每年评选出几个有代表性的文化城市，并授予“文化之都”的称号。“文化之都”通过各种文化活动，展示自己的文化遗产以及文化成就，以此加强与欧洲以及世界其他国家和地区的文化交流。“文化之都”活动既有效地提高了城市的影响力，也促进了本地区文化和城市经济的发展。

二、美英国家文化旅游与城市经济协调发展模式

由于历史等因素，美英国家的政策制度大多如出一辙。美国从20世纪90年代倡导新凯恩斯主义以来，将国家宏观调控与市场机制有机结合起来。在国家宏观调控政策下，美国的文化元素作为城市复兴的经济资本，成为城市的新名片，独特的文化元素成为城市独特的竞争力。整合文化元素与现代生活元素，并与城市规划相结合，成为美英国家提升城市活力的重要手段。美英国家注重从国家层面倡导文化遗产保护，美国颁布的《国家历史保护法》确立了“联邦州地方”各级保护体系，针对各类文化遗产、文化历史遗存以及古代生活场景构建了完善的法律保护体系。这种保护体系对西方各国的影响比较大。此外，对私人投资遗产建筑等行为的税收减免奖励政策起到了很大的激励作用，美国的这种自由、开放的管理模式鼓励地方及产业自主发展，享受联邦政府的政策倾斜及经济补助（宋振春，2012）。

三、新加坡文化旅游与城市经济协调发展模式

事实上，很多国家和地区文化旅游的发展与文化产业的发展融为一体，新加坡也是如此，在经济发展的同时，把文化产业的发展作为国家经济发展和人文改善的主要“助推器”。国家层面出台了推动文化产业发展的一系列政

策和措施，1989年新加坡文化艺术咨询理事会出台的《国家艺术发展报告书》、2000年出台的《文艺复兴城市报告》以及2003年的“再造新加坡”计划等从政策层面加强文化艺术人才的培养。文化产业的发展带动了文化旅游产业的发展，新加坡2012年的游客人数达到1400万。

新加坡政府认为，文化遗产既是一种经济资本，又是一种社会资本，保护文化遗产可以为生产发展贡献力量。新加坡政府在极力保护文化景观的同时，划出了成片的遗产链历史保护区域，如中国城（Chinatown）、小印度（Little India）等，这些保护区域的面积占中心城区总面积的4%。同时，新加坡以“花园城市”而著称，良好的城市环境和经济发展业绩吸引了大量的游客。新加坡的会展业也成为文化发展方面的典型案例，每年举办的大型国际赛事、国际会议有效推动了城市的经济发展。

四、国外文化旅游与城市经济协调发展经验借鉴

（一）在国家层面，制定有利于城市和文化旅游协调发展的政策

从欧美英以及新加坡等国家和地区的发展历程来看，这些国家和地区都比较注重文化旅游资源保护，并以国家法律法规和制度来保护文化资源。事实上，对于经济较为发达的欧美国家来说，保护好文化资源就是保护城市的吸引力，文化特色成为城市发展的方向。城市发展倡导适度发展，城市布局和经济发展都应以保护文化遗产为首要前提，因此，欧美城市在发展过程中倡导文化遗产古老城区的“区域复兴”，确保文化遗产保护和文化旅游发展以及城市的发展处于互动协调的运转轨道。

（二）在城市层面，制定有效的城市发展规划

欧美城市注重城市规划的制定，且具有长效性，并不会因城市管理者的改变而使城市规划朝令夕改。同时，长官意志的干扰作用并不大，全民参与及监督机制，使得城市的规划只能服从于城市发展实际。有效、完善、长效的城市发展规划，是城市文化资源保护得到有效实现的重要保证。

（三）在微观层面，注重私人资本或者机构对文化遗产保护的介入

欧美城市对于私人资本或者机构介入文化遗产保护有着较好的奖励制度，

“文化遗产的再利用模式”成为欧美社会普遍接受的一种私人资本参与文化遗产保护的方式。通过对旧文化遗产的重新开发再利用，使文化遗产的经济效益得以发挥，既能使地方政府避免为文化遗产保护筹措资金而陷入困境，又能让私人机构从中获利。美国昆西市场改造、英国曼哈顿阁楼开发等的实践证明，文化遗产保护和再利用已经成为欧美城市经济的一个产业。

（四）在国民意识层面，加强对文化遗产资源的保护与城市协调发展的认可和全民参与

欧美国家的大部分城市在“二战”后的很长一段时间内，以推倒重建为主要的城市发展方式，破坏了大量的历史遗存。在此过程中，随着民众对破坏文化遗产和历史遗存的反对愈发激烈，当局者开始对城市发展模式进行反思，城市发展模式转向“再利用模式”。西方城市的发展观尊重民众参与和民众意愿的表达，而民众有较强的文化遗产保护意识，因而当局者的监督作用更加有效。

第二节　国内文化旅游与城市经济协调发展经验借鉴

杭州是浙江省省会，是浙江的政治、经济、文化中心，至今已有2200多年的历史，是中国七大古都之一，五代吴越国和南宋王朝都曾在此建都，素有“上有天堂，下有苏杭”的美誉。

杭州不但拥有丰富的文化旅游资源，而且城市经济保持稳健增长，2020年全市实现地区生产总值16106亿元，比2019年增长3.9%。其中第一产业增加值为326亿元，第二产业增加值为4821亿元，第三产业增加值为10959亿元，除第一产业下降1.1%外，第二产业与第三产业分别增长2.3%和5.0%。人均生产总值为13.49万元，全市居民人均可支配收入为61879元，同比增长4.4%。

杭州的经济发展以及区位优势为文化旅游发展奠定了基础，而文化旅游的发展提升了杭州的城市品位和城市形象，确保杭州的游客满意度历年都名列前茅。总体来说，杭州文化旅游与城市经济发展的经验如下。

一、注重城市历史文化的保护和传承

南宋文化是杭州的文化之魂。杭州在发展文化旅游时，注重对各种文化资源的利用，加强对饮食文化、宗教文化、茶文化、建筑文化等的重新梳理、整合以及创新，杭州“西湖十景”的再现就是文化旅游发展的佐证。杭州文化旅游的发展与文化旅游的研究互相促进，南宋史研究中心的成立以及有关专著的出版对城区文化氛围的营造作用较大。为了保留原有建筑和社区，在不迁移区内原有居民的前提下，杭州市通过对上述城区进行重新规划建设，开发了南宋皇城大遗址公园，有效再现了南宋皇城的原貌，保护了皇城遗址，改善了原有居民的生活环境，也节约了大拆大建的成本。

二、创新城市和文化旅游发展理念——西湖经验

杭州西湖环城公园从2002年开始实行“一免四不”政策，即免费开放、门票不涨价、不出让土地、不破坏文物、不侵占公共资源。① 表面上看，每年的门票收入虽然有所减少，但是西湖景区的免费开放却带动了周边旅游产业经济效益的大幅增长。杭州西湖环城公园是我国第一家不收门票的5A级景区，免费政策实行10多年来，杭州市经济、社会、环境效益得到极大提升。这种创新性的理念是对文化旅游和城市经济协调发展的有益探索。

西湖景区实行“一免四不”并不是偶然事件。事实上，浙江是最先具有免费提供公共文化服务意识的省份，也是我国最早实行博物馆免费开放的省份，以自身的成功实践推动了公共博物馆免费开放制度的建立。在此之后，以2008年国务院公布的《关于全国博物馆、纪念馆免费开放的通知》为标志，我国进入博物馆全面免费的新时代。

西湖景区的免费开放，对杭州市整体的城市形象和旅游经济效益起到了正面促进作用，门票免费带来了游客量的增加以及游客停留天数的增加，从

---

① 徐嵩龄，刘宇，钱薏红，等. 西湖模式的意义及其对中国遗产旅游经济学的启示［J］. 旅游学刊，2013，28（2）：23－34.

而带来了整个城市旅游相关行业收入的增加。西湖景区巩固了遗产作为公共资源的地位，维护了公共遗产的形象，有利于文化遗产保护，并且打破了我国旅游业长期以 GDP 增长为导向的陈旧理念。西湖经验是我国文化旅游与城市经济发展的成功典范。

三、城市发展注重对遗产资源保护的空间布局优化

杭州市依托西湖等文化旅游景区，城市的整体发展布局以保护文化遗产资源为前提，通过疏散老城区和风景区的人口，达到保护老城区的目的；然后，逐渐开发以钱塘江为轴线的新城区，从而形成“保老城，建新城”的城市布局（李虹，2012）。我国目前大部分城市的发展历程都是“拆老城，建新城”，城市面貌大都焕然一新，但是代表城市文化元素和历史积淀的老旧文物不得不为城市新建让路。对于城市管理者来说，城市的文物保护与城市建设发展成为现代城市发展中绕不开的命题。而杭州西湖文化旅游景区的城市建设发展既保护了历史文化老城区，又拓展了城市发展道路。同时，杭州市通过“西湖保护工程”，一方面把西湖核心景区影响景观的建筑拆除，把景区单位及住户外迁，减轻西湖景区的人口负担，另一方面新建景区公共绿地，极大地保护了城市的核心文化旅游景区，这种做法是值得其他城市借鉴的成功经验。

第三节　丝绸之路经济带文化旅游与城市经济协调发展的理念更新

一、城市发展理念的倡导——包容增长与城市更新

我国的城市发展跟国外诸多城市的发展很相似，城市的发展为城市建设—推倒重建—适度发展的模式，由于我国经济发展比较落后等历史原因，我国大部分城市现在仍处于推倒重建的发展阶段，在城市建设方面，工业文明促进的城市高速发展仍在继续。但是，近几年来，我国部分大中城市出现

严重的空气污染、环境恶化、人口激增，城市管理者意识到工业文明促进城市高速发展所带来的弊端，开始对城市发展模式的转型进行思考。因此，“低碳生态城市”成为未来我国城市的发展方向。文化旅游的发展与低碳城市的发展要求是一致的。“中国创意产业之父”厉无畏指出：“城市发展文化创意产业有三条路径：一是旧区改造，城市更新；二是资源开发，文化演绎；三是建立旗舰项目，实现综合运作。”丝绸之路经济带城市的经济发展速度慢于东部城市，在城市建设上，不必延续推倒重建的发展模式，打造特色城市才是丝绸之路经济带城市的发展之道。丝绸之路经济带城市应在延续城市的历史文脉、保护城市的历史文化遗产的同时，结合城市的区域文化特色，探索城市特色发展道路。而文化旅游及文化创意产业发展所倡导的“适度发展与城市更新”城市发展模式正符合丝绸之路经济带城市的发展理念。

二、文化旅游发展理念——保护第一与再生利用

对于西部的历史文化城市来说，发展文化旅游是城市的特色发展之路，文化旅游的发展也是我国诸多旅游城市发展的必然选择。文化旅游发展的基础是城市的文化遗产资源，要秉承“保护优先、适度开发”的发展理念，同时要进行再生利用，因为文化遗产保护本身就是一种经济资本。文化遗产保护较好的城市，对外的影响力和宣传力都较高，这一点在欧洲的许多城市已得到证明。

过度开发虽然在短期内可能会为城市带来较好的经济收益，但是，从长期来看，这种开发对旅游产业和文化遗产造成了毁灭性打击。我国许多文化景区近年来也意识到了这一点，开始实行限制游客进入等措施来引导和分散人流，以此保护核心景区资源。

同时，在保护的基础上实现再利用，开发与文化遗产资源相适应的产品，可以实现城市文化旅游品位的提升和经济效益的双丰收。近年来许多景区推出的景区文化演艺活动，既弘扬了景区文化，又带来了经济收益；许多城市推出的各种文化演艺活动，为文化遗产资源再利用开创了新的思路。

三、文化和城市发展理念——以人为本与可持续发展

我国城市发展的历程相比西方社会来说时间较短，且城市的社会背景不同，我国城市发展极具社会主义特色，政府意志和长官意志在城市的发展历程中占据主导地位，带有浓厚的政治色彩。因此，在大部分城市的发展历程中，以文化为导向的城市建设并不多见。可喜的是，在东部发达城市中，有许多城市已经将城市的转型和升级与文化建设联系起来。在丝绸之路经济带城市中，以文化产业为主和以文化为导向的城市建设也得到了较好发展，如西安曲江地区在曲江文化产业集团的运作下，采用“文化 + 旅游 + 地产”运营模式把曲江新区及泛曲江地区变成了文化新区和城市品牌所在地；成都的文化运营模式更加成功，锦里、宽窄巷子等区域成为文化旅游带动城市经济增长的典型区域。

城市的可持续发展需要文化转型、文化遗产保护、规范的法律法规和长期有效的制度保障，也需要民众的积极参与和广泛支持，尤其是面临转型的资源枯竭型城市。只有文化和城市发展相结合，才能体现城市特色，提升城市形象。

第四节　丝绸之路经济带协调发展路径分析——包容性增长

文化旅游城市需要找寻一条符合城市实际的发展道路，并立足于城市的发展状况，逐步探索新道路和新模式。

文化旅游与城市经济的发展模式应以包容性增长为主，既要实现城市经济的高质量发展，让文化旅游成为助推城市经济高质量发展的动力，又要满足人民对美好生活的追求，增强人民精神力量。

一、文化旅游推动城市经济发展模式

对于文化旅游推动城市经济发展的城市来说，文化旅游产业的发展在推

动城市经济发展的过程中扮演着举足轻重的角色，文化旅游产业的发展带动了城市相关产业的发展。要促进文化旅游与城市经济的协调发展，必须以保护文化遗产资源为基础，充分发挥文化旅游产业的带动作用。

从产业角度来分析，在这种发展模式中，文化旅游产业在城市生产总值中的贡献较大，是城市主要的支柱产业之一，城市发展对文化旅游的依赖程度较大。所以，在文化旅游与城市经济发展的过程中，文化旅游对于城市经济的发展具有带动作用，能够促进城市其他产业的均衡发展。

（一）保护文化遗产资源

在文化旅游推动城市经济发展的城市中，文化旅游资源是城市发展最重要的基础。城市的文化旅游资源以文化遗产资源为基础，若文化遗产资源被过度挖掘，则城市的可持续发展将成为难题。所以，保护城市赖以发展的文化遗产资源，杜绝破坏及过度挖掘等行为，是此类城市经济和文化旅游协调发展的根本所在。

文化遗产资源是城市文化旅游发展的根本，没有文化遗产资源，就没有城市发展特色。所以，保护好文化遗产，有利于城市特色和文化旅游发展基础的建立。城市管理者可以探索城市文化旅游发展的多种形式，文化创意产业的发展既可以延续城市的历史文脉，又可以发挥文化的资本价值，同时又降低了城市的改造成本，提升了城市的形象。

在发展之初，西部很多城市都以追求经济效益的提高为目的，在拆除古建筑的基础上兴建地产在短期之内的确带来了经济收益，却破坏了城市原有的文化资源，割断了城市的文脉，对城市历史文化完整性与真实性的延续造成毁灭性的打击，不利于城市文化旅游的长期发展，也不利于城市经济的长远发展。但是，也有专家认为，有些文化遗产资源的原真性虽然得到了保护，但是所在区域居民生活条件无法改善，旅游业的发展给当地居民带来的福利效应并不明显。因此，必须寻求既可以利用文化旅游来促进地区经济发展，又有利于文化遗产保护的可行之道。从目前来看，保护核心区域的不可再生性文化遗产资源、丰富文化旅游的外延形式、挖掘多种类型的文化遗产资源表现形式，都是兼顾城市经济发展与文化遗产保护的有效方式，文化旅游演艺节目的挖掘、文化遗产陈列形式的改变，以及与文化旅游相关的节庆活动都是文化旅游发展的重要形式。

（二）做好城市发展的空间布局规划，对文化旅游区域进行分区管理

要实现文化旅游与城市经济的共同发展，应做好城市发展的空间规划，对核心景区和边缘景区进行区别化管理。核心景区要加强文化遗产资源的保护，限制开发程度，探索多种形式的文化遗产展示方式，关注文化旅游发展对当地社区和居民以及遗产保护延续性的影响；对于边缘文化旅游景区，可以探索文化旅游发展的多种形式，如文化旅游创意园区、各种节气活动等，加大宣传推介力度，提升文化和旅游影响力，吸引更多游客，创造经济效益。城市在进行规划时，要尽可能地把经济发展、基础设施、旅游流量等各种因素考虑在内，同时应注重长期性和有效性。对于文化旅游城市来说，城市规划的核心是在发展城市的同时与城市形象提升相结合、与城市的历史文化脉络相结合。任何割裂城市文化形象的城市建设和不兼顾文化保护的城市发展，都是不具有长远发展眼光的。

人们对于遗产城市的文化旅游发展模式，也应区别对待。本书借鉴欧洲EPSON项目开发的遗产利用模式（见图5－1），在低需求、低供给的文化能力不足地区，城市管理部门要尽可能地开发新的文化旅游产品，创新文化旅游资源模式，改革和创新旅游营销方式，提升自身的文化供给能力，挖掘多种文化旅游形式；对于高需求、低供给的地区，应采取限制需求的手段，维护核心资源的保护和平衡；对于低需求、高供给的地区，应拓展营销渠道，改善基础设施，提升游客的可进入性。

另外，根据分区管理原则，在文化旅游的可发展区域，可以通过政策引导、经济鼓励等多种方式形成文化产业集聚区，在打造城市文化特色的同时，兼顾区域经济发展。文化产业集聚区必须与文化创意产业发展相结合，才能提升该区域的吸引力和运作力。

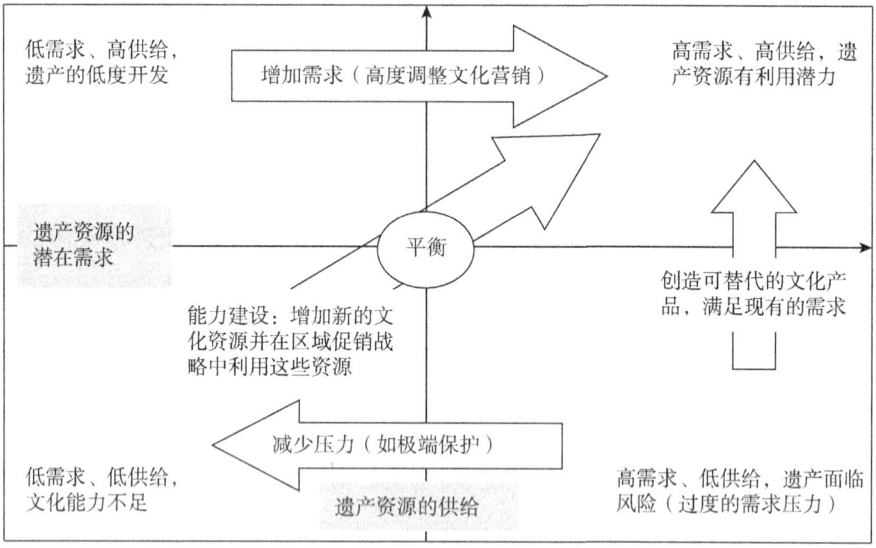

图 5－1　基于遗产资源空间效应的旅游政策模式①

（三）发展文化旅游产业集群，形成城市增长极

旅游产业集群是在一定地域空间，由相互关联的旅游企业及其他相关组织机构组成的具有复杂性的产业组织形式（卞显红，2012）。因此，文化旅游产业集群也是由文化旅游企业与其他组织形成的产业组织形式，如文化旅游产业园区、城市综合体等。

文化旅游产业集群的主要功能和作用在于形成城市的经济增长极，从而带动城市经济的增长。如西安市的曲江文化产业园区，是陕西省、西安市确立的以文化产业和旅游产业为主导的城市发展新区，其核心区域面积为 40.97 平方千米，同时辐射带动大明宫遗址保护区、法门寺文化景区、临潼国家旅游休闲度假区和楼观台道文化展示区等区域的开发，开发区域总面积近 150 平方千米。作为国家级文化旅游产业园区和 5A 级景区，其文化旅游产业占全

① Jansen-Verbeke M，Russo A P. 旅游文化资源：格局、过程与政策［M］. 孙业红，译. 北京：中国环境科学出版社，2010.

西安市“半壁江山”，地区生产总值同比增长12.2%。[①] 同时，其文化旅游产业集群可以作为城市文化和城市形象的代表区域，在城市经济增长和城市形象塑造方面的贡献较大。

文化旅游产业集群的表现形式丰富，在我国最具代表性的是文化旅游产业园区，其虽然起步较晚，但发展迅速，如山东曲阜文化产业园区、四川青羊绿舟文化产业园区，都是当地极具特色又对当地经济贡献较大的产业集群。

（四）发挥文化旅游产业集团的积极作用

文化旅游资源的挖掘和文化旅游产业的发展离不开具有雄厚资金实力和丰富文化旅游产业运作经验的企业的支撑，因此文化旅游产业集团应运而生。地区文化旅游产业集团的组建，必须包括几大关键点：优质的文化遗产资源、英雄式的集团管理者、先进的文化产业运作理念。宋城集团、曲江文化旅游集团、灵山文化旅游集团是我国文化旅游集团中的优秀代表，它们打造了一批地方特色浓厚、文化资源特色鲜明的文化旅游项目，如宋城集团打造的《宋城千古情》《丽江千古情》《三亚千古情》，曲江文化旅游集团打造的泛曲江文化旅游产业园区等均为地方经济发展注入了活力。

同时，我国文化旅游集团发展的一大特点是旅游地产与文化旅游融合发展，如华侨城集团和万达集团，地产集团雄厚的资金实力与文化旅游的高吸引力相结合，促进了文化旅游地产的飞速发展。同时，文化旅游地产的发展带动了相关产业的发展和地区就业岗位的增加，从而推动了地区经济的飞速发展。

二、城市经济推动文化旅游发展模式

城市经济推动文化旅游发展的城市，这一模式的特点是城市经济的繁荣发展推动城市文化产业的进步，从而促进文化旅游的发展，并享受城市经济发展正外部性，如基础设施便利、交通条件改善、接待设施及服务的改善。这种发展类型适用于大中型城市，如上海、香港、深圳等。在文化旅游与城

---

① 张章，杨雄伟．曲江新区迈出文化强区经济社会发展铿锵步伐［EB/OL］．（2016－7－29）［2022－06－22］．搜狐网，https：//www. sohu. com/a/108168494_160914.

市经济的协调发展方面，需要不断创新文化旅游产品，塑造文化旅游品牌，创新文化旅游发展理念。

（一）塑造文化旅游品牌

文化旅游品牌的塑造是一项复杂的系统工程，但城市文化旅游品牌的成功塑造对城市文化旅游资源的宣传和城市知名度的提升作用是巨大的。品牌塑造需要深刻总结城市文化旅游资源的主要特点，形成文化旅游宣传口号，设计标志性的LOGO，同时要与系列的宣传推广活动相配套。需要说明的是，城市文化旅游品牌的凝练应尽可能地体现城市文化旅游资源的特点。吴必虎、俞曦（2010）以北京市为例，分析了目的地品牌建设与形象设计的重要性，主要内容包括认知调查、核心理念（MI，如口号设计）、视觉设计（VI，如旅游徽标）。2014年4月，由人民网、《中国旅游报》、中华文化促进会、旅游文化研究中心联合举办的“中国文化旅游知名品牌”征集活动，经过近5个月的评选，公布了“影响世界的中国文化旅游名城、名县、名镇、名景、名人、口号”等一批六类知名文化旅游品牌获奖名单（见表5－1）。[①]

表5－1　影响世界的中国文化旅游口号

序号	省份/城市	文化旅游宣传口号
1	山东省	好客山东
2	重庆市	重庆非去不可
3	江西省	江西风景独好
4	湖北省	灵秀湖北
5	新疆维吾尔自治区	新疆是个好地方
6	云南省	七彩云南，旅游天堂
7	三亚市	美丽三亚，浪漫天涯
8	商洛市	秦岭最美是商洛
9	江山市	江山如此多娇，风景这边独好
10	常熟市	江南福地，常来常熟

资料来源：“影响世界的中国文化旅游名城、名县、名镇、名景、名人、口号”等一批六类知名文化旅游品牌获奖名单。

① 秦晶．影响世界的中国文化旅游知名品牌获奖名单公布［EB/OL］．（2014－04－15）［2022－06－22］．人民网，http：//travel. people. com. cn/n/2014/0415/c41570－24897488. html.

城市文化旅游品牌既要代表文化旅游形象，又要与城市形象相契合。成功的城市文化旅游品牌有助于城市形象的提升，也有助于城市文化旅游的宣传推广。同时，城市文化旅游品牌的内涵是丰富的，既可以是一个景点，也可以是一条线路，还可以是一个旅游目的地。所以，品牌的标识与宣传口号的设计和选择尤为重要，它是城市文化特色以及形象的凝练。同时，品牌是富于价值的，成功的文化旅游品牌是城市发展的“助推器”，既能帮助城市形象提升，也能为城市发展带来巨大发展机遇。

城市文化旅游品牌的塑造和推广，对于文化旅游资源保护也具有重要意义；城市文化旅游的发展之道在于保护核心资源，丰富外延形式。对文化旅游资源衍生产品及相关产业链的开发以及文化旅游商品的开发和创新，需要文化旅游品牌做支持，能够更好地对旅游资源进行塑造和推广。

（二）创新城市经济和文化旅游发展理念与运行模式

人类对文化遗产的再利用能够更好地发挥文化遗产的经济效益。国外许多城市对于私人或者机构介入文化遗产保护有着较好的奖励制度，“文化遗产的再利用”成为欧美社会普遍接受的一种私人资本介入文化遗产保护的模式，其通过对旧文化遗产的重新开发再利用，使文化遗产的经济效益得以发挥。西方社会已经把文化遗产的保护和再利用作为产业加以发展。诸多文化遗产再利用公司进行专业化的维护和利用，并通过独特的呈现形式实现文化遗产的再利用。

文化旅游发展的资本来源有三个：私人资本、社会资本以及政府资本（见图5－2）。由于私人资本利益的无限性以及相关约束制度的不健全，私人资本投资在我国文化旅游领域并不多见，但私人资本投资可以作为我国未来文化旅游业探索的模式；社会资本主要是非营利性的公益组织对文化遗产开发和文化旅游资源开发的投资或资助，因为社会捐助资本相关制度的不健全和不可控性，这种方式在我国也不多见；政府资本是目前文化旅游资源开发投资的主要来源，但是鉴于政府财力的局限性，我们应该着力挖掘前两种资本的潜力并探索其有效运行模式。

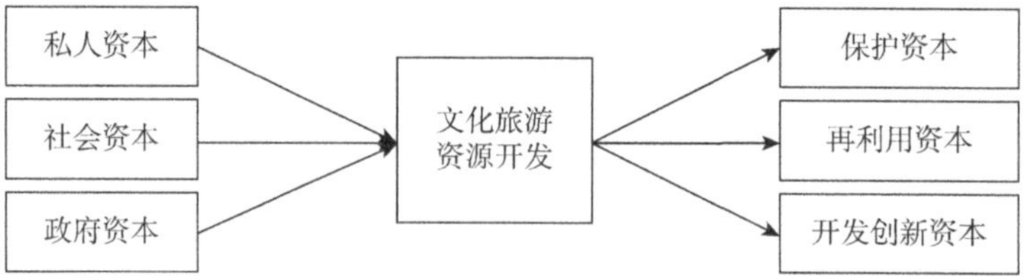

图5-2 文化旅游资本运作模式

我国文化旅游城市一方面可以探索民间资本对文化旅游资源的合理开发，并完善相关的管理和监督机制；另一方面，可以探索新的运作模式，创新理念、开放思想，立足本国实际，借鉴欧美和世界其他国家成功经验，在人才、制度、环境方面进行创新，因为城市文化旅游的创新对于不断发展的旅游业来说尤为重要。在保护现有文化旅游资源的基础上，相关城市应开发文化旅游产品、发展文化创意产业，突破目前的观念枷锁，实现城市文化旅游运营模式的创新。大力发展文化旅游，既能推动城市经济发展，提升城市形象，又能实现文化旅游资源的永续利用。西湖模式的成功经验证明了创新运营模式的重要性，杭州城市管理者突破了现有的景区经营模式，从“收费”改为“免费”，克服了短期行为，“免费”为城市带来了长远效益。我国目前大部分文化旅游城市都存在“一哄而上”的行为，盲目照抄、生搬硬套，导致有些旅游产品快速消失。所以，旅游城市应结合本城市的实际，冷静分析、立足长远，寻求新文化旅游发展模式才是实现与城市经济协调发展的根本道路。

三、文化旅游渗透于城市经济发展模式

文化旅游渗透于城市经济发展的模式，是指文化旅游与城市经济发展同步前进，且在发展过程中，旅游业对城市生产总值的贡献与其他产业的贡献相当。此类城市在发展过程中，会充分发挥法律法规对文化旅游资源的保护功能；在城市发展规划中，更注重城市发展的空间布局；同时，会积极推行“旅游+”的发展理念和模式。

（一）建立健全文化遗产保护的法律法规体系，完善文化旅游与城市经济发展的制度保障

西方国家文化遗产保护得当的主要原因之一就是西方社会对于文化遗产保护有着完善的法律制度，任何破坏文化遗产的行为都要受到法律制裁。而我国在文物保护方面的法律法规较欠缺，《中华人民共和国文物保护法》虽然颁布较早，但是并不能制约某些景区开发者破坏景区环境和氛围的行为。而《中华人民共和国旅游法》从执行到完善则需要一个长期的过程，应加快法律制度的完善，为文化旅游与城市经济的发展寻求制度保障和法律保障。

从欧美英以及新加坡等国家和地区的发展历程来看，国家和政府层面都比较注重文化旅游资源保护，力求在保护的基础上进行发展。欧美城市在建设的过程中并不主张高楼大厦林立的扩张式发展方式，而是城市发展让位于文化遗产保护，所以许多欧美城市都有为了保护文物“绕道而行”的城市维护和建设工程，并且许多古城保存完好，城市的发展可以兼顾古城原貌的恢复和保护。事实上，对于经济较为发达的欧美国家来说，文化资源保护较好本身就是一种吸引力，保护城市文化特色适度发展成为城市发展的方向，城市的布局和发展都以保护文化遗产为首要前提。

（二）完善全民参与和监督机制

先进城市的发展更注重制定具有长效性的城市规划，不会因城市管理者的改变而导致城市规划朝令夕改，并且长官意志的影响较小，实施全民参与监督机制，使城市的规划服从于城市发展的实际需要。有效、完善、长效的城市发展规划，使得城市文化资源保护得到有效实现。不同社区代表和其他利益相关者的全面参与是维持政策长期效力的支持力量。社区和民众参与的研究在西方历时已久，我国学术界近年来才关注到民众对于城市治理的参与和监督可以有效提升城市治理的效果，同时民众参与也是维护城市长期规划的有效推动力量。

居民对文化旅游和城市建设的参与感有一个意愿不断增强的过程。这一过程开始于社区参与，在这个环节，居民意识到文化旅游发展是有利于自身利益的，于是在城市建设中开始监督政府行为；若损害自身利益，居民会挺

身而出，维护自身应有的权益；最终，当维权成为一种公民普遍意识时，公民会不自觉地为文化旅游和城市发展出谋划策，从而实现自身利益与城市文化旅游及城市建设的兼顾发展（见图5－3）。

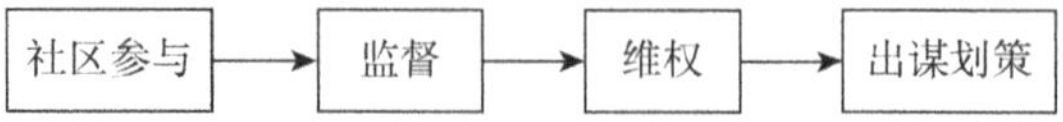

图5－3　全民参与文化旅游与城市建设过程

第五节　丝绸之路经济带文化旅游与城市经济协调发展对策研究

一、充分发挥核心区域的领头辐射作用，实现创新发展

要实现丝绸之路经济带沿线旅游发展战略的突破，就要打破该经济带旅游产业布局和发展过程中各地区各自为政、地方保护、重竞争轻合作、重眼前轻长远、重开发轻保护等不良的旅游发展观。加强丝绸之路经济带区域间旅游业的横向合作，注意各种利益的综合协调和社会整体事业的全面提升，加快该区域旅游产业一体化发展的步伐，优化区域旅游业战略布局，从而有效提升该区域旅游业的竞争力水平并拓宽合作空间，促进丝绸之路经济带旅游产业的壮大和良性发展。

（一）发挥陕西、四川两省的领头辐射作用

丝绸之路经济带的南边是东南亚国家；往西是非洲东海岸；往北是发达的欧洲。整个经济带最薄弱的就是西部和中亚国家，因此，对我国来讲，建设的重点是西部地区。丝绸之路经济带国内段的核心区域以四川和陕西为主，陕西主要辐射邻近的西北省区，四川辐射邻近的西南省区，新疆主要联动丝绸之路经济带国外段国家。核心区域旅游经济发展对于邻近区域的发展具有巨大的辐射作用。比如，上海对于华东地区、北京对于京津地区、深圳对于华南地区等的作用就是有力证明。

作为古丝绸之路的起点和“一带一路”倡议的重要节点，陕西省特别是西安市有着西部其他丝绸之路沿线地区所无法比拟的历史传承、文化底蕴、产业基础和科技教育优势，具有成为丝绸之路经济带新起点和枢纽的发展先机。陕西省拥有独特的地理优势，东邻山西、河南，西连甘肃、宁夏，南接四川、重庆、湖北，北靠内蒙古，是一个横跨长江和黄河两大流域且连接中西部地区的重要枢纽。从历史文化来看，陕西省是古代丝绸之路的重要节点，是通往中南亚地区的必经之路，而这种开放性的地理位置使陕西省的特色旅游发展具备先天优势。从综合能力来看，陕西省的旅游综合能力在西北五省区中位列第一，具有极强的竞争优势及旅游产业集聚效应。作为丝绸之路经济带的桥头堡和起点站，陕西省应该以重点旅游城市西安等为聚焦点，强化品牌效应，在“一带一路”倡议背景下，打破地区发展壁垒，寻求区域合作，强化新丝绸之路经济带西北五省区重点旅游城市的旅游合作；以西安为龙头，带动丝绸之路西北五省区沿线节点旅游城市优先发展，在一定时期内率先形成丝路旅游走廊带，承担起带动丝绸之路经济带国内段西北地区旅游发展的重任。

自中共四川省委九届四次全会以来，四川围绕一枢纽、三中心、四基地的建设目标，大力提升其服务和辐射西部的能力，与西北、西南各省（区、市）的交通互通、产业互联、环境互保、文化互促等取得了明显进展。作为西部地区经济总量最大、产业门类最全、辐射市场最广的省份，四川在物流、金融、产业、科技等方面，都有能力在更大范围和更深层次为西部发展助力。同时，四川的工业产品种类齐全，要素总量大且配套能力强，既能与具有初级产品制造优势的东南亚国家形成互补，又能与西部各省份和中亚国家的资源优势形成互补，也能与制造业和科技发达的欧洲经济形成互补，是丝绸之路经济带西南省份里作用最大的省份。

在旅游政策制定和实施方面，国家应该侧重发挥陕西和四川的“领头羊”作用，引领西部地区旅游经济合作发展，发挥各省份的比较优势和潜力，创新旅游合作发展模式、创新旅游产品，实现西部地区旅游经济的全面开花。

（二）促进技术和管理模式创新

城市文化旅游产业发展的动力是技术和管理模式创新。为满足日益多元化、个性化的消费者需求，旅游产业通过自身的营销产业模式需求挖掘城市文化中的相关元素，并将其融入旅游产业的发展。

西部地区文化旅游产业多为资源依赖型发展模式，在产业发展周期中处于低级发展阶段，创新驱动在文化旅游产业的发展中作用并不明显，西部文化旅游城市的创意产业、创意旅游、创意商品等包含技术和理念创新的内容较少。而以美国、日本和我国上海等世界旅游产业发展较为发达的国家和城市为例，旅游产业的发展除了自然资源吸引外，人工开发的资源也较为重要，如迪士尼、环球影城、勒芒汽车小镇、乐高乐园、Heide 公园、地球探险、法拉利公园等大型文化旅游集团在世界多个国家建立营业场所，每个场所都融入当地民族特色，在世界各地呈现出各具特色的旅游效果。此外，各地根据当地特色所开发的文化旅游产品也成为独具特色的旅游吸引资源。例如，法国巴黎主打浪漫系列的文化旅游线路、日本组织动漫类型的文化展、德国的音乐会让人流连忘返、中亚五国开发独具特色的民族文化和宗教文化类产品等都为当地带来了可观的旅游收入。

东部城市经济基础雄厚，文化旅游产业的发展基础环境较好，有能力吸引国内外一流的演出团队，举办世界级的文化演艺节目，推出文化演艺等文化旅游产品，市场运作效果较好，如世界著名音乐剧《剧院魅影》，在我国仅在北京、上海和广州三个大型城市演出过。而大部分西部城市虽然拥有较多世界遗产，非物质文化遗产数量也较多，但是由于经营理念、运作资本、管理模式、人才匮乏限制因素等，文化旅游产业发展仍处于低级的资源依赖阶段。中国旅游研究院发布的《2019 年五一假期出游报告》显示，游客净流出省域中五个西部地区省份均有游客流出，而游客净流入省域仅有云南省。西部很多城市仍然以开发遗产资源为主，城市文化旅游的发展建立在遗产资源的基础上，遗产地经济的季节性较强，旅游旺季经济收入较高，旅游淡季则入不敷出。如新疆在一年中只有 6—9 月是旅游旺季，有半年多的时间处在“冬眠期”。克服旅游经济淡旺季差别大的主要方法在于创新旅游发展模式、开发创新旅游产品。如陕西省西安市在推出《长恨歌》大型实景演出之后，除了立体展示华清池的故事和文化外，还通过创新创意延长游客的停留时间、增加景区收入、打造陕西文化旅游品牌，提升陕西省文化旅游质量。

文化旅游产业实现高质量发展的前提是实现产业的升级换代，通过创意和创新深度开发资源，提升旅游业的整体吸引力、旅游产品的供给质量、游客的重游率和消费比率以及资源利用率等，进而实现旅游的可持续发展，并推动旅游业发展和环境保护协调发展；除深度利用文化旅游资源外，还要积极开发人工旅游资源，实现产业发展的多功能布局。

二、加强相似区域性子群的合作，实现联动发展

跨区域旅游合作是当今旅游业发展的新趋势之一，可实现区域旅游资源共享、市场协作互补、旅游空间结构优化，尽量避免无序开发、无序竞争、无序管理等突出问题，谋求区域旅游业的可持续发展。基于西部地区所存在的资源互补性、产品跨区域性和市场共享性等问题，有必要在西部地区进一步加大区域旅游合作，打破地域界线，实现优化配置，加强区域一体化开发，提升和优化区域旅游空间结构，达到资源、市场、产品、信息、人才等的优势互补与分工合作。健全跨区域合作机制，避免丝绸之路经济带省份之间的重复建设和恶性竞争，可以实现国内段丝绸之路经济带沿线省份的合作共赢。西部各省份应该充分认识到，各省份作为丝绸之路文化的组成部分，要形成互补而不是替代的、部分而不是单体的、关联而不是分割的完整丝绸之路文化产品及由此形成的“文化链”和“旅游链”，并将这一完整产品在时空上进行有效的分割，进而对转型成功的现实旅游产品进行整体营销和部分营销。

丝绸之路经济带推动西北各省份之间的相互联系，西部各省份可以借助丝绸之路经济带共同打造独具特色的旅游带，主要有以下几种。丝绸之路宗教文化旅游路线：西安大雁塔—宝鸡法门寺—敦煌莫高窟—青海塔尔寺—新疆克孜尔千佛洞；丝绸之路大漠风情游路线：西安兵马俑—寒窑—嘉峪关—张掖丹霞—敦煌莫高窟—青海雅丹魔鬼城；丝绸之路长安号线路：西安—敦

煌莫高窟—鸣沙山月牙泉—吐鲁番葡萄沟—新疆天山天池—喀纳斯等。丝绸之路经济带开始建设以来，各旅游资源之间联系愈加密切，西北各省份实现了交通一体化、能源一体化、产业一体化和经济一体化。

（一）开发区域旅游合作发展模式

西北省区包括宁夏和青海，西南省区包括重庆、云南、广西，两个省区是特性相似的区域，因此，可以尝试展开旅游合作，联合区域内的人力、物力、财力，实现资源共享、人才共享、信息共享，共同制定旅游发展战略，打造带状旅游线路和产品，实现“1 +1 >2”的联动发展效应。

西部地区可以借助区域内铁路、公路、航空等交通连线的重点旅游城市，形成大区域空间范围内的联动。四川省是承接华南与华北、连接西南和西北、沟通中亚南亚和东亚的重要交会点和沟通走廊，是西部地区特别是西南地区的重要商品集散地。同时，四川省资源优势突出，与丝绸之路经济带沿线国家和地区产业结构互补性强、产品相互需求空间大，特别是在能源化工、现代农业、装备制造、旅游文化等方面存在深化合作的巨大空间，这为实现四川省与丝绸之路经济带各经济板块互利共赢提供了机遇。甘肃与青海首先应加强紧密性联合，利用西藏旅游的吸引力大和可进入性弱的特点，共同打造唐蕃古道旅游产品。唐蕃古道可以兰州作为旅游集结点，开展“兰州—西宁—格尔木—拉萨”旅游；也可以敦煌为集结地点，整合、衔接丝路产品，开展“敦煌—格尔木—拉萨或西宁—兰州”旅游线路；甘南州与四川九寨沟可联手开发回藏风情、草原、山水风光游；兰州市、白银市与宁夏中卫、银川沙湖可协同开发黄河风情游。青海还应该加强与四川、云南等的旅游合作，从而拓展合作领域；以云南香格里拉、丽江古城和四川九寨沟等为重点，建立更加有效的合作机制和稳定的关系，形成信息共享、市场共拓、客源互送的紧密伙伴关系，开发“青海湖—格尔木—敦煌”“青海湖—果洛—九寨沟”等特色旅游线路。甘肃、新疆、四川大联合，建构旅游大通道。在线路设计、客源市场上，必须注重横向联合、优势互补、串联成线，与周边省市共同构建成多层次、多功能的地域旅游网络，使各旅游区在旅游项目和特色上既可以自成一体又能互补，实现共赢。四川与云南、西藏应联手打造“中国香格里拉生态旅游区”项目，建立“丝绸之路旅游共同体”；通过统一整合旅游资源、开发旅游产品，形成跨省区的少数民族风情体验旅游线，把西部省份建成无障碍旅游区。

（二）推行国家间的旅游合作政策

国家间的区域旅游合作，是指在一定区域内多个国家或地区为了促进旅游业的发展、维护共同的经济或政治权益，以实现区域内部旅游要素有序流动、旅游市场深度融合以及各方利益最大化为目的，通过倡议、政治磋商与谈判所形成的一系列制度安排。丝绸之路经济带横跨亚、欧、非三大洲，两端连接着当今国际旅游最活跃的亚太经济圈和发达的欧洲经济圈，丝绸之路经济带沿线各国应该充分利用倡议的新机遇积极开展区域合作。

欧洲国家间的旅游合作体现在两个方面：一是协作组织的有力推动。欧洲旅游委员会是非营利性的区域旅游管理机构，在33个成员国的有力支持下，能够统一制定区域旅游政策，对外进行整体的旅游宣传，同时与欧盟、欧洲议会合作制定了成员国的利益分配机制，统一规划文化遗产的保护，推动区域旅游持续发展。二是便利的签证政策为成员国旅游出入境提供自由。在东南亚区域合作中，各国旅欧协会、旅欧企业可以广泛参与区域旅游政策的制定，调动了旅游市场主体的积极性。

丝绸之路经济带东西绵延7000余千里，沿线经过40多个国家，不同国家之间的国界给国际旅游流动性带来了一定障碍。随着中国与丝绸之路沿线中亚、中东及欧洲地区互信的建立，交通、通信、签证等一系列旅游便利化条件初步形成，建立在整体丝绸之路和区域协作发展基础上的丝绸之路文化旅游形象的国际定位和传播更需要政府在更高层面战略介入。

各国政府根据基本国情，积极与“一带一路”沿线国家进行相关的战略对接。“一带一路”倡议与欧盟“容克计划”、俄罗斯“欧亚经济联盟”、蒙古国“发展之路”、哈萨克斯坦“光明之路”、波兰“琥珀之路”等众多发展战略实现对接。截至2018年年底，中国已经累计与122个国家、29个国际组织签署了170份政府文件，通过“一带一路”合作结交的朋友遍布亚洲、非洲、欧洲、大洋洲、拉丁美洲。

丝绸之路经济带沿线各国人民的自由往来是旅游合作的基础，因此，需要以便利化为导向，加快游客在丝绸之路经济带沿线不同国家和地区之间的流动性。丝绸之路经济带沿线各国旅游资源的分布具有一定的地域性特征，这就使得拥有不同旅游资源的国家互为客源国，通过落地免签、过境免签等便利措施，逐步推行无障碍旅游。以中国与东亚五国的国际合作为基础，丝绸之路经济带无障碍旅游试点可以先从中国至哈萨克斯坦之间的合作开始，将这一成功合作模式运行成熟后逐步在整个经济带推广。

三、梯度开发人力资源，实施人才驱动战略

旅游业的竞争归根结底是人才的竞争，是整体旅游从业人员综合素质的竞争。西北地区各省份社会经济水平低下、生态环境较差，人才流失严重，不能满足旅游市场的需求。区域旅游合作需要大量旅游人才的支撑，西北地区旅游合作还需要推行人才战略，因此，要制定合理的人才选拔机制，有步骤地引进和培养旅游研究、旅游规划和开发、资源配置、经营管理、市场营销、信息技术及咨询等领域的旅游服务人才。政府可以通过建立人才交流市场，引进一些高素质的专业人才，并有针对性地为旅游集群企业建立人才储备库。

（一）创新用人机制，人才强旅

大力吸引中西部高层次人才，鼓励中西部地区高校、科研院所深入开展产学研合作；建设一体化的西北网上人力资源市场，建立旅游专家和人才信息库，吸纳多学科知名专家学者组成旅游顾问咨询群体、旅游智囊团和人才信息库。通过建设流畅的信息化平台，提高人才配置效率，完善高等院校及旅游培训中心的人才培养体系，培养旅游业务精通、专业适用的人才。建立旅游业岗位信息库、旅游专业网站、旅游人才信息库，为旅游企业自主选择高素质的人才和人才自主就业提供更好的平台，为旅游发展提供充足的人力资源和智力资源。把旅游服务者培育成为精通业务、熟悉旅游流程规则、熟练掌握外语、能处理紧急事件和创新性工作能力强的复合型人才，努力培养掌握系统的旅游管理专业知识，具有旅游社交和服务礼仪技能、外语沟通和

交流的技能、旅游企业经营与管理技能的综合型人才，形成旅游人才供养体系。强化教育培训，为旅游业发展提供高素质人才支撑和保障。加大引进力度，提高优秀管理人员的待遇，重视人才的安排和使用，督促基层旅游部门领导学习现代旅游开发和管理知识，健全旅游行业管理体系。

（二）梯度开发人力资源，实施人才驱动战略

提高旅游从业人员素质，形成以高校、大专、中专、职校、旅游培训中心为载体的多层次培训模式和培养体系，建立高、中、低层次结构合理的旅游人才队伍。对人才进行分类，实行梯度开发，建立人才信息交流平台；健全人才市场网络，实现旅游产业人才资源的市场化配置；完善旅游人才的培养、引进、使用、奖励机制，构建专项人才培养模式，努力培育一支高素质、专业化的旅游人才队伍；设立旅游人才专项资金，用于支持和鼓励人才的引进、培养和奖励；建立人才开发基地，通过有效的旅游人才培训体系，有计划地培养旅游策划、营销、电子商务、产品设计、资金管理与运作等方面的紧缺人才；建立公开的竞争、择优的用人机制，完善对人才的激励和考核监督机制；建立留住人才和人尽其才的收入分配机制，健全向优秀人才倾斜的分配制度，真正做到知人善用、人尽其才；实现人才资源跨区域共享，建立区域内旅游协调交流与合作机制，形成西北地区旅游业长盛不衰的国际竞争力。

四、加快旅游基础化和信息化建设

（一）建设旅游基础设施

丝绸之路经济带国际区域旅游合作中的基础设施建设主要包括道路、通信设施、环境保护设施等。合作的重点应该围绕欧亚大陆桥建设沿线的公路、铁路等快速旅游干线，逐渐连通中国至中亚、西欧、北非的陆路交通。随着中国陇海—兰新线与哈萨克斯坦铁路接轨，中国至中亚五国的铁路基本形成，未来应重点推进高铁、航空项目的建设，以实现与伊朗、土耳其、俄罗斯、德国、荷兰、意大利的陆路相通。依托 2008 年联合国提出并发起的“丝绸之

路复兴计划”，19 个国家的官员签订了意向书，投入 430 亿美元改善亚欧大陆之间的软硬件条件。作为丝绸之路经济带旅游合作的倡议方，中国致力于积极开拓海外通信设施建设市场，在国家层面签署的合作框架下，承揽了中亚、东亚地区的通信光缆、输变电线路工程等合作项目，为实现丝绸之路经济带旅游信息一体化建设提供了基础保障。由于丝绸之路经济带沿线的旅游生态环境十分脆弱，建设基础设施时应重视环保设施建设方面的合作。

丝绸之路经济带国内西北段与国外段联系比较密切的省区是新疆和甘肃，因此，要合理进行国内区域与相关产业布局，深化新疆、甘肃与中亚、西亚、南亚、中东欧国家及俄罗斯、蒙古国的合作。新疆积极推动周边国家基础设施互联互通项目建设，截至 2017 年 5 月，累计发放贷款 116 亿美元，用于支持中亚天然气管线、中哈原油管道、乌兹别克斯坦飞机采购、哈萨克斯坦南北跨境输变电网等项目，融资支持中吉乌公路和开发吉尔吉斯斯坦伊斯坦贝尔德金矿项目，为中亚国家解决基础设施融资难题提供了有益探索及经验借鉴。新疆与丝绸之路沿线国家的交通运输合作已驶入快车道，逐步形成了以乌鲁木齐为中心，辐射中亚、西亚、南亚，公路、铁路、航空和管道“四位一体”的立体交通综合运输网络。

丝绸之路经济带国内西南段与国外段联系比较密切的省份是云南省。云南通往周边国家的中越、中老泰、中缅、中印公路国内段以及通往邻省的 7 条干线公路已基本实现高等级化；通往老挝、越南等大湄公河次区域国家的国际客货运线已有 16 条，打通了云南对外开放的各条经脉。在航空方面，截至 2015 年 12 月底，云南省已建成 12 个机场，共开通航线 393 条，通航城市达到 130 个。云南与周边国家通路、通电、通信、通商、通油、通气、通市、通关的工作已全面深化，云南面向西南开放的国际大通道建设取得实质性突破，中国与东南亚、南亚在交通、经贸、通信、能源等方面逐渐实现畅通有序，区域间互利互惠的战略关系日益加强，为云南全面实现向西开放战略打下了坚实基础。

（二）实现旅游信息管理网络化

随着互联网的发展，旅游者越来越多地采用自助形式，通过网络了解旅游地信息，并直接与旅游产品提供者进行交易，包括订房、订餐、订票、导游、租车在内的服务越来越多地通过网络完成。因此，应建立集旅游电子商务平台、旅游咨询服务平台、旅游项目招商平台、旅游教育培训平台、旅游散客服务平台、旅游一卡通服务平台于一体的旅游信息网；鼓励旅行社、旅游饭店、旅游景区等旅游企业进行实现数字化管理和经营，全面提高服务效率和管理水平；建立统一、强大、高效的发布平台，加强信息的收集和制作整理，提高旅游信息的广度、深度、时效性；强化网络信息的互动服务功能、及时反馈功能和电子商务功能，提高旅游集散中心、旅游咨询柜台等信息服务网点的服务水平，促进信息化与旅游产业相融合，以信息化建设促进旅游产业转型升级。

以统一的、功能全面的旅游营销网络为载体，打造合作区域间互换与共享的信息平台；以景区景点、饭店、旅行社的网络管理系统为基础，实现资源共享，扩大行业联网，提高旅游管理和经营服务信息化水平。旅游产业可通过建立旅游目的地信息系统、计算机预订系统、饭店管理系统、银行结算系统等新型信息管理系统，整合旅游咨询中心、旅游集散中心和旅游呼叫中心的资源，实现旅游服务的联网；完成饭店、风景名胜区、旅行社之间的相互联结，建成面向全国的旅游服务综合信息库，实现旅游信息的采集、交换和发布的网络化，建立结构合理的网络体系；搞好区域内各旅游网站的链接，处理好有关区域内的旅游电子商务，共享各地旅游信息。建立全方位、多层次、多功能的网上旅游体系，实现网上“一条龙”服务；深入开展西北区广播、电视、报刊、出版、互联网等媒体合作，加快电子政务、电子商务和企业信用资讯等体系建设，共同构建西北区域信息平台；充分利用电子信息、电子金融、电子签证和电子票务等服务，为旅游消费提供便利。构建区域旅游网络营销系统，共建西北区旅游中心城市旅游信息网和旅游政务网；使旅游信息网络标准统一、信息畅通、信息共享，实现资源沟通和共享；建立区域信息交流协作机制，推动酒店、旅行社、景区和旅游管理部门、研究机构沟通，加强先进信息技术的应用普及。

（三）改善沿线各省份的投融资环境

1. 融资方面

首先，可以借助境外的分支机构和离岸业务，为“走出去”企业提供专业的金融产品和服务，满足企业的境外资金需求；做大做强境外投资和工程业务，满足各类结算、融资需求；通过融资性保函等给予企业金融支持，积极支持贸易融资，满足企业多元化的需求，提供综合化的金融服务。其次，丝路基金、亚洲基础设施投资银行、中国国家开发银行等金融机构，可以以开发性金融的创新方式为“一带一路”建设规划提供有力的资金支持。最后，中国企业应当充分发挥开发性金融机构的先导和引领作用，结合开发性金融的特点设计企业经营模式，共同打造产融结合的海外投资运营平台。

2. 投资方面

西部各省份在加大对景区供水、供电、污水处理、生态保护等基础设施的建设投入力度，解决交通、通信等基础设施建设问题的同时，在旅游线路设计、旅游交通、通信、生态保护等基础设施方面，加强合作以及重点旅游景点建设项目；加强对外交通运输通道尤其是国际大通道、省际交通运输网络以及交通运输枢纽的建设，形成内外通达、快速便捷、水陆空并举的立体交通网络；形成旅游业投资建设由政府包括中央和地方政府、国内企事业单位、个人和外商等多重投资主体广泛参与的投资主体多元化的新格局和新机制；加大龙头景点和骨干线路的基础设施的投入，从根本上改善西北地区的投资环境，加速资金、人才、技术等重要生产要素的流动，形成区域性大市场，提高西北区域整体竞争力。

五、推动城市间文化旅游合作，加强交流联通

我国的西北地区地域广阔、民族众多，每个民族都有其独特的民族文化。丝绸之路是各国文化交流的重要平台，是世界文化融合的重要渠道。丝绸之路经济带将不同城市、不同国家联系起来，架起了不同文化沟通的桥梁，有利于文化繁荣与发展。中国提出的“一带一路”倡议延续古丝绸之路在经济、商业、生活、文化等领域的优良传统，同时赋予丝绸之路经济带新的时代内

涵，不仅将西北地区最具魅力的民族文化传递给其他国家，还为各国的文化交流提供了一个广阔的平台。

甘肃省利用文化部“东盟10+3”框架下的文化交流机制，积极邀请东南亚各国参加丝绸之路（敦煌）国际文化博览会，增强文化博览会对东盟国家的吸引力；在丝绸之路经济带沿线城市和国家开展优秀节目、非物质文化展演交流活动，为甘肃省独特的民族文化走向世界搭建桥梁；建立健全与东南亚各国的信息交流和协调联动机制，推动与其他各国文化中心的合作，促进文化融合，实现文化贸易互利互惠。甘肃省旅游发展委提倡利用区位、交通、旅游资源等优势，加强与南向通道沿线城市及东南亚国家的旅游交流合作，推出南向通道礼佛之旅、自驾之旅、精品丝路体验之旅、高原避暑养生之旅、文化研学之旅、智慧之旅等特色鲜明、“一程多站”的六大主题旅游线路，实现各国、各地区资源互享、优势互补，大大促进了甘肃省与各国的旅游合作。

新疆依托乌鲁木齐航空口岸、喀什航空口岸、阿拉山口口岸、巴克图口岸、伊尔克什坦口岸等口岸优势，与塔吉克斯坦、哈萨克斯坦、俄罗斯、吉尔吉斯斯坦、蒙古国等丝绸之路沿线国家开展跨境旅游合作，现已在西亚、中亚、欧洲等地区开通了20余条国际航线；加快乌鲁木齐、喀什、伊宁和阿勒泰四个国际旅游集散中心建设。作为丝绸之路经济带国际旅游集散中心城市，其旅游基础设施、旅游公共设施、旅游信息咨询、旅游商务娱乐、旅游交通等一系列设施逐步完善，以环中国新疆阿勒泰山“中俄哈蒙”四国六方跨境旅游线路、世界文化遗产“天山廊道”中哈跨境自驾游和环帕米尔高原中塔跨境旅游三条旅游线路为代表的众多精品旅游线路将中国、塔吉克斯坦、哈萨克斯坦、俄罗斯、吉尔吉斯斯坦、蒙古国等丝绸之路沿线国家串联在一起，不仅将沿线的自然风光、人文景观、民族文化、城市风采展现给各国旅游者，而且为各国的文化交流开辟了新渠道。通过“一带一路”国际合作高峰论坛会、国际艺术节、国际世博会等一系列活动，新疆在国际旅游合作中的地位得到切实提高。

陕西省旅游资源丰富、文化底蕴深厚，是中华文化的发祥地、中华文化对外开放的重要节点，也是推动丝绸之路经济带人文交流的重要枢纽。在2013年9月举办的亚欧经济论坛上，西安市与亚欧九国的十几个城市共同签署《共建丝绸之路经济带西安宣言》（简称《宣言》），首次提出利用丝绸之路经济带概念展开国际合作。《宣言》提出，依托国际化大都市的各种优势，西安将加强与丝绸之路经济带沿线城市的联系，加强与中亚各国的旅游合作，努力把陕西打造成丝绸之路经济带的“新起点”和“桥头堡”。截至2018年年底，陕西省已连续举办了5届西安丝绸之路国际旅游博览会，累计吸引130多个国家和地区的参展企业参加，丝绸之路旅游合作不断深化，已成为国际知名、国内一流的品牌盛会；举办了5届西安丝绸之路博览会，有30多个国家和地区参加，签约了众多旅游项目。陕西省旅游发展委借助“中美旅游年”“中澳旅游年”“中加旅游年”“中欧旅游年”等旅游外交活动、国际展会和陕西省对外经贸活动，积极开展旅游宣传营销。截至2018年10月底，陕西省已与36个国家的89个城市缔结了友城关系；与25个国家的41个地区签订了发展友好关系意向书。陕西与“一带一路”沿线国家和地区的人文交流与合作更加深入，同时促进了西北各省份与世界各国的人文交流。

在丝绸之路专项推广活动的带动下，青海省与意大利、西班牙、瑞士、希腊等国签订了一系列旅游合作框架协议，打造了11条国际旅游线路。同时，青海省依托丰富的历史文物和自然景观，借助第七届联合国世界旅游组织丝绸之路国际旅游大会，为全省、全国乃至外国企事业单位搭建了产品销售、信息交流、文化传播的平台，先后组织青海与丝绸之路经济带沿线城市及国家之间的文化交流活动，大力开拓国际旅游合作项目，文化品牌效应已经初步显现。2014—2016年，青海省国际外汇收入分别为24.74万美元、38.76万美元和44.16万美元，相比于以往年度，展现更多国际友人对丝绸之路青海之道的向往。

宁夏以“一带一路”倡议为契机，推动与东南亚各国的旅游合作。宁夏通过中国入境游国际旅行商旅游推介会、世界博览会、邀请世界旅游组织专家考察等一系列活动，将宁夏独特的旅游资源和民族文化介绍给世界各国，后开通直航航班和旅游专列航班，促进与埃及、阿拉伯、马来西亚等国的旅游合作。

截至 2019 年 4 月，中国已经与 126 个国家和 29 个国际组织签署了 174 份共建“一带一路”合作文件，西北五省区与其他各国的文化交流更加便利。西北五省区利用丝绸之路经济带开展的一系列跨国旅游项目，为加快丝绸之路经济带沿线城市旅游资源的开发、促进国家间的旅游合作提供了有力支持。

第六节　本章小结

本章总结了国内外相关城市在文化旅游与城市经济发展方面的经验，并借鉴了国内先进城市杭州的发展经验，认为我国文化旅游与城市经济发展首先要靠理念更新，如适度发展与城市更新是当前我国城市发展应该树立的理念；文化旅游资源发展要树立保护第一与再生利用的理念，实现二者的协调发展，就要确立以人为本与可持续发展的理念。笔者认为，文化旅游与城市经济发展的具体路径应区分不同的模式，文化旅游对城市经济的发展模式具有推动作用，因此应保护文化遗产资源，做好城市发展的空间布局规划，对文化旅游区域进行分区管理；发展文化旅游产业集群，应形成城市增长极，发挥文化旅游产业集团的积极作用。城市经济对文化旅游发展模式具有推动作用，因此应塑造文化旅游品牌，创新城市经济和文化旅游发展理念和运行模式。文化旅游渗透于城市经济发展的模式，因此应建立健全文化遗产保护的法律法规体系，寻求文化旅游与城市经济发展的制度保障，完善全民参与和监督机制。

第六章　中国文化旅游包容性增长的特色内容

一、助力脱贫攻坚

贫困问题是一个世界性难题，一直伴随着人类社会的生存与发展。根据世界银行对中等偏上收入国家设定的每天5.50美元的贫困线，2018年中国约有18%人口被视为贫困，其中1/3的人口生活在城镇，2/3生活在农村。2021年，第七次全国人口普查主要数据公布，居住在乡村的人口为50979万人，占总人口的36.11%。

2021年2月25日，习近平总书记庄严宣告：我国脱贫攻坚战取得了全面胜利，现行标准下9899万农村贫困人口全部脱贫，832个贫困县全部摘帽，12.8万个贫困村全部出列，区域性整体贫困得到解决，完成了消除绝对贫困的艰巨任务，这标志着我国历史性地解决了困扰中华民族几千年的绝对贫困问题。全面建成小康社会，党中央将进一步巩固脱贫攻坚成果，继续推动脱贫和乡村振兴。

中国扶贫为世界贡献了中国智慧，我国的深度贫困地区多位于革命老区、民族地区和边疆地区，由于自然、历史等多重因素影响，这些地区大多交通闭塞、经济发展相对滞后，但却有相当一部分地区拥有丰富的自然或人文旅游资源，对于这部分深度贫困地区来说，实施旅游精准扶贫无疑是一种有效的脱贫方式。2018—2020年，世界旅游联盟连续3年与中国国际扶贫中心、世界银行合作，共同发布了三本《世界旅游联盟旅游减贫案例》，在全球范围内累计收录了100个旅游减贫案例，其中案例的90%来自中国。世界旅游联盟旅游减贫中国案例（节选）见表6－1。

表 6－1　世界旅游联盟旅游减贫中国案例（节选）

地区	优秀案例
内蒙古阿尔山地区	"放下斧头当导游，小康生活不用愁"
甘肃甘南州	以旅游专业村为载体，推进产业扶贫、就业扶贫、生态扶贫
广西河池市巴马瑶族自治县	以"看得见山，望得见水，记得住乡愁"为指导思想的"美丽家园"
浙江丽水市遂昌县龙洋乡茶园村	用"情境乡村"建设新路径破解乡村活化难题，推动传统农耕的"产业乡村"升级为历史、文化、民俗等与现代艺术融合的"情境乡村"
河南信阳市新县田铺大湾村	形成"文创小店＋乡舍农家＋特色商品"的乡村旅游产业扶贫新模式

资料来源：世界旅游联盟、世界银行、中国国际扶贫中心联合发布的《世界旅游联盟旅游减贫案例》。

旅游扶贫作为各级党委、政府推进脱贫攻坚工作的重要抓手，以鲜明的民生导向、突出的市场组织能力、强劲的关联带动作用和显著的综合效益，成为助力贫困地区摘帽出列的重要力量。通过因地制宜发展红色旅游、乡村旅游，许多贫困地区走出特色产业发展之路，为乡村振兴注入强劲、持续的动能，并进一步带动乡村就业、基础设施建设以及农村经济的发展。

（一）中央和地方政府全面助力旅游脱贫攻坚

在国家精准扶贫战略背景下，国务院在 2014 年出台的《关于促进旅游产业改革发展的若干意见》（国发〔2014〕31 号）中，首次提出了"旅游精准扶贫"的概念，旅游精准扶贫是精准扶贫理念在旅游扶贫领域的具体应用，即针对不同贫困地区的旅游扶贫开发条件、不同贫困人口的状况，运用科学有效的程序和方法对旅游扶贫目标对象进行精准识别、精准帮扶和精准管理，以实现旅游扶贫"扶真贫"和"真扶贫"目标的扶贫方式。

2016 年，《中共中央 国务院关于落实发展新理念加快农业现代化 实现全面小康目标的若干意见》指出，强化规划引导，扶持休闲农业与乡村旅游业发展，积极扶持农民发展休闲旅游业合作社；引导和支持社会资本开发农民参与度高、受益面广的休闲旅游项目。2016 年 3 月，《关于金融助推脱贫攻坚的实施意见》提出，积极支持能吸收贫困人口就业、带动贫困人口增收的乡村旅游等特色产业发展；有效对接特色农业基地、现代农业示范区、农业产业园区的金融需求，积极开展金融产品和服务方式创新。2016 年 9 月发布的《乡村旅游扶贫八大行动方案》确定了乡村旅游扶贫工程的五大任务，提出了将实施乡村旅游扶贫八大行动。2016 年 12 月《“十三五”脱贫攻坚规划》在产业发展脱贫的规划中，提出了因地制宜发展乡村旅游、大力发展休闲农业、积极发展特色文化旅游。

2017 年 2 月，国务院 2017 年中央一号文件提出大力发展乡村休闲旅游产业，扎实推进脱贫攻坚。2017 年 5 月，《关于深入推进农业领域政府和社会资本合作的实施意见》将农业田园综合体作为聚焦重点，支持有条件的乡村建设以农民合作社为主要载体，让农民充分参与和受益，集循环农业、创意农业、农事体验于一体的田园综合体，推进农业领域 PPP 工作。2017 年 5 月，《关于推动落实休闲农业和乡村旅游发展政策的通知》旨在促进引导休闲农业和乡村旅游持续健康发展，加快培育农业农村经济发展新动能，壮大新产业新业态新模式，推进农村第一产业、第二产业、第三产业融合发展。2017 年 6 月，《农业部办公厅、中国农业发展银行办公室关于政策性金融支持农村一二三产业融合发展的通知》支持农业多种功能开发，增加农村产业融合发展拓展力。

2018 年 2 月，《中共中央 国务院关于实施乡村振兴战略的意见》指出，到 2020 年，在现行标准下农村贫困人口实现脱贫，贫困县全部摘帽，解决区域性整体贫困。积极开发观光农业、游憩休闲、健康养生、生态教育等服务。2018 年 6 月，《中共中央 国务院关于打赢脱贫攻坚战三年行动的指导意见》提出，加大产业扶贫力度，因地制宜加快发展对贫困户增收带动作用明显的种植养殖业、休闲农业和乡村旅游等产业，积极培育和推广有市场、有品牌、有效益的特色产品。2018 年 10 月，《促进乡村旅游发展提质升级行动方案（2018—2020 年）》提出实施“三区三州”等深度贫困地区旅游基础设施改造升级行动计划，在“十三五”文化旅游提升工程中增补一批旅游基建投资项目，专项用于支持“三区三州”等深度贫困地区旅游基础设施和公共服务设施建设（见表 6－2）。

表 6-2　旅游脱贫攻坚系列政策制度

年份	政策文件	主要内容
2014	《关于促进旅游业改革发展的若干意见》	提出“旅游精准扶贫”概念
2015	《关于进一步促进旅游投资和消费的若干意见》	加大对乡村旅游扶贫重点村的规划指导、专业培训、宣传推广力度
2015	《农业部等 11 部门关于积极开发农业多种功能　大力促进休闲农业发展的通知》	支持农民发展农家乐，闲置宅基地整理结余的建设用地可用于休闲农业
2015	《国土资源部　住房和城乡建设部　国家旅游局关于支持旅游业发展用地政策的意见》	积极保障旅游业发展用地供应，加大旅游扶贫用地保障；明确旅游新业态用地政策；加强旅游业用地服务监管
2016	《中共中央　国务院关于落实发展新理念加快农业现代化　实现全面小康目标的若干意见》	强化规划引导，扶持休闲农业与乡村旅游业发展，积极扶持农民发展休闲旅游业合作社
2016	《关于金融助推脱贫攻坚的实施意见》	有效对接特色农业基地、现代农业示范区、农业产业园区的金融需求，积极开展金融产品和服务方式创新
2016	《乡村旅游扶贫八大行动方案》	确定了乡村旅游扶贫工程的五大任务，提出了实施乡村旅游扶贫八大行动
2016	《“十三五”脱贫攻坚规划》	提出因地制宜发展乡村旅游、大力发展休闲农业、积极发展特色文化旅游
2017	《关于深入推进农业领域政府和社会资本合作的实施意见》	建设让农民充分参与和受益的田园综合体，推进农业领域 PPP 工作
2017	《关于推动落实休闲农业和乡村旅游发展政策的通知》	加快培育农业农村经济发展新动能，壮大新产业新业态新模式
2017	《农业部办公厅、中国农业发展银行办公室关于政策性金融支持农村一二三产业融合发展的通知》	支持农业多种功能开发，增强农村产业融合发展拓展力
2018	《中共中央　国务院关于实施乡村振兴战略的意见》	积极开发观光农业、游憩休闲、健康养生、生态教育等服务
2018	《中共中央　国务院关于打赢脱贫攻坚战三年行动的指导意见》	加大产业扶贫力度，因地制宜加快发展对贫困户增收带动作用明显的种植养殖业、休闲农业和乡村旅游等产业
2018	《促进乡村旅游发展提质升级行动方案（2018—2020 年）》	实施“三区三州”等深度贫困地区旅游基础设施改造升级行动计划

资料来源：根据相关网站整理。

（二）我国旅游助力脱贫攻坚的主要特色

旅游扶贫是国家精准扶贫计划中一项十分重要的内容，是精准扶贫的新引擎。旅游业从业门槛低、收益可观，既符合“大众创业，万众创新”的需求，又符合乡村振兴的时代主题，已经有越来越多的贫困地区通过发展旅游业走上了脱贫致富的道路。各地应充分发挥乡村旅游所具有的强大市场优势、新兴的产业活力、强劲的造血功能和巨大的带动作用，持续加大精准扶贫的力度。

1. 坚持规划先行，做好顶层设计——政策扶贫

文化和旅游部会同国家发展改革委、扶贫办先后印发了《乡村旅游扶贫工程行动方案》《关于支持深度贫困地区旅游扶贫行动方案》等多个政策文件。各地积极开展全国旅游规划的公益行动，组织编制了765个旅游扶贫规划，特别是帮助“三区三州”这些深度贫困地区的240个重点村，编制规划，明确思路，加强资源开发。通过发展旅游，连通城市和乡村，连接市民和农民，促进城乡互动和协调发展。

2. 推广典型示范，提供发展路径——智力扶贫

文化和旅游部充分发挥文旅融合优势，开展创意下乡活动，不断提升乡村的文化内涵；总结习近平总书记视察过的贵州花茂村、湖南十八洞村等“景区带村”“能人带户”“合作社+农户”“公司+农户”一系列可复制、可推广的旅游精品扶贫模式和优秀案例，以及《世界旅游联盟旅游减贫案例2018》入选案例安徽金寨小南京村、重庆武隆区、河北涞水野三坡、河南栾川重渡沟、湖北大冶龙凤山、湖南花垣十八洞村、江西大余丫山、山东淄博郝裕村、华侨城集团、中青旅控股股份有限公司、爱彼迎、地中海俱乐部等旅游减贫优秀案例。

在全国25个省（区、市）设立的乡村旅游扶贫监测点的监测数据显示，通过乡村旅游实现脱贫人数占脱贫总人数的比例十分可观。在被授予“全国脱贫攻坚楷模”荣誉称号的10个集体中，旅游扶贫发挥了重要作用。塞罕坝机械林场坚持依托百万亩森林资源，大力打造七星湖湿地公园、塞罕塔等景区，带动周边乡镇和百姓发展生态旅游，每年实现社会总收入6亿多元，带

动1200余户贫困户、1万余贫困人口脱贫致富。安徽省金寨县花石乡大湾村依靠发展“山上种茶、家中迎客”，积极开发民宿、漂流等项目，探索出一条具有大别山革命老区特色的脱贫致富之路。2020年，大湾村过境游客达35万余人次，真正让当地群众吃上了“旅游饭”。湖南省花垣县双龙镇十八洞村围绕发展乡村旅游主线，着力打造“旅游+”产业体系，成立农旅农民专业合作社、旅游开发公司，打包开发全村旅游资源、管理旅游产业，带动全村发展农家乐、民宿20多家，年均每家收入达30万元。

3. 加强品牌建设，扩大市场影响——市场扶贫

发展乡村旅游扶贫需要因地制宜，挖掘当地的特色资源，积极打造特色品牌。文化和旅游部会同国家发展改革委推出了全国1000个乡村旅游重点村，其中225个都是贫困村，政府为这些贫困地区培育了一批优质的乡村旅游品牌。特别是2020年政府推出了300条能让游客“望得见山、看得见水、记得住乡愁”的乡村旅游精品路线。

4. 加强资金保障，改善发展环境——资金扶贫

文化和旅游部会同国家发展改革委安排中央预算内投资65亿元，支持656个“三区三州”的旅游基础设施项目，同时协调中国农业银行、中国农业发展银行等金融机构加大扶贫力度，目前投放贷款将近700亿元，有效改善了乡村旅游发展环境，推动了贫困地区的旅游业发展。

5. 加强人才培训，提升造血机能——人才扶贫

文化和旅游部在全国设立了5个旅游扶贫培训基地，先后举办了38期培训班，培训乡村旅游带头人超过8000人次。

二、助力乡村振兴

我国大约70%的旅游资源分布在乡村，其开发潜力巨大。以资源和市场为导向，优化乡村旅游区域布局，将乡村旅游纳入区域社会经济发展规划，促进乡村旅游规模化、集群化发展，对于区域乡村产业振兴具有重要意义。依托特色世界自然与文化遗产，各地通过特许经营、利益共享、生态补偿、生活补助、适度旅游等多种方式惠及民生、改善民生，带动当地经济社会发

展，促进绿色发展转型。

（一）乡村旅游推动乡村振兴的主要路径

乡村旅游是旅游业的重要组成部分，是实施乡村振兴战略的重要力量，在加快推进农业农村现代化、城乡融合发展、贫困地区脱贫攻坚等方面发挥着重要作用。为深入贯彻落实2018年《中共中央 国务院关于实施乡村振兴战略的意见》和《乡村振兴战略规划（2018—2022年）》，推动乡村旅游提质增效，促进乡村旅游可持续发展，加快形成农业农村发展新动能，文化和旅游部等17部门联合印发《关于促进乡村旅游可持续发展的指导意见》。

我国乡村旅游在推动乡村振兴上主要有三条路径：一是推动乡村生活富裕，发展农村经济，调整农村政策，促进就业创业等；二是推动乡村文明建设，对乡村古现代文化进行保护、传承和发展；三是推动乡村生态宜居，加快村容村貌、基础设施、生活空间以及交通网络等方面的完善。

（二）"红色旅游+"模式助力乡村文化旅游

近代以来的中国历史是一部红色的历史，承载了国人太多红色的记忆。中国共产党人坚定理想信念、发扬革命精神、推动伟大实践，在不同历史时期淬炼锻造了一系列伟大革命精神，创造了蕴含着丰富的革命精神和极具中国特色的红色文化，留下了一座座镌刻着红色印记的历史丰碑。

党的十八大以来，党中央高度重视保护利用红色资源、传承弘扬红色文化。在一系列政策的引导和支持下，全国多地掀起红色文化旅游的热潮。习近平总书记在地方考察调研时多次到访革命纪念地，瞻仰革命历史纪念场所，反复强调要用好红色资源、传承好红色基因，把红色江山世世代代传下去。2019年，习近平总书记在河南考察时指出："依托丰富的红色文化资源和绿色生态资源发展乡村旅游，搞活了农村经济，是振兴乡村的好做法。"可见，全面推进乡村振兴，需要推动红色旅游高质量发展。

据统计，全国共有红色教育基地300余处，全国有不可移动革命文物3.6万多处，国有可移动革命文物超过100万件（套）。中国革命从农村出发，因此许多革命老区、红色旅游资源都集中在农村地区，这些地区可依托革命旧址、纪念馆、博物馆等革命资源发展红色旅游，延展红色旅游产业辐射宽度和资源聚集深度，促进农村群众就业增收，巩固拓展脱贫攻坚成果，更好地服务乡村振兴。

三、助力国民经济产业结构升级

2020年9月22日，习近平总书记宣布，中国将提高国家自主贡献力度，采取有力的政策和措施，力争2030年前二氧化碳排放达到峰值，努力争取2060年实现碳中和。走绿色包容性增长之路，需要构建绿色低碳循环发展的经济体系，大力推进经济结构、能源结构、产业结构升级，实现经济高质量发展与生态高水平保护协调发展之路。

产业结构优化升级是供给侧结构性改革的重要内容，旅游产业在产业结构中主要属于第三产业中的服务业，服务业在经济发展中的地位日益突出，被称为国家经济发展的“稳定器”和“助推器”。在这一形势下，国家要适应经济发展大趋势，推动服务业融合发展，加快旅游业创新发展和新动能培育，满足人民日益增长的美好生活需要。发达国家三产占比大多为70%～80%。其中众所周知的工业超级强国德国，三产的比例超过68%；综合国力最强、各行业均衡性极强的美国，三产占比也高达78%。与西方发达国家相比，我国现阶段的产业结构呈现第一产业、第二产业偏重，第三产业偏低的特点。2018年，第三产业增加值占GDP的比重为52.2%，旅游产业占第三产业的比重为11%。在推动国民经济迈向绿色包容性增长的道路上，国家需要持续化解过剩产能，加快产业绿色低碳转型，大力发展服务业，大力发展绿色旅游产业。

我国旅游业发展呈现强烈的动态性特征，新业态、新商业模式不断涌现，“互联网+”、全域旅游等推动了旅游业供给侧结构性改革，增强了旅游业的内生发展能力。① 2018年，我国旅游总收入为5.97万亿元，对GDP的综合贡

---

① 杨勇，程玉．改革开放40年旅游业发展的中国道路及其世界意义［J］．旅游学刊，2019，34（1）：3－5.

献达到 9.94 万亿元，对 GDP 综合贡献率达到 11.04%。2017 年，全国休闲农业和乡村旅游营业收入超过 6200 亿元，占全国第一产业增加值的 9.47%；全国休闲农业从业人员达到 900 万人，占全国第一产业从业人员的 4.30%，休闲农业逐步成为农村三产融合发展的代表性产业。我国绿色旅游产业结构调整和发展模式主要有以下特点：

第一，创新是旅游产业结构调整的主要动力。互联网技术的发展与运用，加快了绿色旅游发展步伐，新产品、新业态、新模式在旅游发展中占据重要地位，传统的旅游产品和模式已经不适应体验时代旅游者的需求，旅游产业结构需要向高级化升级。在线预定、旅游跟拍、文物活化、文创产品、数字旅游、数字博物馆等创新力度和更新速度令人惊诧。资源重组、新技术运用、旅游产品研发等创新释放旅游市场新需求、创造旅游产业新供给、推动旅游产业转型升级。

第二，融合是旅游产业结构升级的主要模式。旅游产业链条长、环节多、参与面广，产业本身具有开放融合的特性，随着旅游需求变得越来越个性化和高级化，旅游业与其他产业融合发展，推动绿色旅游的可持续发展，并将休闲农业、体验农业、文化农业等相结合，发展绿色农业旅游；将工业遗产开发与保护、环保工业展示与体验等相结合，发展绿色工业旅游；将绿色信贷、绿色债券等绿色金融产业与旅游产业融合，发展绿色旅游金融工具和交易产品；通过文物活化技术，促进文化旅游融合。如河南卫视的《唐宫夜宴》、三星堆推出的“三星堆文物大型撞脸现场”均引起了强烈的反响。大数据技术促进了“互联网 + 旅游”融合，打造了智慧旅游精品，腾讯集团文旅业务引入互联网、云计算、大数据、人工智能等先进数字科技，赋能并驱动各产业经济提质增效，在全球范围内积累了上百个“互联网 + 旅游”的合作项目和创新应用，其中以“一部手机游云南”最具代表性。

四、大数据和互联网技术革命催生新业态、新模式

互联网技术的发展对生产、生活以及社会组织和社会关系产生了重大影

响，[1] 5G、大数据、人工智能等数字技术推动各行各业不断创新。互联网技术的广泛应用和大数据时代的到来，影响深刻了旅游业的发展创新，智慧旅游、在线旅游、数字旅游等应运而生。

1999 年，中国第一个长假旅游黄金周正式出现，许多在线旅游公司也在那一年成立，这一年可以称作中国旅游转型元年。此后，新型业态和模式的旅游企业如雨后春笋般在神州大地崛起。携程和艺龙作为最具代表性的两大旅游 OTA 企业甫一问世，就对旅游行业的运营模式产生了极大的冲击，传统的旅行社模式已不再适应新时代旅游需求。同时，由互联网技术与旅游相结合产生的在线旅游、科普旅游、太空旅游等也成为新时代旅游业发展的重要模式和新旅游产品。

国家统计局发布的数据显示，2020 年我国虽然受新冠疫情影响，但新产业、新业态、新商业模式的“三新”经济增加值为 169254 亿元，比 2019 年增加 4.5%，其中第三产业增加值为 88345 亿元，比 2019 年增长 4.2%，占比为 52.2%。可见“三新”经济中第三产业是主阵地。

旅游新业态包括新的组织形态、产品形态和经营形态，新的组织形态包括会展旅游集团、景观房产企业、在线旅游运营商、家庭旅馆、特色民宿；新的产品形态包括自驾车旅游、太空旅游、温泉旅游、影视旅游等；新的经营形态包括峨眉山旅行社和景点合作推出的“峨眉山旅游专卖店”、广西的旅游大篷车以及旅游消费券等。

传统的旅游模式已不能满足人民对于美好生活的向往，大数据和互联网技术催生新业态、新模式，未来会有更多、更新的旅游新业态，我国正乘势而为，加大数字基础建设；传统的旅游统计已不能适应大数据时代的旅游统计，无法为地方和政府提供政策参考，因此，需要重建大数据时代的旅游统计框架，绿色旅游增长需要探索更多的低碳发展模式，从旅游景区、旅游住宿设施到旅游者，从旅游需求侧到旅游供给侧探索有效的降碳模式。

---

① 赵彦云．互联网统计与广义统计学［J］．统计研究，2018，35（6）：3－10.

五、旅游融合发展，开启全域旅游建设

随着体验时代与互联网时代的到来，旅游产业的边界越来越模糊，旅游与第一、第二产业融合的趋势加强，文化旅游、智慧旅游、全域旅游趋势凸显，旅游产业链向纵深延伸，旅游产业融合是旅游新业态形成的过程，旅游新业态是旅游产业融合的结果。

随着游客需求的升级，旅游产业融合和创新速度加快，旅游产业由“景区旅游”向“全域旅游”转变。2017 年 3 月 5 日，第十二届全国人民代表大会第五次会议上，李克强总理在《政府工作报告》中提到，要完善旅游设施和服务，大力发展乡村、休闲、全域旅游。2018 年 3 月，国务院办公厅印发《关于促进全域旅游发展的指导意见》，就加快推动旅游业转型升级、提质增效，全面优化旅游发展环境，走全域旅游发展的新路子进行部署。全域旅游是指各行业积极参与，各部门齐抓共管，全城居民共同参与，充分利用目的地的吸引物要素，为前来旅游的游客提供全过程、全时空的体验产品，从而全面地满足游客的体验需求。

2018 年，菏泽市以新旧动能转换为引领，以发展全域旅游为总抓手，打造出一批精品旅游线路，创新旅游营销宣传模式，在推动旅游景区升级改造的同时，加快文化旅游目的地建设，把菏泽建设成为区域性旅游节点城市，从而实现了菏泽全域旅游的新突破。浙江省安吉县通过美丽乡村建设主导全域发展，把全县当作一个大乡村来规划，把一个村当作一个景来设计，把一户人家当作一个小品来改造，推进环境、空间、产业和文明相互支撑，第一、第二、第三产业整体联动，城乡一体有机链接，力求全县美丽、全县发展。山东省五莲县龙头景区打造县景合一，以“两山”为主，以大青山、李崮寨等为辅，以乡村旅游为补充的集生态、修学、体验、休闲、度假于一体的新格局初具雏形，为实施“县景合一、全景五莲”的全域旅游战略打下了坚实基础。

推进全域旅游是我国新阶段旅游发展战略的再定位，是一场具有深远意义的变革。这要求各地从封闭的旅游自循环向开放的“旅游 +”融合发展方

式转变，加大“旅游+”融合的力度和深度，提高旅游业全要素生产力，共同促进旅游质量的提升。以全域旅游示范区创建为载体，推进旅游与其他产业跨界融合、协同发展，催生新业态、延伸产业链、创造新价值。如果说“旅游+”体现的是旅游业寻求与相关产业的融合发展，那么，“+旅游”则是其他产业与旅游业的主动融合、顺势联动。文化旅游是“文化+旅游”的融合，也是未来全域旅游发展的主要模式，文化是旅游的灵魂，旅游是文化的载体，文化和旅游是相生共兴、融合交汇的两个主体，文化旅游发展是未来旅游发展的大趋势，也是旅游绿色发展的必然结果。

六、技术创新推动绿色旅游增长

国家在推动产业结构升级的过程中，应加快推进新型数字基础设施建设；要着手推进传统基础设施数字化、智能化、网络化，加快新一代信息技术尤其是关键共性技术的突破；加大对旅游业绿色产品研发、设计和制造的投入，通过技术创新实现从低成本要素投入、高生态环境代价的粗放模式向创新发展和绿色增长双轮驱动模式的转变，推动旅游绿色效率提升和全域旅游发展。①

在绿色旅游发展中，我国通过科技创新提升资源利用效率，降低全行业、全产业的碳排放，同时通过科技创新研发绿色旅游产品，开发新的文物活化技术和产品；通过技术创新实现资源的重组和整合，加快旅游与其他产业的融合力度，创新和创意是绿色旅游可持续发展永恒的动力。

2009年哥本哈根世界气候大会之后，全球对气候变化问题高度重视，发展低碳经济被提到了战略的高度。中国提出到2020年单位国内生产总值的二氧化碳排放比2005年降低40%～45%的减排目标。同年年末，国务院办公厅转发《国务院关于加快发展旅游业的意见》，指出要推进节能环保，倡导低碳旅游方式。据统计数据，中国旅游业的二氧化碳排放量在2013年后呈现逐年下降的趋势（见图6－1）。

① 田磊，张宗斌．中国旅游业绿色增长的演变特征及其影响因素［J］．山东师范大学学报（人文社会科学版），2018，63（1）：116－125.

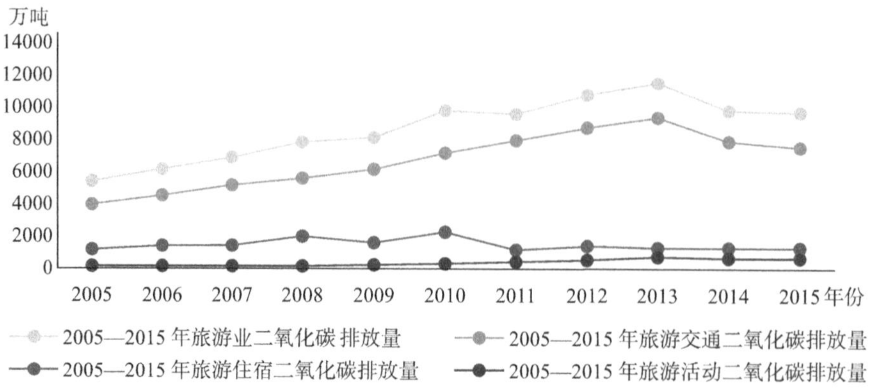

图 6－1　2005—2015 年中国旅游业二氧化碳排放量

资料来源：《国务院关于加快发展旅游业的意见》。

在旅游企业的实践中，已经出现了大量的绿色旅游活动，携程网率先推出了碳补偿方案，鼓励携程会员将会员积分折换成树苗，用以抵消其在航空飞行所产生的二氧化碳排放。2001 年 9 月，浙江省地方标准《绿色饭店》（DB33/T 326—2001）正式出台，这是国内首个绿色饭店标准；在此基础上，2005 年，国家旅游局制定并发布了国家旅游行业标准《绿色旅游饭店》，成为全国旅游星级饭店创建绿色饭店的指导性标准，2006 年 3 月 23 日起实施。本标准规定了创建绿色旅游饭店、实施和改进环境管理的要求，绿色旅游饭店分为金叶级和银叶级两个等级。

中国首家以绿色发展为主线的中央企业“中国绿发”已有 20 家酒店分别获得“五叶级绿色饭店”“金叶级绿色旅游饭店”等国家认证称号，除在全国率先实现 100% 国标、LEED、WELL 等绿色建筑认证外，还有其他绿色发展实践项目荣获“国家 4A 级旅游景区”“省级旅游度假区”“绿色社区”“绿色楼宇”等称号。

同时，为了缓解景区的资源承载压力，全国各大景区实行限制流量的政策，从 2015 年开始，故宫、九寨沟等 16 个知名景区首次按照最大承载量实施限流，此后为了更直观地实施“限流”人群的疏导和提示，国内大都采取实名制网络购票的模式，网络购票既可以使景区利用掌握的大数据，“画”出各区域的客流特征，也可以利用这些大数据“描绘”出不同区域观众的特征图。

在创新驱动发展的新时代，为了彰显中华文化特色、促进绿色文化旅游的发展，当前许多博物馆和景区推出了诸多文物活化和文创产品，如河南省推出的《唐宫夜宴》《洛神水赋》等文物活化产品，较好地宣扬了唐文化，有助于更好地保护文物产品。

综上所述，以“提高旅游资源的利用效率，发挥旅游资源的价值，实现优质生态资源的价值化、产品化、资本化”为核心抓手，是未来绿色旅游经济发展的根本所在。

七、强化文化遗产和自然遗产保护的特色

自 1985 年加入《保护世界文化和自然遗产公约》以来，我国已成功申报世界遗产 56 项。其中，文化遗产 38 项、自然遗产 14 项、自然与文化双遗产 4 项，我国世界遗产总数、自然遗产和双遗产数量均居世界第一。

党的十八大以来，我国拓展了世界遗产保护的理念，极大地丰富了中国乃至全球世界遗产保护事业的思想库；用法律和制度构建世界遗产保护网，建立从中央到地方较为完备的世界遗产保护、管理、监测和研究工作体系，实现对遗产地的科学规划和有效监管。同时，充分利用专业机构力量和新技术，为世界遗产保护提供更多、更好的实施路径和方式方法。我国的世界遗产保护不断取得新成就，并在世界遗产国际合作领域获得新进展。

（一）保护传承文化遗产，守护中华文明根脉

国际上，希腊立法较早，1834 年颁布第一部保护古迹的法律；法国 1840 年颁布了首批保护建筑 567 栋，1887 年通过了第一部历史建筑保护法；英国 1882 年颁布《古迹保护法》，起初只确定了 21 项，主要为古迹遗址，1900 年颁布第二部《古迹保护法》，保护范围从古遗址扩大到宅邸、农舍、桥梁等有历史意义的普通建（构）筑物；日本 1897 年制定《古社寺保存法》，1919 年制定《史迹、名胜、天然纪念物保存法》，将保护范围扩大到古坟、古城址、古园林及风景地。

20 世纪 60—70 年代，世界范围内形成了保护文物古迹及其环境的高潮，保护历史文化遗产的国际组织在此期间通过了一系列宪章和建议，确定保护

的原则，推广先进方法，协调各国的历史文化遗产保护工作。通过的主要文件有《国际古迹保护与修复宪章》（1964年5月，简称《威尼斯宪章》）、《保护世界文化和自然遗产公约》（1972年11月，巴黎）、《关于历史地区的保护及其当代作用的建议》（1976年11月，简称《内罗毕建议》）、《保护历史城镇和地区的国际宪章》（1987年10月，简称《华盛顿宪章》）、《关于真实性的奈良文件》（1984年，奈良）。最早进行立法保护历史街区的国家是法国，于1962年颁布了《马尔罗法》；英国于1967年颁布《城市文明法》，规定要保护“有特殊建筑艺术和历史特征”的地区。

1. 出台相关法律法规和规范性文件

党的十八大以来，中央财政利用文物保护专项经费支持世界文化遗产监测126个项目，共计6亿元。以长城保护工程、“平安故宫”工程、良渚古城遗址展示工程为代表的一批高水平的保护、修缮、管理、监测、展示等多位一体的综合举措，有效地改善了世界文化遗产保护状况，《长城保护条例》《大运河文化保护传承利用规划纲要》等百余部与世界文化遗产相关的法律法规和规范性文件出台（见表6－3）。

表6－3　我国文化遗产保护相关法律法规与规范性文件

序号	法律法规名称	颁布时间
1	《中华人民共和国文物保护法》	1982年11月
2	《文物保护工程管理办法》	2003年4月
3	《中华人民共和国文物保护法实施条例》	2003年5月
4	《风景名胜区条例》	2006年9月
5	《长城保护条例》	2006年10月
6	《中华人民共和国城乡规划法》	2007年10月
7	《中华人民共和国非物质文化遗产法》	2011年2月
8	《全国重点文物保护单位文物保护工程申报审批管理办法（试行）》	2014年1月
9	《关于进一步优化文物保护项目审批的通知》	2016年12月
10	《建立国家公园体制总体方案》	2017年9月
11	《大运河文化保护传承利用规划纲要》	2019年2月
12	《关于建立以国家公园为主体的自然保护地体系的指导意见》	2019年6月

资料来源：作者根据相关网站整理而得。

2003 年 10 月，联合国教科文组织通过了《保护非物质文化遗产公约》。2004 年 8 月，我国全国人大常委会批准加入《保护非物质文化遗产公约》。2011 年 2 月 25 日，我国颁布《中华人民共和国非物质文化遗产法》，目的是继承和弘扬中华优秀传统文化，促进社会主义精神文明建设，加强非物质文化遗产保护、保存工作。

《中华人民共和国文物保护法》于 1982 年 11 月 19 日通过，自 1982 年 11 月 19 日起施行，2013 年 6 月 29 日第十二届全国人民代表大会常务委员会第三次会议对其进行修改，2015 年 4 月 24 日进行第四次修正，这是为加强对文物的保护、继承中华民族优秀的历史文化遗产、促进科学研究工作、进行爱国主义和革命传统教育、建设社会主义精神文明和物质文明而制定的法规。2022 年 6 月，我国设立了 23 个国家级文化生态保护（实验）区。《中华人民共和国城乡规划法》于 2007 年 10 月颁布，目的是加强城乡规划管理、协调城乡空间布局、改善人居环境、促进城乡经济社会全面协调可持续发展。其主要内容中有关于风景名胜区规划的制定及历史文化名城、名镇、名村保护规划的制定等相关规定。

《风景名胜区条例》于 2006 年 9 月 19 日公布，2006 年 12 月 1 日起施行。风景名胜区的设立、规划、保护、利用和管理必须遵守《保护世界文化和自然遗产公约》的规定和国家公园管理体制。中国世界遗产名录（截至 2021 年 7 月底）见表 6－4。

表 6－4　中国世界遗产名录（截至 2021 年 7 月底）

省份	世界遗产	省份	世界遗产
北京市	长城、明清皇家宫殿、周口店北京人遗址、颐和园、天坛、明清皇家陵寝、大运河	广东省	开平碉楼与村落、中国丹霞
天津市	大运河	广西壮族自治区	中国南方喀斯特、左江花山岩画文化景观
河北省	长城、承德避暑山庄和外八庙、明清皇家陵寝、大运河	海南省	—

续表

省份	世界遗产	省份	世界遗产
山西省	平遥古城、云冈石窟、五台山	重庆市	大足石刻、中国南方喀斯特
内蒙古自治区	元上都遗址	四川省	九寨沟风景名胜区、黄龙风景名胜区、峨眉山风景名胜区（含乐山大佛风景区）、青城山与都江堰、四川大熊猫栖息地
辽宁省	明清皇家宫殿，明清皇家陵寝，高句丽王城、王陵及贵族墓葬	贵州省	中国南方喀斯特、中国丹霞、土司遗址、梵净山
吉林省	高句丽王城、王陵及贵族墓葬	云南省	丽江古城、云南三江并流保护区、中国南方喀斯特、澄江化石地、红河哈尼梯田文化景观
黑龙江省	—	西藏自治区	拉萨布达拉宫历史建筑群、可可西里
上海市	—	陕西省	秦始皇陵、丝绸之路
江苏省	苏州古典园林、明清皇家陵寝、大运河、中国黄（渤）海候鸟栖息地（第一期）	甘肃省	长城、莫高窟、丝绸之路
浙江省	中国丹霞、杭州西湖文化景观、大运河、良渚古城遗址	青海省	可可西里
安徽省	黄山、皖南古村落—西递、宏村、大运河	宁夏回族自治区	—
福建省	武夷山、福建土楼、中国丹霞、鼓浪屿、泉州：宋元中国的世界海洋商贸中心	新疆维吾尔自治区	新疆天山、丝绸之路
江西省	庐山国家级风景名胜区、三清山国家级风景名胜区、中国丹霞	新疆生产建设兵团	—
山东省	泰山、曲阜孔庙、孔林、孔府、大运河	湖南省	武陵源风景名胜区、中国丹霞、土司遗址
河南省	龙门石窟、安阳殷墟、登封“天地之中”历史建筑群、大运河、丝绸之路	湖北省	武当山古建筑群、明清皇家陵寝、土司遗址、湖北神农架

资料来源：中华人民共和国文化和旅游部网站。

注：表中“—”表明该省份没有世界遗产。

2. 切实抓好重点文物维修工程

《中华人民共和国文物保护法》第十三条规定，国务院文物行政部门在省级、市、县级文物保护单位中，选择具有重大历史、艺术、科学价值的确定为全国重点文物保护单位，或者直接确定为全国重点文物保护单位，报国务院核定公布。截至 2019 年 10 月 16 日，国务院办公厅已公布八批全国重点文物保护单位，共 5058 处。

国家文物局 2014 年制定了《全国重点文物保护单位文物保护工程申报审批管理办法（试行）》，规范全国重点文物保护单位文物保护工程申报审批工作，并提高审批质量和效率，抢险加固、修缮、保护性设施建设及迁移等文物保护工程，并对立项申报审批、技术方案申报审批和经费申报审批等环节做出相关规定。

3. 加强历史文化名城（街区、村镇）保护

为了加强历史文化名城、名镇、名村的保护与管理，继承中华民族优秀历史文化遗产，在《中华人民共和国文物保护法》《中华人民共和国城乡规划法》确立了历史文化名城、名镇、名村保护制度的基础上，我国于 2008 年 7 月颁布《历史文化名城名镇名村保护条例》，明确保护规划的编制主体、编制时限和审批主体，明确保护规划的内容、期限和编制程序，强调保护规划的权威性。2017 年国家对其进行修订，自然资源部和国家文物局于 2021 年 3 月联合发布《自然资源部 国家文物局关于在国土空间规划编制和实施中加强历史文化遗产保护管理的指导意见》，指出坚持先规划后建设的原则，实施城市更新和乡村振兴行动，防止大拆大建破坏文物等各类历史文化遗存本体及其环境，严禁违反规划或擅自调整规划在历史文化名城、名镇、名村相关区域建设高层建筑、大型雕塑等高大构筑物。

中国历史文化名镇名村，是由住房和城乡建设部及国家文物局自 2003 年起共同组织评选的、保存文物特别丰富且具有重大历史价值或纪念意义的、能较完整地反映一些历史时期传统风貌和地方民族特色的镇和村。这些村镇分布在全国 25 个省份，包括太湖流域的水乡古镇群、皖南古村落群、川黔渝交界的古村镇群、晋中南古村镇群、粤中古村镇群等，既有乡土民俗型、传

统文化型、革命历史型，又有民族特色型、商贸交通型，基本反映了中国不同地域历史文化村镇的传统风貌。

中国历史文化名镇名村的评选与公布工作，以不定期的方式进行。住房和城乡建设部及国家文物局以部际联席会议的形式对专家委员会的评议意见进行审定后，以住房和城乡建设部、国家文物局的名义公布。我国对中国历史文化名镇名村实行动态管理，省级建设行政主管部门负责本省（区、市）已荣获中国历史文化名镇名村称号的镇保护规划的实施情况监督，对违反保护规划进行建设的行为要及时进行查处。

截至2019年底，国务院办公厅已公布134座国家历史文化名城；住建部和国家文物局已公布七批共计799个中国历史文化名镇名村；全国已划定历史文化街区873片，确定历史建筑2.35万处。

4. 提高馆藏文物保护和展示水平

（1）构建数字化文物管理平台

预防性保护和数字化保护利用是提升文物保护利用水平的重要基础手段，按照国家文物局“十二五”规划建设“全国馆藏文物保存环境监测平台”三级网络系统的部署，对所有文物库房选择重点储藏柜及其文物进行监测，根据不同文物组合选用温度、湿度、二氧化碳、有机挥发物（VOC）、光照度、紫外线6个环境指标对终端进行监测；对珍品库房设计安装了包括有机污染物、无机污染物和含硫污染物3个环境质量参数在内的空气质量评估监测终端。全国大部分博物馆利用现代科学技术提高馆藏文物的保护水平，针对馆藏文物保管情况，在文物库房安装数字化检测设备，建立一整套数字化环境监测系统，实现了对全部文物库房和配天门展厅文物保存环境质量的及时感知和反馈。同时，制定调控措施积累数据，根据数字化图像修复原理和pH、色差、光谱及显微原理，采用激光清洗及生物试剂揭裱技术等对书画进行检测和修复。

（2）发展数字化展示技术

数字化技术为文物的展览提供了新的方式，可以对文物进行数字化扫描，建立3D数字档案，进而构建数字化文物，再通过数字展馆的形式对外展览，使人们足不出户就可以利用现代传播媒介实现对文物的观赏、研究。一方面，数字化技术极大地扩展了文物展览的空间，提升了展览容量；另一方面，减少了因实地观赏研究而造成的文物损耗。此外，现代传播媒介的分享、转发功能等有利于对文物的宣传展示和文化的传承，最终达成更大范围的公共教育的目的。

许多展览还引入了虚拟现实（Virtual Reality，VR）和增强现实（Augmented Reality，AR）技术，其中，虚拟现实技术集合了计算机技术、先进电子技术以及图像处理技术优势，具有较为强大的综合功能，不但能够对多媒体音视频、三维图像进行有效处理，还能够完成人工智能、人机交互等操作；增强现实技术实现了展厅现场中虚拟与现实的交互展示，并通过在线虚拟展示实现展览的时空跨越。

（3）加强数字展馆建设

数字化博物馆与实体博物馆一样，也是对文物的保管、研究和陈列，其实质内容在于尽可能地保存与发掘文物的所有已知和未知的信息，使之成为数字化数据，并用人们喜闻乐见的多媒体手段加以展示和传播。

数字化博物馆超出实体博物馆“馆”和“物”的地理、物理限制，把博物馆的管理和业务内容全都转化到信息平台上，特别是文物鉴定、文物研究、文物修复等，使博物馆在新的社会发展阶段从“实物导向”转变为“信息导向”，把现场服务拓展到超越时间、空间的虚拟服务。

数字展馆建设有两个重要的前提：一是对文物数据资源库的建设，二是基于资源共享的数字化平台的建设。建于2011年的陕西数字博物馆，是陕西省政府推出的“文化惠民工程”，是由陕西省文物局主办，依托全省馆藏文物数据库资料和陕西历史博物馆的相关平台建设，着力打造的一个文物数字化展示、保护与交流的专业平台，成为中国首座省级文物行政管理机构，是依托全省馆藏文物数据库信息和集观赏性、知识性、互动性于一体的大型综合数字博物馆。统计显示，陕西数字博物馆PC和移动端上网点击量突破200万人次，上线虚拟现实馆达到142座，共有3421座世界各地博物馆在该馆登录或介绍，后台统计网友遍及全球122个国家和地区，实体体验馆网友体验超过500万人次。数字专题展共100个，精品文物鉴赏栏目上线二维文物232件、三维文物46件；讲坛与讲解上传文博讲坛、历博讲坛、文博类培训等88个讲座视频和31个省份博物馆的讲解音频。

(4) 实施文物活化工程

习近平总书记十分重视世界遗产保护，多次做出重要指示。他指出，让收藏在博物馆里的文物、陈列在广阔大地上的遗产、书写在古籍里的文字都活起来，让中华文明同世界各国人民创造的丰富多彩的文明一道，为人类提供正确的精神指引和强大的精神动力。

我国实施文物活化利用工程，以博物馆、国家考古遗址公园为主要场所，将考古成果创造性地转化为大众喜闻乐见、与日常生活密切相关的陈列展览、文化产品、数字化体验、公众活动，赋予中华优秀传统文化新时代内涵，让文物活起来，让老百姓看得懂、感兴趣、想参与、有收获。近年来，“让文物活起来”逐渐成为社会共识，无论是央视等主流媒体制作的文物类节目，还是广大网友对文物形态萌生的奇思妙想，都在推动着越来越多的文物活起来、动起来、萌起来，推动全社会关注文物、关注文化遗产、关注中华优秀传统文化。

在社会各界的广泛关注下，“央视节目中青铜大立人是咋扭起来的”“文物可以有多可爱”“三星堆文物大型撞脸现场”等话题接连登上热搜，甚至引发了全国各地的文物大比拼。三星堆文物不断“上新”，引发了“全国文物大battle”。继《唐宫夜宴》之后，河南卫视又推出了“河南博物院元宵奇妙夜”。在“让文物活起来”理念的指引下，文物类优质节目如雨后春笋般涌现，并成功赢得了观众的喜爱。从《国家宝藏》到《典藏里的中国》，从《此画怎讲》到《唐宫夜宴》，这样的古今互动促成了文物活起来、火起来，让更多人留恋于文物本身的魅力及其背后的文化内涵、历史价值。

同时，国家高度重视博物馆建设，加强对藏品的登记、建档和安全管理，落实藏品丢失、损毁追究责任制，清理整顿文物流通市场，加强对文物市场的调控和监督管理。

5. 非物质文化遗产保护措施

（1）遗产普查、建立名录

2004 年，我国加入联合国教科文组织（United Nations Educational，Scientific and Cultural Organization，UNESCO），2003 年 10 月《保护非物质文化遗产公约》（以下简称《公约》）发布，中国成为缔约国，如今，中国的非遗保护工作已经走过二十年的历程。

2008 年 6 月，文化部制订并颁布了《国家级非物质文化遗产项目代表性传承人认定和管理暂行办法》。2011 年 2 月，我国在加入《公约》后第 7 年出台了《中华人民共和国非物质文化遗产法》。2015 年 5 月，文化部非遗司发布《文化部关于开展国家级非物质文化遗产代表性传承人抢救性记录工作的通知》。2019 年 11 月，我国在《中国民族民间文化保护工程普查工作手册》的基础上修订发布了《中国非物质文化遗产普查手册》。

我国开展非物质文化遗产普查，全面了解和掌握各地非物质文化遗产的种类、数量、分布区域、生存环境、保护现状及存在问题，及时制订非物质文化遗产保护规划，抓紧认定和抢救一批具有历史、文化和科学价值，特别是处于濒危状态的非物质文化遗产项目，建立健全非物质文化遗产保护工作制度。

2020 年 12 月，我国已经认定国家级非物质文化遗产代表性项目 1372 项，命名国家级代表性传承人 3068 名，入选联合国教科文组织非物质文化遗产名录（名册）项目 42 项。① 面对如此丰富的非物质文化遗产，如何按照《公约》的保护程序对活态非物质文化遗产进行科学保护，成为“十四五”规划中建设“文化强国”战略的重要目标。

（2）保护规划、遗产抢救

国家社科基金特别委托项目“中国民间文化遗产抢救工程”，是有史以来第一次对民间文化进行国家级抢救、普查、整理和出版的大型工程。

---

① 冯莉．中国保护非物质文化遗产“建档”实践与理论探索——以《中国唐卡文化档案》项目为例［J］．中央民族大学学报（哲学社会科学版），2021，48（3）：109－119.

第一时期：2003—2007 年。抢救性普查、搜集、编纂与出版全国民间美术作品；抢救性普查和整理出版全国民俗；征集民俗典型实物；拍摄大型电视系列专题片并出版音像制品《中国民俗》；建立、汇编中国民间文化图文资料数据库，建立中国民间文艺网站。

第二时期：2008—2012 年。整理、编纂和出版《中国民俗志》系列（以县为单位）、《中国民俗图录》《中国民俗分布地图集》等；确定并编制“中国民间文化遗产代表作名录”；向联合国教科文组织申报一批人类口头和非物质遗产代表作；编纂《中国民间叙事长诗集成》《中国史诗集成》《中国民间美术集成》《中国民间美术分布地图集》。

（二）设立较完善的自然遗产保护体系，推进生态文明建设

世界自然保护联盟（IUCN）1994 年出版的《保护区管理类别指南》指出，基于 IUCN 保护地分类系统将自然保护地划分为 6 类（见表 6－5）。

表 6－5　世界自然保护联盟（IUCN）保护地管理类别

类别代码	类别名称	主要目标
第Ⅰa 类	严格的自然保护地	主要用于科研的保护地
第Ⅰb 类	荒野保护地	主要用于自然荒野面貌的保护地
第Ⅱ类	国家公园	主要用于生态系统保护及娱乐活动的保护地
第Ⅲ类	自然历史遗迹或地貌	主要用于保护独特的自然特性的保护地
第Ⅳ类	栖息地/物种管理区	主要用于通过积极干预进行保护的保护地
第Ⅴ类	陆地景观/海洋景观	主要用于陆地景观/海洋景观保护及娱乐的保护地
第Ⅵ类	自然资源可持续利用自然保护地	主要用于自然生态系统持续性利用的保护地

资料来源：解焱．我国自然保护区与 IUCN 自然保护地分类管理体系的比较与借鉴［J］．世界环境，2016（S1）：53－56。

我国的世界自然遗产涵盖了国家公园（试点）、自然保护区、风景名胜区、国家地质公园、世界自然遗产、国家森林公园等各级各类上百个自然保护地。得益于国家对生态文明建设的高度重视，遗产地生态系统和丰富的自然资源得到了较好的保护。通过完善世界自然遗产保护相关法律、制度和规定，实施天然林资源保护、退耕还林还草还湿等重点生态工程，森林、草原、

湿地等自然资源监督管理进一步加强，遗产地生态保护修复力度不断加大。可可西里索南达杰保护站野生动物救助中心的设立，使濒临灭绝的藏羚羊种群数量恢复至7万只左右。

2019年6月，中共中央办公厅、国务院办公厅发布《关于建立以国家公园为主体的自然保护地体系的指导意见》（以下简称《指导意见》），将自然保护地按生态价值和保护强度高低依次分为3类：国家公园、自然保护区、自然公园（包括森林公园、地质公园、海洋公园、湿地公园等各类自然公园）。

各地全面贯彻党的十八大和十八届三中、四中、五中、六中全会精神，深入贯彻习近平总书记系列重要讲话精神和治国理政新理念新思想新战略；认真落实党中央、国务院决策部署，紧紧围绕统筹推进“五位一体”总体布局和协调推进“四个全面”战略布局；牢固树立和贯彻落实新发展理念，坚持以人民为中心的发展思想，加快推进生态文明建设和生态文明体制改革，坚定不移加快实施主体功能区战略和制度；严守生态保护红线，以加强自然生态系统原真性、完整性保护为基础，以实现国家所有、全民共享、世代传承为目标，理顺管理体制，创新运营机制，健全法治保障，强化监督管理，构建统一规范高效的中国特色国家公园体制，建立分类科学、保护有力的自然保护地体系。

依据《指导意见》，到2020年国家完成国家公园体制试点，设立一批国家公园，完成自然保护地勘界立标并与生态保护红线衔接，制定自然保护地内建设项目负面清单，构建统一的自然保护地分类分级管理体制。到2025年，健全国家公园体制，完成自然保护地整合归并优化，完善自然保护地体系的法律法规、管理和监督制度，提升自然生态空间承载力，初步建成以国家公园为主体的自然保护地体系。到2035年，显著提高自然保护地管理效能和生态产品供给能力，自然保护地规模和管理达到世界先进水平，全面建成中国特色自然保护地体系，自然保护地占陆域国土面积的18%以上。

1. 建立国家公园

自1872年美国黄石国家公园被正式命名为世界上第一个国家公园，国家公园在世界各国迅速发展。国家公园的建立平衡了资源保护和可持续利用之间的关系，同时国家公园是全球生物多样性、地质地貌等自然环境的展示窗口。

世界自然保护联盟（IUCN）1994 年出版的《保护区管理类别指南》指出，国家公园作为一种重要的自然保护地，其设立目的是保护大规模生态系统的完整性，并为人们的精神、科学、教育、娱乐、旅游等活动提供一个环境和文化兼容的基地。

习近平总书记在 2018 年全国生态环境保护大会上强调：“要自觉把经济社会发展同生态文明建设统筹起来，加快构建以产业生态化和生态产业化为主体的生态经济体系。”建立国家公园体制是党的十八届三中全会提出的重点改革任务，是我国生态文明制度建设的重要内容。2015 年 5 月，国务院批转国家发展改革委《关于 2015 年深化经济体制改革重点工作的意见》提出，在 9 个省份开展“国家公园体制试点”。2017 年《建立国家公园体制总体方案》发布，提出建立统一事权、分级管理体制和资金保障制度、保障机构。2019 年国家出台《关于建立以国家公园为主体的自然保护地体系的指导意见》。2020 年 10 月，国家林业和草原局发布《国家公园总体规划技术规范》《国家公园资源调查与评价规范》《国家公园勘界立标规范》共 3 项国家公园行业标准。

2005 年，香格里拉普达措国家公园开始规划建设，2007 年 6 月 21 日揭牌，宣告中国第一个国家公园正式挂牌成立；2008 年 6 月 6 日，国家林业局批准云南为国家公园建设试点省份；2008 年 10 月 8 日，由环境保护部和国家旅游局批准建设中国第一个国家公园试点单位——黑龙江汤旺河国家公园。自 2015 年以来，我国陆续建立了东北虎豹、祁连山、大熊猫、三江源、海南热带雨林、神农架、武夷山、香格里拉普达措、钱江源和南山 10 个国家公园体制试点，涉及青海、吉林、黑龙江、四川、陕西、甘肃、湖北、福建、浙江、湖南、云南、海南 12 个省份，总面积超过 20 万平方千米。

2. 设立全域旅游示范区

2016 年 7 月，习近平总书记在宁夏调研时指出，“发展全域旅游，路子是对的，要坚持走下去”，这为推进旅游业改革创新发展指明了方向、提供了遵循。之后连续 3 年的《政府工作报告》都对全域旅游进行了部署，全域旅游已经上升为国家战略。

全域旅游示范区主要在文旅融合创新发展、旅游扶贫富民创新发展、城乡统筹创新发展、生态依托创新发展、景城共建创新发展、休闲度假创新发展、资源转型创新发展、边境开发开放创新发展等方面进行实践探索，对各地深化全域旅游发展具有较大的学习借鉴意义。

国家旅游局先后公布了两批国家全域旅游示范区创建名单，2016 年 2 月，国家旅游局公布了首批国家全域旅游示范区创建名录，共计 262 个；2016 年 11 月，国家旅游局公布了第二批国家全域旅游示范区创建名录，共计 238 个；2019 年，文化和旅游部正式公布了首批 71 个国家全域旅游示范区名单（见表 6 –6）。

表 6 –6　首批国家全域旅游示范区名单

省份	全域旅游示范区	省份	全域旅游示范区
北京市	延庆区、怀柔区、平谷区	广东省	广州市番禺区、江门市台山市
天津市	蓟州区	广西壮族自治区	桂林市阳朔县、来宾市金秀瑶族自治县
河北省	秦皇岛市北戴河区、邯郸市涉县、保定市易县	海南省	三亚市吉阳区、保亭黎族苗族自治县
山西省	临汾市洪洞县、晋城市阳城县、晋中市平遥县	重庆市	巫山县、武隆区
内蒙古自治区	满洲里市	四川省	成都市都江堰市、峨眉山市广元市青川县
辽宁省	本溪市桓仁满族自治县	贵州省	贵阳市花溪区、遵义市赤水市、六盘水市盘州市
吉林省	长白山保护开发区管委会池北区、延边朝鲜族自治州敦化市	云南省	保山市腾冲市、昆明市石林彝族自治县
黑龙江省	大兴安岭地区漠河市、黑河市五大连池市	西藏自治区	拉萨市城关区、林芝市鲁朗景区管理委员会
上海市	黄浦区、松江区	陕西省	西安市临潼区、渭南市华阴市
江苏省	南京市秦淮区、南京市江宁区、徐州市贾汪区	甘肃省	酒泉市、敦煌市

续表

省份	全域旅游示范区	省份	全域旅游示范区
浙江省	湖州市安吉县、衢州市江山市、宁波市宁海县	青海省	海北藏族自治州祁连县
安徽省	黄山市黟县、六安市霍山县	宁夏回族自治区	银川市西夏区、中卫市沙坡头区
福建省	福州市永泰县、南平市武夷山市、龙岩市武平县	新疆维吾尔自治区	伊犁哈萨克自治州昭苏县、巴音郭楞蒙古自治州博湖县
江西省	吉安市井冈山市、上饶市婺源县、抚州市资溪县	新疆生产建设兵团	第十师185团
山东省	潍坊市青州市、青岛市崂山区、济宁市曲阜市	湖南省	衡阳市南岳区、湘潭市韶山市、张家界市武陵源区
河南省	焦作市修武县、信阳市新县、济源市	湖北省	武汉市黄陂区、恩施土家族苗族自治州恩施市、宜昌市夷陵区

资料来源：中华人民共和国文化和旅游部网站。

3. 旅游景区质量等级的划分与评定

1999年，在借鉴国际评定标准的基础上，国家旅游局发布了《旅游景区质量等级的划分与评定》（GB/T 17775—1999），规定了旅游景区从A到AAAA－A的评定标准。2004年，国家对此标准进行了修订，增加了5A级旅游景区的评定标准。国家A级旅游景区是由国家旅游景区质量等级评定委员会授权省旅游局评定，4A级以上（含4A）景区由省级旅游主管部门报国家旅游局审定，4A级以下由省级旅游主管部门自行评定。

依照《旅游景区质量等级管理办法》国家标准进行评审，颁发"国家A级旅游景区"标志牌，这是衡量景区质量的重要标志。其评定的内容主要包括旅游交通、游览、旅游安全、卫生、邮电服务、旅游购物、经营管理、资源和环境保护、旅游资源吸引力、市场吸引力以及游客满意度等。

截至2019年末，全国共有A级旅游景区12402个，全年接待总人数为64.75亿人次，比上年增长7.5%，实现旅游收入5065.72亿元，比上年增长7.6%。

全国各省份世界遗产及5A级景区名单（截至2021年7月底）见表6－7。

表 6－7　全国各省份世界遗产及 5A 级景区名单（截至 2021 年 7 月底）

省份	5A 级景区	省份	5A 级景区
北京市	颐和园、故宫博物院、天坛公园、北京市奥林匹克公园、恭王府景区、圆明园遗址公园、明十三陵、八达岭—慕田峪长城旅游区	广东省	长隆旅游度假区、白云山风景区、孙中山故里旅游区、海陵岛大角湾海上丝路旅游区、星湖风景名胜区、连州地下河旅游景区、西樵山景区、长鹿旅游休博园、丹霞山景区、雁南飞茶田景区、罗浮山景区、惠州西湖旅游景区、开平碉楼文化旅游区、华侨城旅游度假区、观澜湖休闲度假区
天津市	天津盘山风景名胜区、天津古文化街旅游区	广西壮族自治区	漓江风景名胜区、青秀山旅游区、德天跨国瀑布景区、乐满地度假世界、两江四湖象山景区、独秀峰王城景区、北海涠洲岛国家地质公园鳄鱼山景区、百色起义纪念园景区
河北省	西柏坡景区、承德避暑山庄及周围寺庙景区、承德市滦平县金山岭长城景区、山海关景区、清东陵、野三坡景区、白石山景区、清西陵景区、涉县娲皇宫、永年区广府古城旅游区、白洋淀景区	海南省	槟榔谷黎苗文化旅游区、海南呀诺达雨林文化旅游区、海南分界洲岛旅游区、大小洞天旅游区、南山文化旅游区、蜈支洲岛旅游区
山西省	壶关县太行山大峡谷景区、洪洞大槐树寻根祭祖园旅游景区、云丘山风景区、雁门关景区、平遥古城景区、绵山风景名胜区、皇城相府生态文化旅游区、五台山风景名胜区、云冈石窟	重庆市	金佛山风景名胜区、武隆喀斯特旅游区、重庆大足石刻景区、酉阳桃花源、巫山小三峡、云阳龙缸风景区、四面山自然风景名胜区、黑山谷景区、濯水景区、阿依河景区
内蒙古自治区	中俄边境旅游区、阿斯哈图石阵旅游区、阿尔山·柴河旅游景区、阿拉善盟胡杨林旅游区、响沙湾旅游景区、成吉思汗陵旅游区	四川省	乐山大佛景区、峨眉山景区、阆中古城旅游区、仪陇朱德故里景区、光雾山旅游景区、海螺沟景区、稻城亚丁旅游景区、黄龙景区、碧峰峡旅游景区、剑门蜀道剑门关旅游区、邓小平故里旅游区、青城山—都江堰旅游景区、北川羌城旅游区、汶川特别旅游区、九寨沟旅游景区

续表

省份	5A 级景区	省份	5A 级景区
辽宁省	老虎滩海洋公园、老虎滩极地馆、本溪水洞景区、沈阳市植物园、金石滩景区、红海滩风景廊道景区、千山景区	贵州省	黄果树大瀑布景区、龙宫景区、百里杜鹃景区、花溪青岩古镇景区、赤水丹霞旅游区、梵净山旅游区、镇远古城旅游景区、荔波樟江景区
吉林省	高句丽文物古迹旅游景区、世界雕塑公园旅游景区、净月潭景区、六鼎山文化旅游区、伪满皇宫博物院、长影世纪城旅游区、长白山景区	云南省	中国科学院西双版纳热带植物园、丽江古城景区、玉龙雪山景区、腾冲火山热海旅游区、普者黑旅游景区、昆明世博园景区、崇圣寺三塔文化旅游区、石林风景区、香格里拉普达措景区
黑龙江省	汤旺河林海奇石景区、太阳岛景区、漠河北极村旅游区、牡丹江镜泊湖景区、虎头旅游景区、黑河五大连池景区	西藏自治区	大昭寺、布达拉宫景区、扎什伦布寺景区、巴松措景区、雅鲁藏布大峡谷旅游景区
上海市	东方明珠广播电视塔、中国共产党一大·二大·四大纪念馆景区、上海科技馆、上海野生动物园	陕西省	金丝峡景区、法门寺佛文化景区、黄帝陵景区、华清池景区、秦始皇兵马俑博物馆、华山景区、太白山旅游景区、延安革命纪念地景区、西安市城墙·碑林历史文化景区、大明宫旅游景区、西安大雁塔·大唐芙蓉园景区
江苏省	中央电视台无锡影视基地三国水浒景区、夫子庙—秦淮风光带景区、钟山风景名胜区—中山陵园风景区、南通市濠河景区、周恩来故里旅游景区、大丰中华麋鹿园景区、天目湖景区、环球恐龙城休闲旅游区、瘦西湖风景区、灵山景区、鼋头渚景区、溱湖旅游景区、洪泽湖湿地景区、中国春秋淹城旅游区、云龙湖景区、惠山古镇景区、花果山景区、苏州园林（拙政园、虎丘山、留园）、同里古镇景区、吴中太湖旅游区、周庄古镇景区、沙家浜·虞山尚湖旅游区、金鸡湖景区、句容茅山景区、金山·焦山·北固山旅游景区	甘肃省	嘉峪关文物景区、崆峒山风景名胜区、鸣沙山月牙泉景区、麦积山景区、炳灵寺世界文化遗产旅游区、七彩丹霞景区

续表

省份	5A 级景区	省份	5A 级景区
浙江省	天台山景区、神仙居景区、桐乡乌镇古镇旅游区、奉化溪口—滕头旅游景区、千岛湖风景名胜区、西湖风景名胜区、缙云仙都景区、嘉兴市南湖旅游区、西塘古镇旅游景区、天一阁·月湖景区、杭州西溪湿地旅游区、刘伯温故里景区、鲁迅故里沈园景区、江郎山·廿八都景区、雁荡山风景名胜区、南浔古镇景区、普陀山风景名胜区、开化根宫佛国文化旅游景区、东阳横店影视城景区	青海省	塔尔寺景区、互助土族故土园景区、阿咪东索景区、青海湖景区
安徽省	天堂寨旅游景区、三河古镇景区、万佛湖景区、天柱山风景区、绩溪龙川景区、方特旅游区、长江采石矶文化生态旅游区、皖南古村落—西递宏村、九华山风景区、颍上八里河景区、古徽州文化旅游区、黄山风景区	宁夏回族自治区	沙坡头旅游景区、镇北堡西部影视城、沙湖旅游景区、灵武水洞沟旅游区
福建省	武夷山风景名胜区、鼓浪屿风景名胜区、白水洋—鸳鸯溪旅游区、福鼎太姥山旅游区、清源山景区、三坊七巷景区、泰宁风景旅游区、土楼（永定·南靖）旅游区、湄洲岛妈祖文化旅游区、古田旅游区	新疆维吾尔自治区	天山大峡谷景区、葡萄沟风景区、喀什噶尔老城景区、泽普金湖杨景区、博斯腾湖景区、那拉提旅游风景区、新疆天山天池风景名胜区、喀拉峻景区、巴音布鲁克景区、喀纳斯景区、富蕴可可托海景区、世界魔鬼城景区、赛里木湖景区、帕米尔旅游区
江西省	婺源江湾景区、井冈山风景旅游区、明月山旅游区、景德镇古窑民俗博览区、三清山旅游景区、龟峰景区、庐山西海景区、滕王阁旅游区、庐山风景名胜区、大觉山景区、武功山景区、龙虎山旅游景区、瑞金市共和国摇篮旅游区	新疆生产建设兵团	白沙湖景区、塔克拉玛干·三五九旅文化旅游区

续表

省份	5A级景区	省份	5A级景区
山东省	刘公岛景区、龙口南山景区、黄河口生态旅游区、萤火虫水洞·地下大峡谷旅游区、华夏城旅游景区、沂蒙山旅游区、青州古城旅游区、崂山景区、台儿庄古城景区、泰山景区、济南市天下第一泉景区、曲阜明故城（三孔）旅游区、蓬莱阁旅游区（三仙山—八仙过海）	湖南省	张家界武陵源—天门山旅游区、岳阳楼—君山岛景区、常德市桃花源旅游区、炎帝陵景区、韶山旅游区、湘西土家族苗族自治州矮寨·十八洞·德夯大峡谷景区、崀山景区、岳麓山·橘子洲旅游区、南岳衡山旅游区、东江湖旅游区、花明楼景区
河南省	西峡伏牛山老界岭·恐龙遗址园旅游区、殷墟景区、开封清明上河园、白云山景区、尧山—中原大佛景区、八里沟景区、芒砀山旅游景区、栾川老君山·鸡冠洞旅游区、红旗渠·太行大峡谷、龙潭大峡谷景区、龙门石窟景区、云台山—神农山·青天河景区、嵩山少林景区、嵖岈山旅游景区	湖北省	三峡大坝—屈原故里旅游区、长阳清江画廊景区、恩施大峡谷景区、东湖景区、黄陂木兰文化生态旅游区、黄鹤楼公园、武当山风景区、三国赤壁古战场景区、三峡人家风景区、神龙溪纤夫文化旅游区、腾龙洞景区、神农架旅游区、古隆中景区

4. 加强风景名胜区管理

为了加强对风景名胜区的管理，有效保护和合理利用风景名胜资源，1985年，国务院发布《风景名胜区管理暂行条例》；建设部于1987年发布《风景名胜区管理暂行条例实施办法》；2006年国务院颁发《风景名胜区条例》，1985年6月7日国务院发布的《风景名胜区管理暂行条例》同时废止。根据条例归档，自然景观和人文景观能够反映重要自然变化过程和重大历史文化发展过程，基本处于自然状态或者保持历史原貌且具有国家代表性的，可以申请设立国家级风景名胜区，报国务院批准公布。

风景名胜区被划分为国家级风景名胜区和省级风景名胜区。国家对风景名胜区的设立、规划、保护、利用和管理做出相关规定。在相关规定的设立部分，规定新设立的风景名胜区与自然保护区不得重合或者交叉；已设立的风景名胜区与自然保护区重合或者交叉的，风景名胜区规划与自然保护区规划应当相协调。在规划部分，规定风景名胜区总体规划的编制应当体现人与自然和谐相处、区域协调发展和经济社会全面进步的要求，坚持保护优先、开发服从保护的原则，突出风景名胜资源的自然特性、文化内涵和地方特色。在保护方面，规定风景名胜区内的景观和自然环境应当遵循可持续发展的原则，严格保护，不得破坏或者随意改变。在利用和管理方面，风景名胜区管理机构应当根据风景名胜区的特点，保护民族民间传统文化，开展健康有益的游览观光和文化娱乐活动，普及历史文化和科学知识。截至 2017 年 3 月 29 日，国家级风景名胜区数量达到 244 处。

5. 促进国家森林公园建设

为树立国家级森林公园形象，促进国家级森林公园规范化、标准化建设，国家林业局于 2006 年 2 月 28 日发出通知，决定启用“中国国家森林公园专用标志”，同时印发了《中国国家森林公园专用标志使用暂行办法》。森林公园主体上未纳入自然保护区，行政管理机构为国家林业局。中国境内最早的国家森林公园是 1982 年建立的张家界国家森林公园。截至 2011 年年底，全国共有 746 处国家级森林公园和 1 处国家级森林旅游区。

6. 建立自然保护区体系

为加强自然保护区的建设和管理，保护自然环境和自然资源，1956 年，全国人民代表大会通过建立自然保护区的提案。同年 10 月，林业部草拟了《天然森林伐区（自然保护区）划定草案》，并在广东省肇庆建立了中国第一个自然保护区——鼎湖山自然保护区。20 世纪 80 年代初以来，中国自然保护事业发展迅速。1994 年 10 月，国务院发布《中华人民共和国自然保护区条例》，并于 2017 年 10 月 7 日对其进行了修改。中国自然保护区分为国家级自然保护区和地方级自然保护区，地方级自然保护区又包括省、市、县三级自然保护区。

自然保护区的定义分为广义和狭义两种。广义的自然保护区，是指受国家法律特殊保护的各种自然区域的总称，不仅包括自然保护区本身，而且包括国家公园、风景名胜区、自然遗迹地等。狭义的自然保护区，是指以保护特殊生态系统进行科学研究为主要目的而划定的自然保护区，即严格意义的自然保护区。建立自然保护区的目的是保护珍贵的、稀有的动物资源，以及保护代表不同自然地带的自然环境的生态系统，还包括保护具有特殊意义的文化遗迹。

全国已经建成各类自然保护地超过 8000 个，面积超过全国土地面积的 18%。根据其管理目标的不同，上述每种自然保护地均可归类到 IUCN 自然保护地的 6 种类型中。

7. 加强国家湿地公园建设

《关于特别是作为水禽栖息地的国际重要湿地公约》（简称《湿地公约》）是全球性政府间保护湿地及其生态环境，特别是保护水禽及其栖息地的一个重要公约，是以保护湿地生态系统、合理利用湿地资源为目的，可供开展湿地保护、恢复、宣传、教育、科研、监测、生态旅游等活动的特定区域。2010 年 2 月，国家林业局发布《国家湿地公园管理办法（试行）》，对国家湿地公园的建立、建设和管理做出相关规定。

我国的湿地保护管理体系包括湿地公园、湿地自然保护区、湿地保护小区、湿地野生动植物保护栖息地，以及湿地多用途管理区等。根据《湿地公园管理办法》，湿地公园分为国家级湿地公园、省级湿地公园两级。

截至 2017 年年底，全国共建立湿地公园 1699 处，其中国家湿地公园 898 处；2019 年实施湿地保护和恢复项目 387 个，安排退耕还湿 30 万亩，恢复退化湿地 110 万亩，160 处国家湿地公园通过验收，国家湿地公园总数达到 899 处，全国湿地保护率达到 52. 19%。

8. 建设国家地质公园

地质遗迹是地质历史时期形成的珍稀自然资源，是我国自然保护地体系的核心组成部分。1989 年，联合国教科文组织（UNESCO）、国际地质科学联合会（IUGS）、国际地质对比计划（IGCP）及世界自然保护联盟（IUCN）在华盛顿设立“全球地质及古生物遗址名录”计划，目的是选择适当的地质遗址纳入世界遗产的候选名录；1996 年，其改名为“地质景点计划”。1997 年，联合国大会通过了联合国教科文组织提出的“促使各地具有特殊地质现象的景点形成全球性网络”计划，即从各国（地区）推荐的地质遗产地中遴选具有代表性、特殊性的地区纳入地质公园，其目的是使这些地区的社会、经济得到永续发展。1999 年 4 月，联合国教科文组织第 156 次常务委员会议提出了建立地质公园计划（UNESCO Geoparks），目标是在全球建立500个世界地质公园，其中每年拟建20个，并确定中国为“世界地质公园计划”试点国之一。

中国于1985年建立了第一个国家级地质自然保护区——“中上元古界地质剖面”（天津蓟州区）。此后，地质遗迹保护区得到了一定的发展。1985年11月，地矿部在长沙召开了首届地质自然保护区区划和科学考察工作会议，与会代表考察了武陵源风景区；鉴于武陵源砂岩峰林地质地貌景观独特优美，提出建立“武陵源国家地质公园”的建议。1995年，国家制定了《地质遗迹保护管理规定》（地质矿产部令第21号），加强地质遗迹保护。2000年起，我国将地质公园作为地质遗迹保护的主要方式，因其突出的保护效果和显著的社会经济效益，地质遗迹保护实践在我国得到了蓬勃发展。

截至2020年3月底，国家业和草原局及国土资源部已正式命名国家地质公园220处，授予国家地质公园资格57处，批准建立省级地质公园300余处。

9. 国家生态旅游示范区

生态旅游是绿色旅游发展的重要组成部分，IUCN于1983年提出“生态旅游”的概念；1993年，国际生态旅游协会将其定义为具有保护当地自然环境以及不破坏当地居民生活双重责任的旅游活动。

我国国家旅游局、国家计划委员会、国家环境保护总局于2001年正式提出“国家级生态旅游示范区”的概念，向具有明确地域界线的生态旅游区管理规范、具有示范效应的典型区域授予“国家生态旅游示范区”称号。2007年7月，国家旅游局、国家环境保护总局共同授予东部华侨城“国家生态旅游示范区”的荣誉称号，东部华侨城成为中国首个获得此项殊荣的旅游区。同年，《东部华侨城国家生态旅游示范区管理规范》发布。

2008年11月，国家旅游局制定《全国生态旅游示范区标准》。2010年国家旅游局联合环境保护部和两家机构起草了《国家生态旅游示范区建设与运营规范》（GB/T 26362－2010）。2012年9月，国家旅游局和环境保护部联合发布了《国家生态旅游示范区管理规程》和《国家生态旅游示范区建设与运营规范（GB/T 26362－2010）评分实施细则》。同时，国家对已授予称号的示范区实行“动态管理、能进能退”的复核管理机制，且每3年组织一次复核。

我国将生态旅游区分为山地型、森林型、草原型、湿地型、海洋型、沙漠戈壁型、人文生态型共7种类型。2013年12月，国家生态旅游示范区共计39家。

八、加强国际交流合作，守护人类共同财富

党的十九大报告指出，坚持推动构建人类命运共同体，构筑尊崇自然、绿色发展的生态体系，要牢固树立社会主义生态文明观，推动形成人与自然和谐发展现代化建设新格局。在加强国内遗产保护的同时，我国积极参与国际交流与合作，守护人类共同财富。

从缅甸蒲甘地区佛塔震后修复工程，到尼泊尔加德满都杜巴广场九层神庙震后修复工程，再到乌兹别克斯坦花剌子模州历史文化遗产遗迹修复工程，我国为世界遗产抢救、保护做出了重要贡献。2014年，中国与哈萨克斯坦、吉尔吉斯斯坦联合提交的“丝绸之路：起始段和天山廊道的路网”获批，这是我国对文化遗产保护国际合作所持的认同、包容、开放、协作的态度的具体体现。同时，我国担任世界遗产委员会委员国，与联合国教科文组织合作举办“联合国教科文组织—中国—非洲世界遗产能力建设与合作论坛”，担任第44届世界遗产委员会会议主席国，成为世界遗产国际交流和合作的贡献者。长城被世界遗产委员会评为世界遗产保护管理示范案例，这是继2018年大运河之后，我国世界遗产保护管理工作再次获此殊荣。

地球是人类共同的家园，自然遗产和文化遗产是人类共同的财富，中国是世界上的遗产大国和人口大国，在致第44届世界遗产大会的贺信中，习近平主席说：“世界文化和自然遗产是人类文明发展和自然演进的重要成果，也是促进不同文明交流互鉴的重要载体。保护好、传承好、利用好这些宝贵财富，是我们的共同责任，是人类文明赓续和世界可持续发展的必然要求。”多年来，我国为世界文化遗产保护不断贡献着中国智慧、中国方案和中国力量。

第七章　研究结论与研究不足

第一节　研究结论

本书的研究围绕“什么是文化旅游”“什么是文化旅游城市”“西部文化旅游城市发展中存在哪些问题”“城市的文化旅游发展水平如何”“文化旅游与城市经济发展是否协调”以及“文化旅游与城市经济发展的路径如何选择”等问题展开，系统分析了文化旅游的概念及内涵、文化旅游城市的界定方法，并开发了城市文化旅游发展水平测度的指标体系，测度了西部文化旅游与城市经济发展是否协调，并提出了二者协调发展的路径。本书主要得出以下结论：

第一，重新界定了文化旅游的相关概念及内涵。

本书研究的出发点是文化旅游的本质是一种旅游活动。从发展历程来看，文化旅游是旅游活动发展到一定阶段的产物，或者说是旅游活动的高级形式；与最初的旅游活动的区别是，旅游者追求的旅游目的不同，文化旅游的目的在于追求精神上的满足，为了满足旅游者精神素养的提升。文化旅游的结果是不仅满足旅游者求新求异的精神追求，客观上也促使旅游者文化素养提升。从文化旅游者的目的地选择来看，旅游者更偏向于文化底蕴深厚的旅游目的地或者旅游产品，但也不能把山水型的旅游者排除出文化旅游者的范围，只要能让旅游者自身文化素养有所提升的旅游活动都可以归入文化旅游活动的范畴。那么，文化旅游是不是文化活动和旅游活动的融合体？在此，笔者比较赞同这一观点，但是从结果来看，文化旅游活动本质上是一种旅游活动，这种划分方法有利于对文化旅游口径的统计，如对文化旅游者的统计、对文化旅游目的地的统计等。

第二，界定了文化旅游产业的概念。

文化旅游概念界定的多样化，使得文化旅游产业概念的界定也比较模糊。大多学者认为，文化旅游是文化产业和旅游产业相融合的产物，但是并没有明确界定文化旅游产业到底包括哪些内容，这对定量研究造成了很大的困难。本书在界定文化旅游城市的基础上，以结果导向为出发点，认为文化旅游城市的旅游产业即为文化旅游产业，其原因在于，文化旅游城市的界定包含了文化元素和旅游元素，文化旅游城市的旅游产业发展已经在无形中融入了文化元素，文化旅游是文化旅游城市旅游产业的表现形式。

文化旅游产业本质上属于旅游产业的一个组成部分，产业基础是文化旅游资源，而文化旅游资源是区域内文化资源和旅游资源的整合。文化旅游产业的定义是以文化旅游资源为基础，以旅游批发商、旅游经营商和旅游零售商为媒介，为文化旅游者提供吃、住、行、游、购、娱等服务的产业服务链。

第三，基于产权视角、空间视角以及外部性理论分析了协调发展的可能性。

本书论证了我国文化旅游和城市经济协调发展的现实基础，以及文化旅游和城市经济协调发展的现实困境。以产权理论为基础，对文化旅游资源分类及产权归属关系进行明确，为文化旅游和城市经济的协调发展指明方向，即针对不同的文化旅游资源，文化旅游与城市经济协调发展的方式和路径不同。对于可再生性资源，由于它具有可创造性以及再生性，可以交由市场运作，由企业或者集团进行市场化运作，不断创新，为城市经济发展提供动力；对于不可再生性资源，由于资源具有独特性和不可再生性，属于准公共物品的范畴，大多属于国家和政府，因此不能采取市场化运作模式。

本书以经济地理学的空间理论为基础，按照空间区域的特点，把文化旅游区域分为不可再生性资源区域以及可再生性资源区域。不可再生性资源区域由于资源的稀缺性和不可再生性而成为限制发展区，该区域内着重进行资源保护，应减少经济活动、控制游客流量，所以也成为城市经济发展的边缘区域。对于可再生性资源区域来说，由于其资源具有可再生性和创新性，可以进行产业发展，使之通过产业集聚成为城市的增长极，为城市生产总值增长、产业结构优化提供动力，从而助力城市经济发展，并为文化旅游和城市经济协调发展提供可能性。这在许多城市发展的实践中，已经得到证明。

本书认为，用外部性理论解释文化旅游和城市经济的关系是可行的，文化旅游对城市经济的正外部性在于，文化旅游资源的开发对于提高城市知名度、提升城市形象具有积极作用，如世界遗产兵马俑景区，让西安在国内外的知名度迅速提升；华清池《长恨歌》等文化旅游资源的挖掘和开发，间接地提升了西安的城市形象，从而有助于西安对外的招商引资等活动，进而助力于城市经济的发展。同时，城市经济的发展，加大了城市基础设施建设、人才引进、科学技术发展等的资金支持力度。

文化旅游资源的开发，也会给城市经济带来负外部性。游客涌入会对城市环境造成一定破坏，交通拥堵以及过度依赖旅游业会导致城市经济不平衡等问题；文化旅游资源的过度开发会导致代际外部性现象，即旅游开发会对后代子孙产生影响，过度的旅游开发会使后代子孙失去享受公共遗产的权利。所以，在文化旅游资源开发的同时，应按照资源类别的不同进行区别性的发展。

我国城市文化旅游的常见形式主要有文化遗产旅游、文化旅游创意园区、民族民俗文化旅游、红色文化旅游、影视旅游、旅游演艺业、宗教文化旅游、非物质文化遗产旅游。

我国城市文化旅游发展的主要特征表现为：文化与旅游融合趋势明显；传统旅游业正在转型升级为文化旅游，更加注重旅游资源的文化内涵；文化旅游产业集团扩张步伐加快；区域发展差异明显。

我国城市经济发展的现实基础表现为：区域经济发展不均衡；产业结构发展不平衡；资源依赖型城市发展迅速但后劲不足；文化旅游对部分城市经济拉动作用明显。

文化旅游和城市经济协调发展的现实困境表现在以下几个方面：城市文化旅游创新模式固定化；文化旅游产业链条可持续性建设不足；部分文化旅游区经济落后，资源优势亟待挖掘；文化旅游资源开发不当会引发相关问题。

第四，开发了城市文化旅游发展水平测度的指标体系，并对西部典型文化旅游城市的文化旅游发展水平进行测度和排序。

本书基于对近 30 位旅游学术界专家的访谈经过对指标的多次更新和协调，初步形成了城市文化旅游发展水平定量分析的指标体系；通过发放问卷、回收问卷，运用 SPSS 18.0 对指标体系进行有效性和可靠性的检验。基本思路是在回收数据的基础上，运用克朗巴哈系数对指标一致性进行检验；对 36 个指标进行 KMO 抽样适当性检验和 Bartlett 球形检验；运用因子分析法对指标进行探索性因子分析，最终形成了文化旅游发展水平的测度体系。该体系包括 5 个子系统、16 个准则层、34 个指标。

同时，本书选取熵权法对指标体系进行了权重计算，并运用 TOPSIS 法对西部典型文化旅游城市西安、成都、昆明进行了文化旅游发展水平测度及排序；以 2010—2020 年的数据为例，分析了西安、成都、昆明总体的文化旅游发展水平，三者之间的关系为成都 > 西安 > 昆明。

第五，论证了文化旅游与城市经济发展处于长期互相影响的关系。

文化旅游对于城市经济的影响在于直接增长效应、间接增长效应以及集聚效应，包括对城市生产总值增长的贡献、对城市就业提升的贡献、促进城市产业结构的优化、改善城市形象、对城市居民的多元影响。同时，要关注文化旅游对城市经济可能产生的负增长效应，主要应防止出现“去工业化”和“荷兰病”。城市经济对文化旅游发展的影响在于外部效应，即基础设施建设提高旅游接待能力，奠定文化旅游发展经济基础；城市公共服务、城市精细化管理改善城市形象，城市经济发展促进旅游教育；城市经济发展提升居民收入，促进居民文化旅游意识的提高；促进文化旅游服务模式的转型。

文化旅游与城市经济发展相互作用的模式分为三类：一是文化旅游推动城市经济发展，二是城市经济发展推动文化旅游发展，三是文化旅游渗透于城市经济发展。我国当前文化旅游与城市经济发展的类型有三种，即忽视开发、失衡发展，恶性循环、失调发展，良性互动、协调发展。

本书采用 Eviews 8.0 软件，基于东部、中部、西部 12 个文化旅游城市 2010—2020 年的入境和国内旅游总收入以及地区生产总值（GDP）的面板数据，对文化旅游与城市经济的互动影响关系进行验证，认为文化旅游与城市经济是长期互相影响的关系；并对12个文化旅游与城市经济相互作用的模式进行了认定。

第六，对西部典型城市文化旅游与城市经济协调水平进行测度，认为西安、成都、昆明三大城市的文化旅游与城市经济协调水平为初级协调。

一方面，本书选取2010—2020年CNKI近500篇关于城市经济发展水平的研究文献，并借鉴城市经济发展水平的测度指标体系，选取出现频率最高的指标，分别为GDP增长率、工业化率、固定资产投资率、第二产业占GDP的比重、第三产业占GDP的比重、人口、城镇化率、城镇居民人均可支配收入。

另一方面，本书运用耦合度分析以及耦合协调度模型，通过对西部典型城市文化旅游与城市经济协调水平进行测度，得出2010—2020年西安、成都、昆明三大城市的文化旅游与城市经济协调水平为初级协调。

第七，总结国内外先进经验，得出了文化旅游与城市经济发展路径。

通过借鉴欧洲、美国和英国、新加坡以及我国杭州等文化旅游与城市经济发展的先进经验，本书得出了丝绸之路经济带城市的发展路径，即适度发展与城市更新的城市发展理念、保护第一与再生利用的文化旅游发展理念、以人为本与可持续发展的文化和城市发展理念。同时，笔者认为，文化旅游与城市经济发展的具体路径应区分不同的模式，在文化旅游推动城市经济的发展模式下，应保护文化遗产资源，做好城市发展的空间布局规划，对文化旅游区域进行分区管理；发展文化旅游产业集群，形成城市增长极，发挥文化旅游产业集团的积极作用。在城市经济推动文化旅游发展的模式下，应塑造文化旅游品牌，创新城市经济和文化旅游发展理念和运行模式。在文化旅游渗透于城市经济发展的模式下，应建立健全文化遗产保护的法律法规体系，建立文化旅游与城市经济发展的制度保障，完善全民参与和监督机制。

第二节　研究不足与展望

一、研究不足

本书尝试形成对文化旅游与城市经济发展有建设性意义的理论体系和方法结构，但是由于学科背景、学术积淀、个人学术水平等因素，本书在很多方面的分析并不到位，具体有以下几个方面的研究不足：

（一）部分研究概念有待深入探讨

本书在研究国内外文献，以及借鉴国内优秀旅游城市、国家历史文化名城等的判定标准时，重新定义了文化旅游的概念，并试探性地给出了文化旅游城市的界定标准，但是由于学科背景、学术积淀等原因，对文化旅游的概念以及文化旅游城市、文化旅游产业的界定仍需进一步深入研究，并应进行长期的适用性研究，以期丰富和完善文化旅游的相关理论体系。

（二）城市文化旅游发展水平测度指标体系的适用性有待进一步验证

在文献研究的基础上，笔者通过前后两轮的专家调查法、问卷调查法，开发了城市文化旅游发展水平测度的指标体系。该体系包括 5 个子系统、16 个准则层、34 个指标，虽然涵盖了文化、旅游以及城市实力等方面，因其涉及的指标体系庞大，笔者建立指标体系时尽量使用了统计数据，但由于收集数据难度较大，所以在适用性方面还有待进一步检验。

（三）在研究方法上有待进一步深化

在研究方法方面，本书采用了计量经济学中的格兰杰因果检验以及面板数据分析，选取的样本数量存在局限性，在未来的研究中，应从纵向延伸样本时间、从横向延伸样本城市，以期为定量测度提供更准确的结果。本书运用了熵权法以及耦合协调度等数据分析方法，定量测度文化旅游与城市经济发展的水平。由于文化旅游与城市经济两个系统指标体系的构建属于探索性研究，国内关于两个系统互相影响的检验方法比较丰富，究竟哪种方法适用于文化旅游与城市经济发展的研究，还有待深入研究。

（四）在协调发展的路径研究上有待拓展

在对丝绸之路经济带文化旅游与城市经济协调发展的实现路径尤其是在对西方国家文化旅游与城市经济发展经验进行借鉴时发现，本研究对我国目前的城市文化旅游发展的适用性有待验证；在协调发展的路径方面，由于文化旅游在我国的兴起与研究时间较短，真正哪种路径适合我国经济发展的道路，还有待深入研究探讨。

二、研究展望

本书的研究有待进一步深入，具体表现在以下几个方面：

（一）要对文化、旅游、文化旅游三者关系进一步研究

本书虽然对文化旅游的真实内涵进行了论述，但是对于文化、旅游以及文化旅游三者的关系并未进行明确表述和研究，明确三者之间的区别，对于以后的研究非常重要。

（二）可以从多学科角度分析文化旅游对于城市经济的逆向作用

本书虽然研究了文化旅游对城市经济的逆向作用，但事实上，本研究内容非常丰富，可以从经济学、管理学，或者从社会学、人类学、地理学角度进行不同的分析，采用不同学科的研究方法。

（三）文化旅游与城市经济的协调发展路径有待深入探讨

由于笔者缺乏实践经验，对西方诸多文化旅游城市的协调发展路径有待进一步研究，在结合中国特色的发展实际时，还需要进行深入调研，发现真正有实践意义的发展路径。

附录一　文化旅游发展水平指标体系构建访谈提纲

姓名		性别		年龄	
职务（职称）			研究方向		
电话			E－mail		
所在城市			通信地址		
是否接受录音	是（　）	否（　）	访谈是否保密	是（　）	否（　）

（1）您认为我国文化旅游发展水平如何？

（2）您是根据哪些因素做出此判断的？

（3）您认为评价文化旅游发展水平应该考虑哪些因素？

（4）您认为定量测度文化旅游发展水平的可行性是什么？

（5）您认为我国目前文化旅游发展有哪些方面需要完善？

（6）您认为我国目前文化旅游发展水平提升有哪些途径？

附录二　文化旅游发展水平指标体系构建调查问卷

尊敬的先生/女士：

首先非常感谢您百忙中的参与，我是西北大学经济管理学院的博士研究生，现进行文化旅游发展水平的相关研究，需要您对文化旅游发展水平的测度指标进行打分，您只需要根据自己的经验和判断进行打分。对于您的信息，我们将予以保密。

由于文化旅游发展水平测度指标的体系属于探索性研究，本研究将城市文化旅游的发展水平分为5个子系统（即产业规模、资源规模、社会影响、文化影响以及保障条件）、16个准则层（即市场需求、市场供给、旅游收入、旅游产业地位、历史文化资源、现代文化资源、就业促进、知名度提升、国际交流促进、休闲方式转变、旅游节庆、宣传出版、文化产业发展、专业人才培养、交通发展、生态环境），以及36个指标层。

第一部分　基本信息

1. 您所在单位的性质（　　）。

A. 政府部门等行政单位　　B. 教育系统等事业单位

C. 旅游企业　　D. 其他

2. 您的工作年限（　　）。

A. 0～5年　　B. 6～10年　　C. 11～15年　　D. 16年以上

第二部分　问卷内容

本问卷采用5级量表，1表示指标不重要，2表示指标比较不重要，3表示指标一般重要，4表示指标比较重要，5表示指标非常重要。请您根据指标的重要程度进行打分。

	准则层	指标层	指标	单位	赋分（1~5分）
产业规模（$B1$）	市场需求（$C1$）	国内游客人数	X_1	万人次	
		国内游客增长率	X_2	%	
		入境游客人数	X_3	万人次	
		入境游客增长率	X_4	%	
	市场供给（$C2$）	旅行社数量	X_5	家	
		星级饭店数量	X_6	家	
	旅游收入（$C3$）	国内旅游收入	X_7	亿元	
		国际旅游收入	X_8	亿美元	
		旅游总收入	X_9	亿元	
		旅游总收入增长率	X_{10}	%	
	旅游产业地位（$C4$）	旅游总收入占 GDP 的比重	X_{11}	%	
		旅游总收入占第三产业的比重	X_{12}	%	
资源规模（$B2$）	历史文化资源（$C5$）	国家级、省级、市级历史文化名城、名镇、名村	X_{13}	个	
		世界遗产及国家、省、市、县级文物保护单位	X_{14}	个	
		世界非物质文化遗产，国家级、省级非物质文化遗产	X_{15}	处	
	现代文化资源（$C6$）	博物馆、图书馆、群众艺术馆、文化馆、文化站数量	X_{16}	个	
		文艺演出场次	X_{17}	场	
		文化场馆演出场次	X_{18}	场	
		国家文化产业示范基地	X_{19}	个	
		国家文化产业示范园区数量	X_{20}	个	
		A 级景区	X_{21}	个	

续表

	准则层	指标层	指标	单位	赋分（1～5分）
社会影响（B3）	就业促进（C7）	旅游产业从业人员占总从业人员的比重	X_{22}	%	
	知名度提升（C8）	旅游搜索量占全部搜索量的比重	X_{23}	%	
		旅游者人均停留天数	X_{24}	天	
	国际交流促进（C9）	入境旅游者在当地居民中所占比重	X_{25}	%	
	休闲方式转变（C10）	人均出游率	X_{26}	次	
文化影响（B4）	旅游节庆（C11）	旅游节庆活动数量	X_{27}	场	
	宣传出版（C12）	旅游报社数量	X_{28}	个	
		旅游杂志社数量	X_{29}	个	
	文化产业发展（C13）	地市广播电台数量	X_{30}	座	
		文化娱乐固定资产投入	X_{31}	万元	
保障条件（B5）	专业人才培养（C14）	旅游院校在校学生人数	X_{32}	人	
	交通发展（C15）	公路、铁路、航空旅客周转量	X_{33}	万人公里	
		公共交通客运量（公交、地铁）	X_{34}	万人次	
	生态环境（C16）	人均城市道路面积	X_{35}	平方米	
		人均公共绿地面积	X_{36}	平方米	

您是否有其他建议，请您填写

____

参考文献

[1] Archer B H. The value of multipliers and their policy implications [J]. Tourism Management, 1982, 3 (4): 236 -241.

[2] Bachleitner R, Zins A H. Cultural tourism in rural communities-measuring resident views via survey research [J]. Journal of Business Research, 1999 (3): 199 -209.

[3] Besculides A, Lee M E, Mccormick P J. Residents' perceptions of the cultural benefits of tourism [J]. Annals of Tourism Research, 2002, 29 (2): 303 -319.

[4] Bob M K, Du C H. Testing a cultural tourism typology [J]. International Journal of Tourism Research, 2003, 5 (1): 45 -58.

[5] Bull A. The economics of travel and tourism [M]. Camberwell: Longman Australia Pty Ltd, 1995.

[6] Chang L Y, Liu W. Temple fairs in Taiwan: Environmental strategies and competitive advantage for cultural tourism [J]. Tourism Management, 2009, 30 (6): 900 -904.

[7] Christaller W. Some considerations of tourism location in Europe: the peripheral regions-underdeveloped countries-recreation areas [J]. Papers in Regional Science, 1964, 12 (1): 95 -105.

[8] Cuccia T, Rizzo I. Tourism seasonality in cultural destinations: Empirical evidence from sicily [J]. Tourism Management, 2011, 32 (3): 589 -595.

[9] Gunn C A. Vacation scape: developing tourist areas [M]. London: Taylor & francis, 1997.

[10] Hughes H, Allen D. Cultural tourism in central and Eastern Europe: the views of "induced image formation agents" [J]. Tourism Management, 2005,

26 (2): 173 - 183.

[11] Khalid A H. Cultural sustainability: An asset of cultural tourism industry [J]. Ebla Working Papers, 2005, 27 (2): 319 - 341.

[12] Loulanski T, Loulanski V. The sustainable integration of cultural heritage and tourism: Ameta-study [J]. Journal of Sustainable Tourism, 2011, 19 (7): 837 - 862.

[13] M Mccombie J S L. Economic growth [M]. Northampton: Edward Elgar Publishing, 2007.

[14] Maitland R. How can we manage the tourist-historic city? Tourism strategy in Cambridge, UK, 1978 - 2003 [J]. Tourism Management, 2006 (27): 1262 - 1273.

[15] Marshalla. Principles of economics [M]. London: Macmillan, 1920.

[16] Mckercher B, Ho P S Y, Cros H D. Relationship between tourism and cultural heritage management: evidence from Hong Kong [J]. Tourism Management, 2005, 26 (4): 539 - 548.

[17] Odell P R. Regional development policy: a case study of venezuela [J]. Urban Studies, 1966, 4 (3): 309 - 311.

[18] Peters M, Siller L, Matzler K. The resource-based and the market-based approaches to cultural tourism in alpine destinations [J]. Journal of Sustainable Tourism, 2011, 19 (7): 877 - 893.

[19] Pitchford S R. Ethnic tourism and nationalism in Wales [J]. Annals of Tourism Research, 1995, 22 (1): 35 - 52.

[20] Poria Y, Butler R, Airey D. The core of heritage tourism [J]. Annals of Tourism Research, 2003, 30 (1): 238 - 254.

[21] Rabbiosi C. Renewing a historical legacy: tourism, leisure shopping and urban branding in Paris [J]. Cities, 2014 (42): 195 - 203.

[22] Richards G. Creativity and tourism: The state of the art [J]. Annals of Tourism Research, 2011, 38 (4): 1225 - 1253.

[23] Richards G. Cultural tourism: Global and Local perspectives [M]. New York: Haworth Hospitality Press, 2007.

[24] Richards G. Production and consumption of European cultural tourism [J]. Annals of Tourism Research, 1996, 23 (2): 261 -283.

[25] Roberts M, Setterfield M, Hnytka M. What is endogenous growth theory? [C]//Arestis P, Baddeley M, McCombie J S L. Economic Growth [M]. Cheltenham: Edward Elgar Publishing, 2007: 39 -58.

[26] Salazar N B. Community-based cultural tourism: issues, threats and opportunities [J]. Journal of Sustainable Tourism, 2012, 20 (1): 9 -22.

[27] Silberrerg T. Cultural tourism and business opportunities for museums and heritage sites [J]. Tourism Management, 1995, 16 (5): 361 -365.

[28] Silverman H. Cultural resource management and heritage stewardship in Peru [J]. Cultural Resource Management, 2006, 3 (2): 57 -72.

[29] Stebbins R A. Cultural tourism as serious leisure [J]. Annals of Tourism Research, 1996, 23 (4): 948 -950.

[30] Stylianou-Lambert T. Gazing from home: Cultural tourism and art museums [J]. Annals of Tourism Research, 2011, 38 (2): 403 -421.

[31] Theopisti S. Gazing from home: Cultural tourism and art museums [J]. Annals of Tourism Research, 2011, 38 (2) : 403 -421.

[32] Van Der Ark L A, Greg R. Attractiveness of cultural activities in European cities: A latent class approach [J]. Tourism Management, 2006 (27): 1408 -1413.

[33] Whiting J, Hannam K. Journeys of inspiration: Working artists' reflections on tourism [J]. Annals of Tourism Research, 2014, 49 (49): 65 -75.

[34] Xu J, Yao L, Mo L. Simulation of low-carbon tourism in world natural and cultural heritage areas: an application to shizhong district of Leshan City in China [J]. Energy Policy, 2011, 39 (7): 4298 -4307.

[35] Yan H, Bramwell B. Cultural tourism, ceremony and the state in China

[J]. Annals of Tourism Research, 2008, 35 (4): 969 - 989.

[36] Zhao S, Timothy D J. Governance of red tourism in China: perspectives on power and guanxi [J]. Tourism Management, 2015 (46): 489 - 500.

[37] 保继刚. 区域旅游经济影响评价 [M]. 天津: 南开大学出版社, 2010.

[38] 保罗·克鲁格曼. 地理与贸易 [M]. 张兆杰, 译. 北京: 北京大学出版社, 2000.

[39] 保罗·萨缪尔森, 威廉·诺德豪斯. 微观经济学 [M]. 萧琛, 译. 北京: 人民邮电出版社, 2012.

[40] 贝勇斌. 基于场所依赖视角的城市文化旅游成长研究 [D]. 杭州: 浙江工商大学, 2008.

[41] 曹芳东, 黄震方, 吴江, 等. 城市旅游发展效率的时空格局演化特征及其驱动机制: 以泛长江三角洲地区为例 [J]. 地理研究, 2012, 31 (8): 1431 - 1444.

[42] 常宏建, 张体勤, 李国锋. 项目利益相关者协调度测评研究 [J]. 南开管理评论, 2014, 17 (1): 85 - 94.

[43] 陈柳钦. 我国城市经济学研究的现实成就及未来研究趋向 [J]. 武汉科技大学学报 (社会科学版), 2008, 10 (4): 46 - 52.

[44] 陈晓. 城市交通与旅游协调发展定量评价 [D]. 大连: 辽宁师范大学, 2008.

[45] 陈新军, 周应祺. 渔业资源可持续利用的灰色相对关联评价 [J]. 水产学报, 2002, 26 (4): 331 - 336.

[46] 陈长杰, 马晓微, 魏一鸣, 等. 基于可持续发展的中国经济: 资源系统协调性分析 [J]. 系统工程, 2004, 22 (3): 34 - 39.

[47] "城市区域协调发展研究" 课题组, 陈小龙. 西部地区城市经济发展报告 [J]. 调研世界, 2011 (11): 8 - 12.

[48] 戴代新. 我国文化旅游资源保护与利用的误区及对策: 以宜宾市僰文化旅游开发研究为例 [J]. 同济大学学报 (社会科学版), 2010, 21 (1):

46－51.

[49] 邓晨晖．中国西部地区旅游经济差异分析 [J]. 旅游论坛，2011，4 (2)：47－53.

[50] 杜傲，刘家明，石惠春．1995—2011 年北京市旅游业与城市发展协调度分析 [J]. 地理科学进展，2014，33 (2)：194－201.

[51] 范柏乃，张维维，贺建军．我国经济社会协调发展的内涵及其测度研究 [J]. 统计研究，2013，30 (7)：3－8.

[52] 高楠，马耀峰，李天顺，等．基于耦合模型的旅游产业与城市化协调发展研究：以西安市为例 [J]. 旅游学刊，2013，28 (1)：62－68.

[53] 郭鸿懋．作为空间经济学分支的城市经济学研究：中国城市经济学研究三十年的梳理与思考 [J]. 经济社会体制比较，2010 (2)：5－14.

[54] 郭丽华．略论"文化旅游" [J]. 北京第二外国语学院学报，1999 (4)：42－45.

[55] 郭素婷．区域文化旅游产业的系统化运作 [J]. 地域研究与开发，2008，27 (6)：57－60.

[56] 贺红权，刘伟．我国旅游资源产权制度的演进趋势及启示：基于一个文化古镇背景模型的分析 [J]. 中国软科学，2007 (12)：66－72.

[57] 侯兵，黄震方，徐海军．文化旅游的空间形态研究：基于文化空间的综述与启示 [J]. 旅游学刊，2011，26 (3)：70－77.

[58] 侯兵．南京都市圈文化旅游空间整合研究 [D]. 南京：南京师范大学，2011.

[59] 胡浩，李瑞，胡瑞山，等．中小文化旅游城市市域范围客源潜力分析：基于旅游支撑力视角 [J]. 干旱区资源与环境，2014，28 (6)：31.

[60] 黄炜．旅游演艺业态创新驱动因素的扎根研究 [D]. 天津：南开大学，2012.

[61] 柯健，李超．基于 DEA 聚类分析的中国各地区资源、环境与经济协调发展研究 [J]. 中国软科学，2005 (2)：144－148.

[62] 柯群英．文化遗产保护与旅游发展：以新加坡白沙浮街为例 [J].

广西民族大学学报（哲学社会科学版），2012（5）：63－69.

［63］兰苑，陈艳珍．文化产业与旅游产业融合的机制与路径：以山西省文化旅游业发展为例［J］．经济问题，2014（9）：126－128.

［64］李诚固，高相铎，李如生，等．区域复兴城市化响应的理论与实践研究［J］．世界地理研究，2008，17（4）：26－34.

［65］李崇明，丁烈云．基于GM（1，N）的小城镇协调发展综合评价模型及其应用［J］．资源科学，2009，31（7）：1181－1187.

［66］李广斌，王勇，袁中金．城市特色与城市形象塑造［J］．城市规划，2006，30（2）：79－82.

［67］李虹．西湖世界遗产与杭州旅游发展的实践与思考［J］．旅游学刊，2012，27（5）：10－12.

［68］李萌．基于文化创意视角的上海文化旅游研究［D］．上海：复旦大学，2011.

［69］李孟刚，蒋志敏．产业经济学理论发展综述［J］．中国流通经济，2009，23（4）：30－32.

［70］李天元．旅游学［M］．北京：高等教育出版社，2002.

［71］李振亭．中国西部典型区域入境旅游流关联度及经济协调度研究［D］．西安：陕西师范大学，2011.

［72］李志强．民生发展指标体系构建的赋权方法［J］．统计与决策，2013（3）：27－30.

［73］梁学成．文化产业与城市经济融合发展的路径探究：以西安曲江新区为例［J］．城市观察，2014（2）：123－129.

［74］梁学成，齐花．新常态下文化与旅游产业融合发展的效应分析［C］//中国旅游研究院．2015中国旅游科学年会论文集［Z］．北京：中国旅游研究院，2015.

［75］刘滨谊，刘琴．中国影视旅游发展的现状及趋势［J］．旅游学刊，2004，19（6）：77－81.

［76］刘改芳，杨威．基于DEA的文化旅游业投资效率模型及实证分析

[J]. 旅游学刊, 2013, 28 (1): 77 - 84.

[77] 刘红梅. 红色旅游与红色文化传承研究 [D]. 湘潭: 湘潭大学, 2012.

[78] 刘嘉毅. 城市文化旅游品牌演化: 规律、动力与机制研究 [J]. 商业经济与管理, 2014 (8): 73 - 80.

[79] 刘思敏, 刘民英. 杭州西湖景区免费模式的实质及可复制性分析 [J]. 旅游学刊, 2011, 26 (10): 50 - 57.

[80] 刘洋, 李树民. 城市管理与文化旅游协调发展研究 [J]. 齐齐哈尔大学学报 (哲学社会科学版), 2015 (11): 49 - 51.

[81] 罗文斌, 汪友结, 吴一洲, 等. 基于 TOPSIS 法的城市旅游与城市发展协调性评价研究: 以杭州市为例 [J]. 旅游学刊, 2008, 23 (12): 13 - 17.

[82] 罗文斌, 谭荣. 城市旅游与城市发展协调关系的定量评价: 以杭州市为例 [J]. 地理研究, 2012, 31 (6): 1103 - 1110.

[83] 马克思. 马克思恩格斯全集 (第 46 卷上) [M]. 北京: 人民出版社, 1979.

[84] 马晓龙, 保继刚. 基于 DEA 的中国国家级风景名胜区使用效率评价 [J]. 地理研究, 2009, 28 (3): 838 - 848.

[85] 马勇, 舒伯阳. 区域旅游规划: 理论、方法、案例 [M]. 天津: 南开大学出版社, 1999.

[86] 马勇, 王宏坤. 基于全产业链的我国文化旅游发展模式研究 [J]. 世界地理研究, 2011, 20 (4): 143 - 148.

[87] 麦克切尔. 文化旅游与文化遗产管理 [M]. 天津: 南开大学出版社, 2006.

[88] 蒙吉军, 崔凤军. 北京市文化旅游开发研究 [J]. 北京联合大学学报 (自然科学版), 2001, 15 (1): 139 - 143.

[89] 钱丽, 陈忠卫, 肖仁桥. 中国区域工业化、城镇化与农业现代化耦合协调度及其影响因素研究 [J]. 经济问题探索, 2012 (11): 10 - 17.

[90] 任冠文. 文化旅游相关概念辨析 [J]. 旅游论坛, 2009, 2 (2):

159 - 162.

[91] 任巨英，邵爱云. 试谈中国小城镇规划发展中的特色 [J]. 城市规划，1999 (2)：45 - 47.

[92] 邵金萍. 再论文化旅游产业的特征、作用及发展对策 [J]. 福建论坛（人文社会科学版），2011 (8)：29 - 32.

[93] 生延超，钟志平. 旅游产业与区域经济的耦合协调度研究：以湖南省为例 [J]. 旅游学刊，2009，24 (8)：23 - 29.

[94] 舒小林，刘东强，齐培潇，等. 中国城镇化与旅游业发展的动态关系研究：基于 VAR 模型的分析 [J]. 经济问题探索，2014 (11)：122 - 129.

[95] 宋涛，牛亚菲. 国外基于 CGE 模型的旅游经济影响评价研究 [J]. 旅游学刊，2008，23 (10)：23 - 28.

[96] 宋振春，朱冠梅. 世界文化遗产旅游深度开发研究：以曲阜为例 [J]. 旅游学刊，2007，22 (5)：54 - 60.

[97] 宋振春，李秋. 城市文化资本与文化旅游发展研究 [J]. 旅游科学，2011，25 (4)：1 - 9.

[98] 宋振春，纪晓君，吕璐颖，等. 文化旅游创新体系的结构与性质研究 [J]. 旅游学刊，2012，27 (2)：80 - 87.

[99] 苏良军，何一峰，金赛男. 中国城乡居民消费与收入关系的面板数据协整研究 [J]. 世界经济，2006 (5)：65 - 72.

[100] 孙梦阳，石美玉. 非物质文化遗产游憩者动机及其市场细分研究 [J]. 旅游学刊，2012，27 (12)：95 - 102.

[101] 孙青，张捷，史春云. 文化旅游资源市场潜力评价模型研究 [J]. 特区经济，2007 (2)：191 - 192.

[102] 孙玉梅，秦俊丽. 山西省文化旅游资源的特征与文化产业发展模式 [J]. 地理研究，2011，30 (5)：845 - 853.

[103] 覃成林，张华，毛超. 区域经济协调发展：概念辨析、判断标准与评价方法 [J]. 经济体制改革，2011 (4)：34 - 38.

[104] 王超，郑向敏. 中印两国文化旅游软实力分析：基于系统工程思

想的分析 [J]. 南亚研究季刊, 2012 (2): 79 - 85.

[105] 王金南, 逯元堂, 周劲松, 等. 基于GDP的中国资源环境基尼系数分析 [J]. 中国环境科学, 2006, 26 (1): 111 - 115.

[106] 王克岭, 刘佳, 张扬楣. 文化旅游产业链治理模式研究 [J]. 企业经济, 2012 (12): 39.

[107] 王文祥. 文化旅游产业国内外研究综述 [J]. 学术交流, 2010 (11): 122 - 124.

[108] 王昕, 韦杰, 胡传东. 中国世界遗产的空间分布特征 [J]. 地理研究, 2010, 29 (11): 2080 - 2088.

[109] 王延彬, 乔学忠. 文化遗产型旅游目的地的发展模式研究 [J]. 经济研究导刊, 2009 (7): 176 - 177.

[110] 王玉海. "旅游" 概念新探: 兼与谢彦君、张凌云两位教授商榷 [J]. 旅游学, 2010, 25 (12): 12 - 17.

[111] 韦传慧, 张兆干, 尹长丰. 文化遗产型旅游地游客行为研究: 以南京市为例 [J]. 资源开发与市场, 2007 (10): 952 - 954.

[112] 翁钢民, 鲁超. 旅游经济与城市环境协调发展评价研究: 以秦皇岛市为例 [J]. 生态经济, 2010 (3): 28 - 31.

[113] 吴必虎. 区域旅游规划原理 [M]. 北京: 中国旅游出版社, 2001.

[114] 吴必虎, 俞曦. 旅游规划原理 [M]. 北京: 中国旅游出版社, 2010.

[115] 吴光玲. 关于文化旅游与旅游文化若干问题研究 [J]. 经济与社会发展, 2006, 4 (11): 161 - 163.

[116] 吴金梅, 宋子千. 产业融合视角下的影视旅游发展研究 [J]. 旅游学刊, 2011, 26 (6): 29 - 35.

[117] 吴玉鸣, 张燕. 中国区域经济增长与环境的耦合协调发展研究 [J]. 资源科学, 2008 (1): 25 - 30.

[118] 吴跃明, 郎东锋. 论环境: 经济系统协调度 [J]. 环境污染与防治, 1997 (1): 20 - 23.

[119] 肖光明. 珠三角城市旅游经济空间差异与协调发展战略研究 [J].

地理与地理信息科学，2009，25（6）：72－77.

［120］肖洪根. 国内外旅游文化研究述评［J］. 华侨大学学报（哲学社会科学版），1994（1）：69－75.

［121］谢彦君，周广鹏. 旅游文化及其相关范畴、命题的理论透视［J］. 旅游科学，2012，26（1）：26－35.

［122］熊德平，冉光和. 金融产业可持续发展的理论内涵［J］. 扬州大学学报（人文社会科学版），2003，7（4）：64－67.

［123］熊鹰，李彩玲. 张家界市旅游—经济—生态环境协调发展综合评价［J］. 中国人口·资源与环境，2014（S3）：246－250.

［124］徐菊凤. 北京文化旅游：现状·难点·战略［J］. 人文地理，2003，18（5）：84－88.

［125］徐菊凤. 旅游文化与文化旅游：理论与实践的若干问题［J］. 旅游学刊，2005，20（4）：67－72.

［126］徐嵩龄，刘宇，钱薏红，等. 西湖模式的意义及其对中国遗产旅游经济学的启示［J］. 旅游学刊，2013，28（2）：23－34.

［127］徐苏宁. 城市形象塑造的美学与非美学问题［J］. 城市规划，2003（4）：24－25.

［128］许志晖，丁登山，向东. 对南京文化旅游开发模式与整合重点的探讨［J］. 人文地理，2006，21（3）：34－37.

［129］杨时进，沈受君. 旅游学［M］. 北京：中国旅游出版社，1996.

［130］杨士弘. 城市生态环境学［M］. 北京：科学出版社，2001.

［131］杨依山. 经济增长理论的成长［D］. 济南：山东大学，2008.

［132］杨勇. 旅游目的地竞争力框架中的“文化”因素分析：一个综述［J］. 旅游学刊，2006，21（12）：35－42.

［133］姚慧琴，任宗哲，徐璋勇，等. 中国西部经济发展报告2009［J］. 中国投资，2009（8）：117－117.

［134］姚旻. 贵州民族文化旅游业创意开发研究［J］. 贵州民族研究，2012（6）：99－104.

[135] 要铁丽，郑国．旅游区位非优区的旅游业发展研究：以山西运城为例 [J]．旅游学刊，2002，17（5）：58－61.

[136] 易丹辉．数据分析与 EVIEWS 应用 [M]．北京：中国人民大学出版社，2008.

[137] 余洁．遗产保护区的非均衡发展与区域政策研究 [M]．北京：中国经济出版社，2012.

[138] 俞万源，邱国锋，曾志军，等．基于文化生态的客家文化旅游开发研究 [J]．经济地理，2012，2（7）：172－176.

[139] 张佰瑞．北京旅游就业效应和就业乘数分析 [J]．北京社会科学，2010（1）：38－41.

[140] 张春晖，马耀峰，吴晶，等．供需视角下西部入境旅游流与目的地耦合协调度及其时空分异研究 [J]．经济地理，2013，33（10）：174－181.

[141] 张广海，孙春兰．文化旅游产业融合及产业链构建 [J]．经济研究导刊，2012（12）：152－154.

[142] 张广海，冯英梅．旅游产业结构水平与城市发展水平耦合协调发展度的时空特征分析：以山东省为例 [J]．经济管理，2013（5）：128－138.

[143] 张海燕，王忠云．基于产业融合的文化旅游业竞争力评价研究 [J]．资源开发与市场，2010，26（8）：743－746.

[144] 张河清，陈宁英．红色旅游城市的市场竞争态分析：以 6 大红色旅游城市为例 [J]．旅游学刊，2008，23（11）：26－29.

[145] 张凌云．旅游业乘数效应的几个问题 [J]．南开经济研究，1988（3）：41－44.

[146] 张凌云，刘威．欧洲文化遗产保护及对中国的启示：评《旅游文化资源：格局、过程与政策》[J]．世界地理研究，2010，19（3）：168－176.

[147] 张胜冰，马树华．青岛文化的历史文脉对城市文化精神的影响 [J]．中国海洋大学学报（社会科学版），2007（4）：24－28.

[148] 张伟．西方城市更新推动下的文化产业发展研究 [D]．济南：山东大学，2013.

[149] 张晓明，张辉．文化旅游深度开发刍议［J］．前沿，2010（13）：94－97.

[150] 张瑜英，李占斌．基于生态足迹模型的陕西省生态承载力定量评估［J］．干旱区资源与环境，2007，21（1）：6－11.

[151] 张玉萍，瓦哈甫·哈力克，党建华，等．吐鲁番旅游—经济—生态环境耦合协调发展分析［J］．人文地理，2014（4）：140－145.

[152] 赵本谦．秦皇岛城市历史文化旅游资源的旅游开发［D］．济南：山东大学，2012.

[153] 赵红军，尹伯成．城市经济学的理论演变与新发展［J］．社会科学，2007（11）：4－13.

[154] 赵红梅．论旅游文化：文化人类学视野［J］．旅游学刊，2014，29（1）：16－26.

[155] 赵磊，夏鑫，全华．基于旅游产业链延伸视角的县域旅游地演化研究［J］．经济地理，2011，31（5）：874－880.

[156] 赵悦，石美玉．非物质文化遗产旅游开发中的三大矛盾探析［J］．旅游学刊，2013，28（9）：84－93.

[157] 郑斌，刘家明，杨兆萍．基于"一站式体验"的文化旅游创意产业园区研究［J］．旅游学刊，2008，23（9）：49－53.

[158] 郑四渭，贝勇斌．国外城市文化旅游研究：基于旅游吸引力视角的一个文献综述［J］．旅游论坛，2009，2（1）：136－139.

[159] 钟伟．旅游业扩张对城市经济增长的影响［D］．上海：华东师范大学，2013.

[160] 朱海艳．旅游产业融合模式研究［D］．西安：西北大学，2014.

[161] 朱梅，魏向东．国内外文化旅游研究比较与展望［J］．地理科学进展，2014，33（9）：1262－1278.

[162] 朱善利．微观经济学［M］．北京：北京大学出版社，2001.

[163] 邹树梅．现代旅游经济学［M］．青岛：青岛出版社，1998.

[164] 李建军，孙慧，田原．丝绸之路经济带全球价值链地位测评及政策建议［J］．国际贸易问题，2018（8）：14.